佛山祖庙之灵应牌坊
修缮工程报告

Renovation Report of
Lingying Memorial Archway in Foshan Zumiao

佛山市祖庙博物馆　编著

文物出版社

图书在版编目（CIP）数据

佛山祖庙之灵应牌坊修缮工程报告 / 佛山市祖庙博
物馆编著 . -- 北京：文物出版社，2024. 11. -- ISBN
978-7-5010-8484-5

Ⅰ. K928.71；TU746.3

中国国家版本馆 CIP 数据核字第 2024AW3616 号

佛山祖庙之灵应牌坊修缮工程报告

编　　著：佛山市祖庙博物馆

责任编辑：陈　峰
封面设计：刘　远
责任印制：张　丽

出版发行：文物出版社
社　　址：北京市东城区东直门内北小街 2 号楼
邮政编码：100007
网　　址：http://www.wenwu.com
邮　　箱：wenwu1957@126.com
经　　销：新华书店
印　　刷：宝蕾元仁浩（天津）印刷有限公司
开　　本：889mm×1194mm　1/16
印　　张：21.25
版　　次：2024 年 11 月第 1 版
印　　次：2024 年 11 月第 1 次印刷
书　　号：ISBN 978-7-5010-8484-5
定　　价：720.00 元

佛山祖庙之灵应牌坊修缮工程报告

编委会

主　　任　徐觅浔

副 主 任　应如军

编　　委　徐觅浔　应如军　胡建中　凌　建
　　　　　莫　彦　刘奇俊

主　　编　凌　建

副 主 编　刘奇俊

编　　辑　任曼宁　刘礼潜　王雪云　刘　穗

绘　　图　任曼宁　余杰来

摄　　影　周云峰　何凯峰

序　言

　　岭南北枕南岭，南临南海，南北通融，东西汇流。岭南古建，独树一帜、工艺精湛，是岭南先民的智慧结晶，是承载历史价值、科学价值、艺术价值的珍贵文化遗产。在岭南古建中，佛山祖庙宛如一颗璀璨的明珠，承载着深厚的文化底蕴和无数佛山人民的情感寄托。而灵应牌坊，作为祖庙的重要组成部分，更是这座历史瑰宝中的璀璨华章。

　　灵应牌坊是全国重点文物保护单位佛山祖庙古建筑群南北中轴线南端第二座建筑，始建于明景泰二年（1451），是"敕封"灵应祠、忠义乡、忠义官以及佛山祖庙列入"官祀"的重要标志和实物例证。灵应牌坊是广东省内现存年代最早的三间十二柱四楼牌坊。灵应牌坊采用了岭南地区较为少见的重檐庑殿琉璃瓦屋顶、抬梁式与穿斗式混合结构、三抄计心造六铺作重栱及岭南传统三雕两塑（砖雕、木雕、石雕、陶塑、灰塑），无不体现了灵应牌坊尊崇的建筑等级、精美的工艺技术和深厚的历史文化。灵应牌坊，这座屹立于岁月长河中的建筑精品，宛如一位沉默的见证者，承载着历史的厚重与文化的传承。它不仅仅是一座单体建筑，更是一段凝固的历史、一种精神的象征。当我们凝视这座牌坊，仿佛能穿越时空，看到往昔的繁华与沧桑。它那精美的雕刻、独特的造型，蕴含着工匠们的智慧和心血，展现了那个时代的审美情趣和工艺水平。

　　然而，时光的侵蚀、自然的风化，使得灵应牌坊逐渐失去了昔日的光彩。它的砖石出现裂缝，雕刻变得模糊，结构存在着安全隐患。面对这样的状况，佛山市祖庙博物馆实施了历来规模最大、最全面的一次修缮工程。本次全面落架的修缮工程，是500年来灵应牌坊有明确历史记载的第12次修缮工程。佛山祖庙博物馆对于本次修缮工程的每一个决策、每一个步骤都慎之又慎，坚持以科学的态度、专业的知识和对历史文化的敬畏之心来指导整个修缮过程。组建了一支由文物保护专家、建筑学者、历史学家和经验丰富的工匠组成的团队。他们深入研究灵应牌坊的历史背景、建筑风格和工艺特点，查阅了大量的文献资料，进行了细致的现场勘察和评估。他们广泛听取专家学者、传统工匠、市民群众的意见建议，通过这些工作，对牌坊的现状和存在的问题有了全面而准确的了解，为制定科学合理的修缮方案奠定了坚实的基础。严格遵循"不改变原状"的文物保护原则，尽可能地保留牌坊原有的形制、原有的结构、原有的材料和原有的工艺，最大限度地保存其历史信息和科学价值、艺术价值。同时，合理采用新技术和新材料，以消除隐藏的病害和安全风险，确保修缮后的牌坊具有良好的稳定性和耐久性。严格按照修缮工程勘察设计方案进行施工，切实加强对施工现场的管理和监督，确保施工安全和文物安全，让灵应牌坊以健康、完整、真实的原貌再次呈现在世人面前，让这座古老的建筑重新焕发出光彩。

《佛山祖庙之灵应牌坊修缮工程报告》详细完整地记录了修缮工程的全过程，包括前期的调查研究、勘察设计、施工技术以及最终的成果。这份报告，能够让读者了解到我们为保护佛山祖庙之灵应牌坊所付出的努力，同时也为今后的文物修缮保护工作提供有益的参考和借鉴。

广东省文物局局长 龙家有

2024年11月8日

目　录

研究篇

广东佛山祖庙建筑研究……………………………………………………… 吴庆洲　3

佛山祖庙之灵应牌坊建筑研究…………………………………… 凌　建　刘奇俊　15

佛山祖庙之灵应牌坊修缮工程管理研究………………………… 凌　建　刘奇俊　31

佛山祖庙之灵应牌坊大木结构修缮技法研究…………………………… 刘奇俊　42

佛山祖庙之灵应牌坊油漆病害分析及保护修复研究…………………… 任曼宁　61

佛山祖庙石湾陶塑瓦脊保护传承与活化利用研究……………………… 唐嘉怀　74

佛山祖庙之灵应牌坊陶塑瓦脊的劣化机理研究………………………… 陈家欣　83

佛山祖庙之灵应牌坊陶塑瓦脊保护修复技术研究……………………… 许颖乔　95

佛山地区明清时期牌坊建筑调查简报………………… 李旭滨　黄　帆　刘礼潜　108

基于PBL模式"灵应牌坊修缮保护"馆校合作教学设计与实践探索 …… 侯夏娜　徐炳进　136

修缮篇

第一章　工程勘察…………………………………………………………………… 147

　第一节　安全鉴定………………………………………………………………… 147

　第二节　设计勘察………………………………………………………………… 156

　第三节　施工勘察………………………………………………………………… 170

　第四节　结构隐患………………………………………………………………… 178

　第五节　残损登记………………………………………………………………… 179

第二章　设计方案…………………………………………………………………… 183

　第一节　设计方案………………………………………………………………… 183

　第二节　设计变更方案一………………………………………………………… 189

　第三节　设计变更方案二………………………………………………………… 194

　第四节　陶器修复专项方案……………………………………………………… 198

第三章　工程管理···204

　　第一节　管理机制···204

　　第二节　施工组织···206

　　第三节　材料管理···207

　　第四节　工艺管理···209

　　第五节　安全管理···211

　　第六节　资料管理···213

第四章　工程实施···216

　　第一节　工程实施流程···216

　　第二节　安全保障设施···217

　　第三节　修缮实施内容···218

第五章　竣工验收···234

第六章　大事记···236

竣工图

图　版

修缮前···283

修缮中···293

修缮后···303

上级检查与专家指导···316

后　记···321

竣工图目录

一　1.2m 标高平面图 ··· 241

二　1.2m 标高仰视平面图 ··· 242

三　6.6m 标高仰视平面图 ··· 243

四　8.9m 标高仰视平面图 ··· 244

五　8.9m 标高平面图 ··· 245

六　明楼重檐顶层平面图 ··· 246

七　①－④立面图 ··· 247

八　④－①立面图 ··· 248

九　Ⓐ－Ⓒ立面图 ··· 249

一〇　Ⓒ－Ⓐ立面图 ··· 250

一一　1–1 剖面图 ··· 251

一二　2–2 剖面图 ··· 252

一三　3–3 剖面图 ··· 253

一四　4–4 剖面图 ··· 254

一五　5–5 剖面图 ··· 255

一六　6–6 剖面图 ··· 256

一七　7–7 剖面图 ··· 257

一八　屋脊大样图 ··· 258

一九　次楼角科大样图 ··· 259

二〇　次楼平身科大样图 ··· 260

二一　次楼柱头科大样图 ··· 261

二二　明楼下重柱头科大样图 ··· 262

二三　明楼下重平身科大样图 ··· 263

二四　明楼下重角科大样图 ··· 264

二五　明楼上重角科大样图 ··· 265

二六　明楼上重平身科大样图 ··· 266

二七　抱鼓石 1 大样图 ··· 267

二八　抱鼓石 2 大样图 ··· 268

二九　抱鼓石 3 大样图 ··· 269

三〇　抱鼓石 4 大样图 ··· 270

三一　抱鼓石 5 大样图 ··· 271

三二　抱鼓石 6 大样图 ··· 272

三三　抱鼓石 7 大样图 ··· 273

三四　抱鼓石 8 大样图 ··· 274

三五　方柱、台基大样图 ··· 275

三六　圆形柱础大样图 ··· 276

三七　圆形柱础大样图 ··· 277

三八　牌匾大样图 ··· 278

三九　脊兽大样图 ··· 279

四〇　牌匾大样图 ··· 280

图版目录

修缮前

1. 修缮前的灵应牌坊南立面 ·· 283

2. 修缮前的灵应牌坊北立面 ·· 283

3. 修缮前的灵应牌坊西次楼斗栱 ·· 284

4. 修缮前的西次楼斗栱与陶塑瓦脊 ··· 284

5. 修缮前的戗脊陶塑 ··· 285

6. 修缮前的陶塑瓦脊（尾巴缺失） ·· 285

7. 修缮前的中柱柱础 ··· 286

8. 修缮前的柱脚 ··· 286

9. 修缮前的柱身 ··· 287

10. 修缮前的柱头 ·· 287

11. 修缮前的明楼短柱 ··· 288

12. 清理糟朽后的灵应牌坊明间额枋 ··· 288

13. 修缮前的木柱 ·· 289

14. 修缮前的东次楼脊檩 ··· 289

15. 修缮前的西次楼脊檩 ··· 290

16. 修缮前的柱头连接节点 ··· 290

17. 修缮前的角梁 ·· 291

18. 修缮前的角梁 ·· 291

19. 修缮前的东侧灰塑 ··· 292

20. 修缮前的西侧灰塑 ··· 292

修缮中

1. 无损揭瓦 ··· 293

2. 危大工程现场监管 ··· 293

3. 落架前确认吊装系统 ⋯⋯⋯⋯⋯⋯⋯⋯⋯⋯⋯⋯⋯⋯⋯⋯⋯⋯⋯⋯⋯⋯⋯⋯ 294

4. 落实安全措施 ⋯⋯⋯⋯⋯⋯⋯⋯⋯⋯⋯⋯⋯⋯⋯⋯⋯⋯⋯⋯⋯⋯⋯⋯⋯⋯⋯ 294

5. 立柱落架 ⋯⋯⋯⋯⋯⋯⋯⋯⋯⋯⋯⋯⋯⋯⋯⋯⋯⋯⋯⋯⋯⋯⋯⋯⋯⋯⋯⋯⋯ 295

6. 内窥镜勘察木柱中空内部 ⋯⋯⋯⋯⋯⋯⋯⋯⋯⋯⋯⋯⋯⋯⋯⋯⋯⋯⋯⋯⋯ 295

7. 清理木柱内部混凝土 ⋯⋯⋯⋯⋯⋯⋯⋯⋯⋯⋯⋯⋯⋯⋯⋯⋯⋯⋯⋯⋯⋯⋯ 296

8. 清理木柱中空糟朽 ⋯⋯⋯⋯⋯⋯⋯⋯⋯⋯⋯⋯⋯⋯⋯⋯⋯⋯⋯⋯⋯⋯⋯⋯ 296

9. 木柱墩接 ⋯⋯⋯⋯⋯⋯⋯⋯⋯⋯⋯⋯⋯⋯⋯⋯⋯⋯⋯⋯⋯⋯⋯⋯⋯⋯⋯⋯⋯ 297

10. 墩接口钢箍加固 ⋯⋯⋯⋯⋯⋯⋯⋯⋯⋯⋯⋯⋯⋯⋯⋯⋯⋯⋯⋯⋯⋯⋯⋯⋯ 297

11. 木构架脱漆 ⋯⋯⋯⋯⋯⋯⋯⋯⋯⋯⋯⋯⋯⋯⋯⋯⋯⋯⋯⋯⋯⋯⋯⋯⋯⋯⋯ 298

12. 立柱上架 ⋯⋯⋯⋯⋯⋯⋯⋯⋯⋯⋯⋯⋯⋯⋯⋯⋯⋯⋯⋯⋯⋯⋯⋯⋯⋯⋯⋯ 298

13. 额枋上架 ⋯⋯⋯⋯⋯⋯⋯⋯⋯⋯⋯⋯⋯⋯⋯⋯⋯⋯⋯⋯⋯⋯⋯⋯⋯⋯⋯⋯ 299

14. 柱头加固 ⋯⋯⋯⋯⋯⋯⋯⋯⋯⋯⋯⋯⋯⋯⋯⋯⋯⋯⋯⋯⋯⋯⋯⋯⋯⋯⋯⋯ 299

15. 悬挑屋顶加固 ⋯⋯⋯⋯⋯⋯⋯⋯⋯⋯⋯⋯⋯⋯⋯⋯⋯⋯⋯⋯⋯⋯⋯⋯⋯⋯ 300

16. 斗栱调平 ⋯⋯⋯⋯⋯⋯⋯⋯⋯⋯⋯⋯⋯⋯⋯⋯⋯⋯⋯⋯⋯⋯⋯⋯⋯⋯⋯⋯ 300

17. 灰塑修复 ⋯⋯⋯⋯⋯⋯⋯⋯⋯⋯⋯⋯⋯⋯⋯⋯⋯⋯⋯⋯⋯⋯⋯⋯⋯⋯⋯⋯ 301

18. 查看熬制桐油 ⋯⋯⋯⋯⋯⋯⋯⋯⋯⋯⋯⋯⋯⋯⋯⋯⋯⋯⋯⋯⋯⋯⋯⋯⋯⋯ 301

19. 查看样板 ⋯⋯⋯⋯⋯⋯⋯⋯⋯⋯⋯⋯⋯⋯⋯⋯⋯⋯⋯⋯⋯⋯⋯⋯⋯⋯⋯⋯ 302

20. 木材专家看样与评选 ⋯⋯⋯⋯⋯⋯⋯⋯⋯⋯⋯⋯⋯⋯⋯⋯⋯⋯⋯⋯⋯⋯⋯ 302

修缮后

1. 修缮后的南立面 ⋯⋯⋯⋯⋯⋯⋯⋯⋯⋯⋯⋯⋯⋯⋯⋯⋯⋯⋯⋯⋯⋯⋯⋯⋯ 303

2. 修缮后的北立面 ⋯⋯⋯⋯⋯⋯⋯⋯⋯⋯⋯⋯⋯⋯⋯⋯⋯⋯⋯⋯⋯⋯⋯⋯⋯ 303

3. 修缮后的上重明楼屋顶 ⋯⋯⋯⋯⋯⋯⋯⋯⋯⋯⋯⋯⋯⋯⋯⋯⋯⋯⋯⋯⋯⋯ 304

4. 修缮后的下重明楼屋顶 ⋯⋯⋯⋯⋯⋯⋯⋯⋯⋯⋯⋯⋯⋯⋯⋯⋯⋯⋯⋯⋯⋯ 304

5. 修缮后的屋顶 ⋯⋯⋯⋯⋯⋯⋯⋯⋯⋯⋯⋯⋯⋯⋯⋯⋯⋯⋯⋯⋯⋯⋯⋯⋯⋯ 305

6. 修缮后的正脊 ⋯⋯⋯⋯⋯⋯⋯⋯⋯⋯⋯⋯⋯⋯⋯⋯⋯⋯⋯⋯⋯⋯⋯⋯⋯⋯ 305

7. 修缮后的陶塑鳌鱼 ⋯⋯⋯⋯⋯⋯⋯⋯⋯⋯⋯⋯⋯⋯⋯⋯⋯⋯⋯⋯⋯⋯⋯⋯ 306

8. 修缮后的陶塑瓦脊 ⋯⋯⋯⋯⋯⋯⋯⋯⋯⋯⋯⋯⋯⋯⋯⋯⋯⋯⋯⋯⋯⋯⋯⋯ 306

9. 修缮后的"灵应"额匾 ⋯⋯⋯⋯⋯⋯⋯⋯⋯⋯⋯⋯⋯⋯⋯⋯⋯⋯⋯⋯⋯⋯ 307

10. 修缮后的"圣域"额匾 ⋯⋯⋯⋯⋯⋯⋯⋯⋯⋯⋯⋯⋯⋯⋯⋯⋯⋯⋯⋯⋯ 307

11. 修缮后的"圣旨"牌匾 ⋯⋯⋯⋯⋯⋯⋯⋯⋯⋯⋯⋯⋯⋯⋯⋯⋯⋯⋯⋯⋯ 308

12. 修缮后的"谕祭"牌匾 ⋯⋯⋯⋯⋯⋯⋯⋯⋯⋯⋯⋯⋯⋯⋯⋯⋯⋯⋯⋯⋯ 308

13. 修缮后的上重明楼斗栱 ⋯⋯⋯⋯⋯⋯⋯⋯⋯⋯⋯⋯⋯⋯⋯⋯⋯⋯⋯⋯⋯ 309

14. 修缮后的次楼斗栱 ⋯⋯⋯⋯⋯⋯⋯⋯⋯⋯⋯⋯⋯⋯⋯⋯⋯⋯⋯⋯⋯⋯⋯ 309

15. 修缮后的次楼斗栱 ⋯⋯⋯⋯⋯⋯⋯⋯⋯⋯⋯⋯⋯⋯⋯⋯⋯⋯⋯⋯⋯⋯⋯ 310

16. 修缮后的次楼斗栱 ·· 310

17. 修缮后的次间 ·· 311

18. 修缮后的中柱 ·· 311

19. 修缮后的东山面灰塑 ·· 312

20. 修缮后的西山面灰塑 ·· 312

21. 修缮后的灵应牌坊 ·· 313

22. 修缮后的灵应牌坊 ·· 313

23. 修缮后的灵应牌坊 ·· 314

24. 修缮后的灵应牌坊 ·· 314

25. 修缮后的灵应牌坊 ·· 315

26. 修缮后的灵应牌坊 ·· 315

上级检查与专家指导

1. 2022 年 4 月 11 日专题例会 ·· 316

2. 2022 年 4 月 29 日主管部门领导现场检查和指导 ·· 316

3. 2022 年 5 月 21 日专家评审会讨论落架必要性 ·· 317

4. 2022 年 10 月 14 日危大工程专项会议 ·· 317

5. 2022 年 10 月 27 日专家评审会讨论木柱修缮方案 ·· 318

6. 2022 年 10 月 27 日专家评审会讨论构件更换方案 ·· 318

7. 2023 年 1 月 9 日初步验收现场查验 ·· 319

8. 2023 年 1 月 9 日初步验收会议讨论 ·· 319

9. 2024 年 2 月 1 日专家组验收会现场查验 ·· 320

10. 2024 年 2 月 1 日专家组验收会会议讨论 ·· 320

研究篇

广东佛山祖庙建筑研究

吴庆洲

一 广东著名的三大祠庙之一

广东境内有三座著名的祠庙，即佛山祖庙、龙母祖庙和陈家祠。龙母祖庙是西江流域人民共同朝拜的祖宗——龙母娘娘之庙。据统计，西江流域在民国时期大大小小的龙母庙数以千计，这些龙母庙都以德庆县悦城镇的龙母庙为祖，称为"龙母祖庙"。广州陈家祠为广东全省规模最大的陈姓合族宗祠，落成于清光绪二十年（1894）。当时取名为"陈氏书院"，是因为广东官府担心宗族势力聚众与官府抗衡闹事，严禁在广州城内建造祠堂，为避官府禁令才这样取名。佛山祖庙奉祀的是真武帝。据《佛山忠义乡志》记载："真武帝祠之始建不可考，或云宋元丰时，历元至明，皆称祖堂，又称祖庙，以历岁久远，且为诸庙首也。"庙门一对联云"廿七铺奉此为祖，亿万年唯我独尊"，它说明佛山一带的人奉北帝为祖，北帝庙就是佛山人的祖祠。

三大祠庙均规模宏大、建筑华美，其建筑和装饰艺术，均集岭南建筑和装饰艺术之大成，是岭南建筑和装饰艺术之杰出代表，因此均成为国家重点文物保护单位。三大祠庙在建筑和装饰艺术上各有千秋，本文重点分析佛山祖庙的建筑特色。

二 四千年以上的历史文化渊源

在广东的三大祠庙中，佛山祖庙的历史文化渊源最为久远。方志记载："真武帝祠之始建不可考，或云宋元丰时，历元至明，皆称祖堂，又称祖庙。"（冼宝干《佛山忠义乡志》卷8，祠祀）

为什么佛山一带尊真武帝为祖呢？

据《山海经·海外北经》："北方禺强，人面鸟身，珥两青蛇，践两青蛇。"郭璞注："字玄冥，水神也。庄周曰：'禺强立于北极。'一曰禺京。"据郭璞，禺强即禺京。禺京是生活在北海地区的氏族首领，以鲸鱼为图腾。鲸即《庄子·逍遥游》中所说的大鱼"鲲"。禺京被尊为水神。据考证，禺京即夏禹之父鲧，其后代的一支为夏族，到河南嵩山一带，创立了夏朝；另一支为番禺族，南迁至越，广东番禺即为番禺族活动留下的地名[1]。

《后汉书·王梁传》："玄武，水神之名。"李贤注："玄武，北方之神，龟蛇合体。"按玄武即道家所奉之真武帝，宋时避讳，改玄为真。他是番禺族的祖先禺京（又名禺强）。禺京既以鲸为图腾，又以龟蛇

[1] 陈久金.华夏族群的图腾崇拜与四象概念的形成[J].自然科学史研究.1992，11（1）：9-22.

为图腾。佛山和珠三角一带的越人，为番禺族的后裔，真武帝为他们的祖先，真武帝祠也就理所当然称为祖堂和祖庙了。

《礼记·檀弓》曰："夏后氏尚黑。"作为夏族后裔之越人有尚黑之俗，建筑色彩多为黑色和黑红色。佛山祖庙的柱子即例证。这种尚黑之俗，已有4000多年的历史。佛山祖庙的历史文化渊源之久远，令人惊叹！

三 明代灵应牌坊的建筑结构和艺术价值

佛山祖庙的灵应牌坊（图1），建于明景泰二年（1451）。牌坊宏丽壮观，在明代是佛山祖庙的大门，人们先经过牌坊，跨过锦香池石桥，然后进入三门庙内。

图1 佛山祖庙灵应牌坊

这座牌坊是"敕封"灵应祠的标志，其形象自然构成佛山祖庙的第一道风景线。在神州大地，牌坊、牌楼应有成千上万座，"敕封"的牌坊保留下来的也应有数百座。灵应牌坊在这众多的牌坊中别具一格、独树一帜。具体说来有如下独特之处：

1. 国内现存年代最早的三间四柱四楼牌坊

笔者到全国各地考察，并翻阅有关文献资料，见到的牌坊各种各样，有三间四柱三楼者，有三间四柱五楼者，也有一间二柱三楼者，但如佛山祖庙的灵应牌坊为三间四柱四楼者相当罕见。笔者发现江西于都水头木牌坊也是三间四柱四楼的形式，也是明代牌坊，但建于明嘉靖年间（1522~1566），晚于佛山祖庙灵应牌坊。另外，广东境内有揭阳市"排门百岁"坊，为清乾隆十九年（1754）建，潮州市"急公好义"坊，为清光绪十七年（1891）建，均为三间四柱四楼式牌坊，但均晚于佛山祖庙灵应牌坊。因此，佛山祖庙灵应牌坊是目前所知现存最早的三间四柱四楼牌坊。

2.国内现存年代较早的进深为三柱两间的立体式牌坊

从明代起，打破平面式的牌坊形式，出现了立体式牌坊。如浙江永嘉岩头进士木牌坊（建于明嘉靖四十四年，1565）和永嘉花坦宪台牌坊。歙县城中跨街而立的许国坊（图2），也是立体式牌坊，建于明万历十二年（1584）。北京东岳庙琉璃牌坊，进深为二柱一间，建于明万历三十五年（1607）。广东境内也有不少立体式牌坊，如大埔茶阳"丝纶世美"坊（图3），进深三柱两间，建于明嘉靖十四年（1535）。从目前笔者掌握的情况看，立体式的牌坊，尤其是进深三柱两间的牌坊，以佛山祖庙灵应牌坊为早。至于它是否为目前国内现存立体式牌坊年代最早的一座，还不能下此结论，有待进一步调查考证。说它是目前国内现存立体式牌坊中年代较早的一座，则是没有问题的。

图2　歙县许国坊

图3　大埔茶阳"丝纶世美"坊

图4　灵应牌坊部分

3.有很强的抗台风灾害的功能

灵应牌坊结构坚固耐久，下面两边各有4.9m×3.8m×0.75m的石台基（图4）；进深三柱中，前后为石柱，中间为木柱；面阔四柱三间，共有十二根柱子；每一屋盖均以柱头科、角科、平身科的栱枋构成坚固的框架——槽；而最上层的屋盖，则在明间额枋上出左右二小柱直通上面屋盖正脊，在这两根小柱上置额枋和平板枋，上置两朵平身科斗栱，两根小柱上则出角科插栱，与平身科斗栱共同支撑最上层的屋盖。四个屋盖的栱枋槽与十二根柱连成一体，成为坚固的牌坊结构。珠江三角洲自古多台风之灾，该牌坊自明景泰二年（1451）建成以来，历500多年考验，1975年曾承受12级台风吹拂而安然无恙，其抗御台风灾害之能力真是不同凡响。

由于珠三角台风之灾，灵应牌坊有较强固的抗台风灾害的结构体系，而立体式的进深二间三柱的结构形式，又是这一结构抗风的重要特色。可以推测，正是由于为抗御珠三角频繁的台风灾害，明代建此牌坊的设计师，才创造了这一立体式的抗风结构形式。这一推测有待进一步的考证。

4.抬梁式和穿斗式结构的完美结合

在这一牌坊中，同时存在着抬梁式和穿斗式两种结构形式（图5）。其明间前后柱和次间前后柱，采用抬梁式结构，在平板枋上置柱头科斗栱。而明间的中间木柱和小柱，则柱头科从柱身上出栱，即采用穿斗式斗栱。穿斗式结构对抗风有优势，抬梁式结构对抗震有优势，这两者的完美结合，无疑对抗御地震灾害和台风灾害都大有好处。

图5　灵应牌坊上部

5.体态壮美、庄重，在建筑造型艺术上是完美之作

灵应牌坊在一般四柱三间三楼的牌坊造型基础上，在中间加建一楼，以展示"圣旨"之额，造型上更显崇高、巍峨。其明间为人行道，在两侧砌筑0.75m的石台基，使牌楼进一步升高，使之形态更为壮美，又不失其庄重，达到完美之程度，在古代建筑艺术上属优秀之作。

四 三门九开间，壮阔有气势

三门（图6）为景泰初年所建，面阔九开间，达到31.7m，壮阔有气势。

图6 佛山祖庙三门

按照明朝的制度，祖庙三门是不可能建九间的。宫室之制，明初建南京宫殿，"（洪武）二十五年改建大内金水桥，又建端门、承天门楼各五间"。公门府第"正门五间，七架"。百官第宅，明初，禁官民房屋，不许雕刻古帝后、圣贤人物及日月、狻猊、麒麟、犀象之形……洪武二十六年定制，官员营造房屋，不许歇山转角、重檐重栱及绘藻井，惟楼居重檐不禁。"公侯……门三间，五架。……一品、二品……门三间，三架"[1]。

宫室房屋制度，祖庙之门屋称为三门，即山门、崇正学社和忠义流芳祠三座门屋的总称。其中，山门为五开间，两边各二开间，共九间；进深则均为三间。

三门为硬山顶，符合明朝制度。正脊的灰塑、陶塑等为清代所加，在明代是不允许使用的。

五 前殿的建筑历史和艺术价值

前殿面阔三间（10.93m），进深五间（11.94m），平面近乎方形，进深大于面阔，单檐歇山顶，建于明宣德四年（1429）。究其进深大于面阔的原因，与明朝营建制度相关，面阔限于三间，为争取殿内面积，进深则做了五间。虽经历代修葺，但其结构仍保持了明代特色。尤其是其前檐的如意斗栱（图7），明间平身科为三朵，次间为一朵，斗栱高度与柱高之比约为1∶4，保持了明代斗栱的特色。前殿的如意斗栱比真武阁底层的如意斗栱（图8）（万历元年，1573）还早100多年。

如意斗栱目前所知的最早实例为四川江油窦圌山云岩寺飞天藏（图9），为南宋淳熙七年（1180）所建，是小木作。佛山祖庙前殿的如意斗栱比飞天藏的如意斗栱年代晚249年，但作为用于大木结构的如意斗栱，祖庙前殿仍然是最早的实例，有其历史和艺术价值。

---

[1] 明史.68.舆服四.

图7　前殿如意斗栱

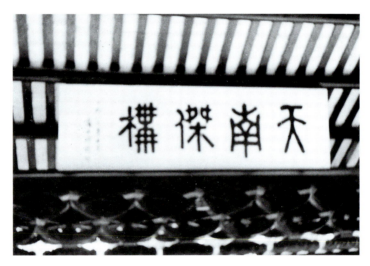

图8　真武阁底层的如意斗栱

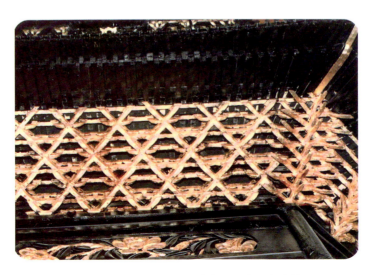

图9　四川江油窦圌山云岩寺飞天藏如意斗栱

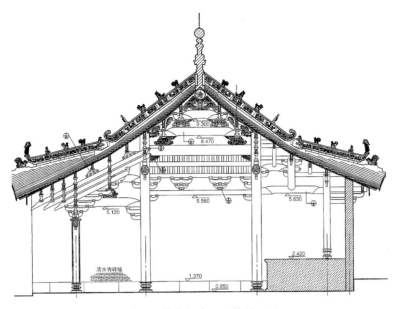

图 10　佛山祖庙正殿横剖面图

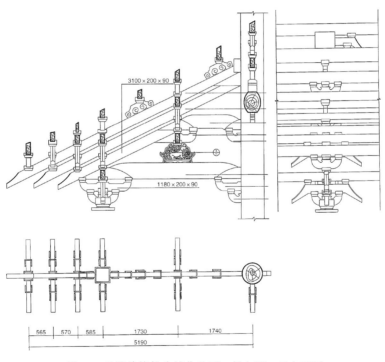

图 11　正殿前檐柱头铺作平面、侧立面、正立面图

六　正殿建筑的价值

　　正殿是佛山祖庙最重要的建筑（图10、11、12）。佛山祖庙相传建于北宋元丰年间（1078～1085），而元朝末年毁于兵燹。据宣德四年唐璧撰《重建祖庙碑》云："元末龙潭贼寇本乡，舣舟汾水之岸，众祷于神，即烈日雷电，覆溺贼舟者过半。俄，贼用妖术，贿庙僧以秽物污庙，遂入境剽掠，焚毁庙宇，以泄凶忿。不数日，僧遭恶死，贼亦败亡，至是复建，乡人称之为祖庙。"

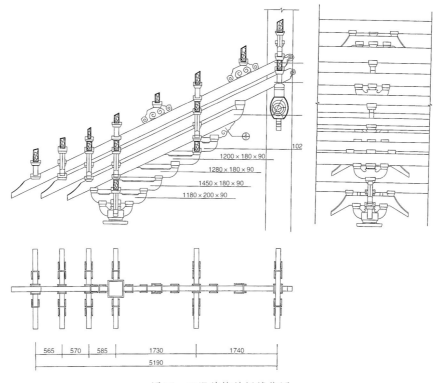

图 12　正殿前檐补间铺作图

又据载，明洪武五年（1372）"乡人赵仲修复建北帝庙"，"不过数楹"。"明宣德四年重修北帝庙"[1]。

从以上两篇碑记所载，可知元末佛山祖庙遭兵火之灾。但是否所有建筑均被烧毁，却难以了解详情。对现存结构和斗栱进行考察、分析研究是了解当时情况的途径。

正殿面阔三间（阔12.37m），进深三间（深12.62m），平面是正方形，进深稍大于面阔。这是宋式小殿常见的平面。其明间阔5.43m，约合宋尺（0.316m）1丈7尺；次间3.47m，约合宋尺1丈1尺。进深第一间为3.48m，合宋尺1丈；进深第二间5.55m，合宋尺1丈7尺5寸；第三间3.59m，合宋尺1丈1尺。正殿平面大体保留了宋代平面。

正殿的结构方式也十分独特，前后檐用四椽栿，仅前檐用双抄三下昂八铺作斗栱，后檐则仅用后檐柱的二跳插栱承托撩檐枋。进深第二间用六椽栿，从结构的特色看，前檐是宋代的结构形式，进深第二、三间则是明代建筑结构形式。

正殿前檐的宋式斗栱分为柱头铺作、补间铺作和转角铺作三种。正殿斗栱一材一栔平均27.5cm，材高20cm、宽10cm，材断面高宽比为2∶1。这与宋肇庆梅庵大殿相同，为广东特色，与《法式》3∶2不同。栔高7.5cm，材高合为宋尺（1宋尺约为0.316m）6寸3分，宽合宋尺3寸2分，约在宋《营造法式》规定的五等材和六等材之间。五等材，《营造法式》规定"殿小三间，厅堂大三间则用之。"故其用材正是三间小殿，大致与《营造法式》规定相符。

柱头铺作为前出双抄三下昂，后转出华栱二跳偷心造，承托四椽栿，前出二跳华栱之上的第一跳昂

---

〔1〕　正统三年（1438）.庆真堂重修记.

之昂尾正好压在乳栿前下方。其上第二跳昂尾和第三跳昂尾都长达4椽，分别压于正中六椽栿下的雀替后尾及六椽栿的后尾。

补间铺作明间三朵，次间各一朵，符合宋制。补间铺作前出与柱头铺作同。后出则为六跳华栱偷心造，上出华头子承托前出第一跳昂的昂尾，其昂尾长3椽。第二跳、第三跳昂的昂尾分别长4椽，分别压于金柱间的隔架科下。

祖庙正殿材高20cm，合16分°（1分°=20cm/16=1.25cm）。

下面我们来算一算一些关键的指标。

1. 铺作高与柱高之比

佛山祖庙正殿斗栱高2.285m，檐柱高4.38m。

铺作高与柱高之比为2.285∶4.38≈52∶100，即斗栱高超过柱高之半。北宋至道二年（996）所建的梅庵大殿斗栱与檐柱之比为40∶100，尚不及佛山祖庙斗栱之雄大。祖庙正殿此比值亦较唐佛光寺大殿（49.9∶100）、辽独乐寺山门（40∶100）大，但不及五代镇国寺大殿（54∶100）、五代华林寺大殿（55.4∶100）和辽独乐寺观音阁下层（56.6∶100），与观音阁上层（52∶100）相同。可见，祖庙的正殿斗栱之雄大，足与唐、辽、宋、金各建筑相比[1]。

2. 斗栱外跳总长

佛山祖庙正殿斗栱外跳（图13）总长170.5cm，合136.4分°。超过七铺作梅庵大殿斗栱的外跳长（146cm，合120分°），也超过《营造法式》所规定的同类八铺作斗栱的134分°。

图13　佛山祖庙正殿外跳斗栱

〔1〕 陈明达.营造法式大木作制度研究［M］.文物出版社，1989.

3. 屋面坡度

正殿前后撩檐枋心距离为16.03m，举高4.65m，屋面坡度为1∶3.44，屋面较宋代屋面为陡，比辽构独乐寺山门（1∶3.9）也显得陡。究其原因，是因其进深第二间、第三间的构架已改建为明代构架，屋面变陡是自然之事。

4. 正殿斗栱使用了昂栓和栱栓（或称串栱木、斗牵、托斗塞等）。

宋《营造法式·大木作制度·飞昂》中规定："凡昂栓广四分至五分，厚二分。若四铺作，即于第一跳上用之；五铺作至八铺作，并于第二跳上用之。并上彻昂背（自一昂至三昂，只用一栓，彻上面昂之背。）下入栱身之半或三分之一。"

正殿斗栱的昂栓用法与宋《营造法式》的规定完全相符，在前出第一跳上用昂栓，上彻昂背。除昂栓外，正殿斗栱还普遍使用了栱栓（图14），以固定上、下斗栱的位置，使之不至于歪闪、倾斜、松榫和脱榫等。但宋《营造法式》中未见有栱栓的规定。

虽然宋《营造法式》中有用昂栓的规定，现北方宋、辽、金的建筑多未见用昂栓。祖庙正殿用昂栓，与《营造法式》规定完全符合，此外又用了栱栓。目前，宋代建筑斗栱用昂栓、栱栓的还有宋至道二年（996）所建的肇庆梅庵大殿的斗栱。但梅庵大殿斗栱是在后部第一跳上用昂栓，与祖庙正殿前出第一跳上用昂栓有所不同。祖庙正殿和梅庵大殿是宋代建筑斗栱用昂栓和栱栓的罕见例子，有十分重要的研究价值。

图14　正殿斗栱的栱栓

5. 祖庙正殿斗栱昂尾长达四椽，在现存唐、宋、辽、金建筑的斗栱中是最长的。

在现存唐、宋、辽、金建筑的斗栱中，唐佛光寺大殿的斗栱昂尾只长1椽，五代平遥镇国寺大殿的斗栱昂尾长不足1椽，五代福州华林寺大殿斗栱昂尾长1椽，辽奉国寺大殿斗栱昂尾长1椽，辽独乐寺观音阁斗栱昂尾长1椽，宋宁波保国寺大殿柱头铺作昂尾长2椽，金善化寺三圣殿斗栱昂尾长1椽，宋少林寺初祖庵斗栱昂尾长1椽，宋肇庆梅庵补间铺作昂尾长2椽。以上可见，现存唐、宋、辽、金建筑斗栱，昂尾长2椽者，仅有梅庵和保国寺二例，而祖庙正殿斗栱昂尾长4椽（图15），为全国之冠，是十分珍贵的孤例，有十分重要的研究价值。

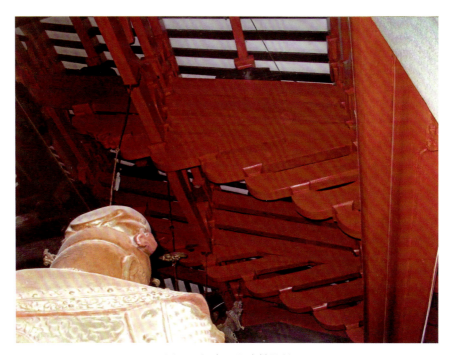

图15　祖庙正殿斗栱昂尾

6. 祖庙正殿的二层横栱的上一层各向侧边出一琴面平昂，这种做法十分罕见。

祖庙斗栱的这一做法，在广东境内见于广州南宋光孝寺大殿，但光孝寺大殿的这一做法仅用于泥道慢栱。祖庙正殿则除泥道慢栱外，还用于各个位置的慢栱上，显然更有特色，这一做法，在全国各地极为罕见，唯陕西韩城司马迁祠寝殿当心间补间铺作令栱上有此做法[1]，为佛山祖庙正殿斗栱的一大特色。

7. 正殿的檐出

正殿的檐高约5.4m，檐出2.905m，檐出：檐高＝53.8：100，其比值大于唐构佛光寺大殿（49：100）和辽独乐寺山门（42：100），更远大于宋构虎丘二山门（37：100），为现存唐、宋、辽、金建筑之冠。

8. 对佛山祖庙正殿的评价

①佛山祖庙正殿的前檐斗栱是北宋元丰年间的遗构，虽经历代重修，仍保留了北宋风格，其用昂栓、栱栓之制，仅见于宋肇庆梅庵大殿斗栱。其斗栱出挑之长、昂尾长四椽、檐出与檐高之比，均为全国唐、

---

〔1〕　赵立瀛.高山仰止，构祠以祀——记陕西韩城司马迁祠.建筑师〔J〕.（14）：165–480.

辽、宋、金建筑之冠。其在慢棋两侧各出一琴面昂的做法十分奇特。正殿前檐斗棋是目前宋代双抄三下昂八铺作斗棋仅存的实例,十分珍贵,在中国建筑技术史、斗棋发展史上占有重要地位。

②除前檐斗棋外,正殿的其他构架是明洪武五年重建时的遗构,虽经历代修葺,仍保持了明代木构风格,也有不可忽视的价值。

七 万福台

万福台建于清初顺治十五年(1658),是专供娱神演戏用的戏台。该戏台面阔三间、进深二间,分前后台,卷棚歇山顶。该戏台是广东省乃至华南地区目前保存最完好的古戏台。戏台上的金漆木雕装饰有较高的艺术价值。

八 结 论

通过以上分析研究,可以意识到,佛山祖庙是岭南地区最著名的祠庙建筑之一,其历史文化渊源达4000年以上,其建筑结构技术、建筑的装饰艺术可称为瑰玮独绝、独树一帜;它集岭南建筑结构技术及建筑装饰艺术之大全,是岭南建筑结构技术和建筑装饰艺术的代表作。尤其是正殿宋代双抄三下昂八铺作斗棋,更是全国珍贵的遗构,它在出跳、昂尾长等方面居全国之冠,是研究中国木结构技术史、斗棋发展史的珍贵实物。加上形制独特、防风防灾的灵应牌坊,明代前殿的如意斗棋,再加上琳琅满目的木雕、砖雕、灰塑、陶塑、彩画等建筑装饰艺术,佛山祖庙不仅作为全国重点文物保护单位而当之无愧,而且应该推荐申报世界文化遗产。这是本文最重要的结论。

佛山祖庙之灵应牌坊建筑研究

凌　建　刘奇俊

一　历史沿革

灵应牌坊是佛山祖庙古建筑群南北中轴线南端第二座建筑，始建于明景泰二年（1451），是"敕封"灵应祠的标志，在功能上它除了旌表功德之外，又对佛山祖庙古建筑群起到了组织空间、点缀景观的作用，所以牌坊建造得非常富丽堂皇。灵应牌坊原是祖庙的大门，当时人们进入祖庙时，先经过灵应牌坊，跨过锦香池石桥，再进入灵应祠内，后成为从戏台院落空间进入祖庙三门院落的主要通道。灵应牌坊是广东省内现存年代最早的三间十二柱四楼牌坊，同时也是国内现存年代较早的三间两进立体牌坊。牌坊采用了岭南地区较为少见的抬梁式与穿斗式混合结构，三抄计心造六铺作重栱，是广东地区现存最雄伟壮观的木石结构牌坊之一。

二　建筑形制研究

（一）牌坊演变

牌坊，作为中华传统文化的一个象征，历史源远流长，在周朝的时候就已经存在了，《诗经·陈风·衡门》："衡门之下，可以栖迟。"《诗经》编成于春秋时代，大抵是周初至春秋中叶的作品，由此可以推断，"衡门"至迟在春秋中叶即已出现。衡门是以两根柱子架一根横梁的结构存在的，旧称"衡门"，也就是现在所说的牌坊最原始的形态。牌坊与牌楼有着显著区别，牌坊没有"楼"的构造，即没有斗栱和屋顶，而牌楼有屋顶，它有更大的烘托气氛。但是由于它们都是我国古代用于表彰、纪念、装饰、标识和导向的一种建筑物，而且又多建于宫苑、寺观、陵墓、祠堂、衙署和街道路口等地方，再加上长期以来人们对"坊""楼"的概念不清，所以到最后两者成为一个互通的称谓了。唐代，我国城市都采用里坊制，城内被纵横交错的棋盘式道路划分成若干块方形居民区，这些居民区，唐代称为"坊"。坊是居民居住区的基本单位，"坊"与"坊"之间有墙相隔，坊墙中央设有门，以便通行，称为坊门。后来因为门没有太大的作用，所以就只剩下这种形式，于是人们逐渐地称这种坊门为牌坊。北宋时期，随着社会文化的繁荣发展和程朱理学的普及深入，牌坊发展成为既有标识作用又有装饰作用的自成一体的独立建筑；明清时期，牌坊文化的发展更是达到顶峰，在建筑结构上出现了多柱、多间、多楼牌坊，在建筑材料上出现了砖石、木石、砖木牌坊。此时的牌坊成了统治阶级宣传道德伦理、歌功颂德、维护统治的一种形式，灵应牌坊便是这一时期的典型代表作。

近现代以来，随着工程技术、审美观念、使用功能、城市建设的发展变化，牌坊在建造材料和装饰工艺方面出现了改进和创新，一些新的牌坊形制开始出现，如混凝土牌坊、钢结构牌坊、玻璃钢牌坊等，这些牌坊在结构和材料上更加现代化，但在设计上仍然保留了传统牌坊的元素和特色。此外，随着城市化进程的不断发展，牌坊在城市景观和公共空间中的应用也越来越广泛。一些现代牌坊不仅具有传统的装饰功能，还融入了当代的设计理念和技术手段，成为城市文化的重要组成部分。

（二）牌坊形制

灵应牌坊是一座三间十二柱四楼牌坊，建筑结构采用抬梁式与穿斗式混合结构，主体结构采用木石混合结构，建筑材料采用花岗岩、硬木及琉璃构件。灵应牌坊和其他传统牌坊构图类似，平面构图为左右对称布局，明间设阙道，次间设台基。立面构图为三段式，台基部分为基座及抱鼓石，屋身部分为竖向立柱及横向额枋，屋顶部分为檐楼。

灵应牌坊东西宽10.96m，南北深4.91m。明楼宽5.01m，次楼宽2.12m。明楼两侧的次楼坐落在花岗岩台基上，台基长4.91m，宽3.83m，高0.82m。建筑平面与常见的单排柱牌坊的做法不同，在中柱两侧加设两排檐柱。中柱采用木柱，其中明楼中柱直径55cm，次楼边柱直径48cm，柱脚采用卷杀收边，即柱脚稍有收圆、俗称倒角的做法。中柱两侧倚抱鼓石，雕刻龙凤、仙鹤、莲花等图案，雕刻手法苍劲有力，增强了牌坊的装饰效果。檐柱采用八边形花岗岩石柱。

灵应牌坊檐柱沿用了宋代《营造法式》的侧脚做法，即檐柱柱脚向外抛出，檐柱柱头向内收进，其目的是借助于屋顶重量产生水平推力，增加大木结构的内部应力，从而预防大木结构散架或侧倾。灵应牌坊檐柱侧脚6cm，即檐柱柱头与柱脚中轴线平面距离6cm，从而造成了檐柱向内侧倾斜形成侧脚。

灵应牌坊屋檐采用了"升起"做法，角梁两侧的挑檐枋与桷板之间垫以生头木，桷板向屋角方向逐渐升高25cm，檐口形成优美的飞檐曲线。"升起"是古建筑营造屋顶曲线的一种构造，宋代《营造法式》中记载了升起的做法，建筑檐柱的角柱比明间两柱高，其余檐柱也依势逐渐升高，檐口立面呈现出缓和的曲线。明清时期，檐柱升起的做法已很少使用，一般角柱无升起，屋角采用老角梁、仔角梁、生头木等营造檐口曲线。

灵应牌坊屋顶采用了歇山和庑殿两种形式，明楼为重檐庑殿顶（宋代称四阿顶、清代称五脊殿），次楼为歇山顶（宋代称九脊殿、清代称九脊顶）。庑殿屋顶在中国古代各类传统建筑屋顶样式中是等级最高的屋顶，在封建社会是身份和地位的象征，多用于宫殿、坛庙、重要门楼等高等级建筑屋顶。灵应牌坊是佛山祖庙古建筑群中唯一一处使用重檐庑殿屋顶的建筑，足以说明其历史地位之高。

灵应牌坊在建筑装饰方面采用了岭南古建筑常用的"三雕两塑"，屋面正脊、垂脊、戗脊采用了以蓝绿色夔龙纹、螭龙纹、缠枝纹为主要纹饰的陶塑瓦脊，正脊加装陶塑鳌鱼，戗脊加装陶塑狮子，屋面覆盖绿色琉璃瓦，山墙施以灰塑，封檐板雕刻如意纹饰，抱鼓石雕刻浮雕图案。

灵应牌坊作为"敕封"灵应祠的标志，北面明间额匾书"灵应"，南面明间额匾书"圣域"。清康熙二十三年（1684）维修时，为避讳清圣祖"玄烨"讳，将北面额匾"玄灵"改为"灵应"，在额匾两侧书"明景泰辛未仲冬旦鼎建，皇清康熙甲子上元吉旦重修"。灵应牌坊在明楼之上加建了一层重楼，檐下悬挂"圣旨"和"谕祭"额匾，体现了皇帝"敕封"的至高无上的荣耀。

（三）牌坊结构

灵应牌坊整体结构设计精巧细腻，十二根立柱通过平板枋支撑次楼和下重明楼，各立柱间通过额枋以榫卯交叉串联，形成了稳定牢固的下部结构。上重明楼通过明间额枋上的2根短柱支撑受力，短柱立于明间平板枋之上，其竖向荷载通过平板枋、大额枋传递到明间中柱。其横向荷载主要通过明楼正脊和檐楼铺作层传递至明间中柱。下重明楼通过中柱和明间额枋上的2根短柱支撑受力，其竖向荷载通过两朵转角铺作、两朵柱头铺作、一朵补间铺作、平板枋传递至明间中柱。其横向荷载通过横向串枋和铺作层传递至明间中柱。灵应牌坊结构体系中最具特色的是明间采用梁上起柱的形式，在额枋上立短柱直接支撑上重明楼，间接支撑下重明楼，通过较小的木料支撑建造较大的屋面，在牌坊结构设计方面具有较高的技术水平和研究价值。

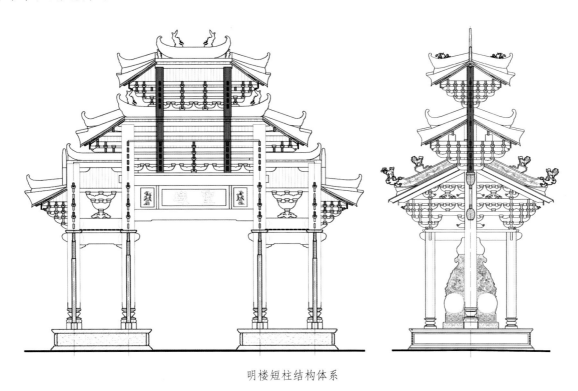

明楼短柱结构体系

（四）同类对比

1.形制对比

牌坊的建筑形制在中国历史上经历了漫长而复杂的发展过程，这些变化不仅反映了不同历史时期的社会文化、审美观念和技术水平，也体现了中国传统建筑艺术的多样性和创新性。牌坊形制的变化是一个复杂而多样的过程，它受到多种因素的影响和制约。但无论如何变化，牌坊都将作为一种独特的建筑形式和文化符号，在中国历史上扮演着重要的角色。通过了解和研究牌坊形制的变化，可以更深入地了解中国传统建筑艺术的发展脉络和文化内涵。同时，也可以为现代建筑设计和城市规划提供有益的借鉴和启示。因此，我们选取了广东省境内明清时期的八座形制相似的牌坊进行了建筑形制对比研究。

牌坊形制对比

序号	牌坊名称	始建年代	主要材质	结构形式	屋顶形式	屋面材质	斗栱形制
1	佛山祖庙灵应牌坊	明景泰二年（1451）	木石	十二柱三间四楼	明楼重檐庑殿次楼单檐歇山	琉璃瓦	三抄计心造六铺作重栱
2	广州五仙观牌坊（复建）	明代	木	十二柱三间四楼	明楼重檐庑殿次楼单檐庑殿	琉璃瓦	三抄计心造六铺作重栱
3	佛山南海七甫陈氏宗祠牌坊	明朝弘治十二年（1499）	砖木	十柱三间四楼	庑殿顶	碌筒瓦	如意斗栱三抄计心造六铺作重栱
4	佛山中山公园秀丽湖牌坊	明崇祯十年（1637）	木石	四柱三间三楼	庑殿顶	琉璃瓦	如意斗栱
5	江门陈白沙祠贞节牌坊	明成化十三年（1477）	木石	十二柱三间三楼	明楼单檐庑殿次楼单檐歇山	碌筒瓦	如意斗栱
6	广州沙湾何氏大宗祠牌坊	清康熙二年（1663）	木石	八柱三间三楼	明楼庑殿顶次楼歇山顶	碌筒瓦	如意斗栱
7	梅州大埔茶阳牌坊	明万历三十八年（1610）	石	十二柱三间五楼	庑殿顶	石屋面	无斗栱
8	东莞余屋牌坊	明万历四十一年（1613）	木石	十二柱三间三楼	明楼单檐庑殿次楼单檐歇山	碌筒瓦	如意斗栱

牌坊外观对比

1. 佛山祖庙灵应牌坊
（图片来源：作者自摄）

2. 广州五仙观牌坊
（图片来源：越秀区文物管理中心）

3. 佛山南海七甫陈氏宗祠牌坊
（图片来源：珑图设计集团）

4. 佛山中山公园秀丽湖牌坊
（图片来源：广东省六建工程承包总公司）

5.江门陈白沙祠贞节牌坊

（图片来源：江门博物馆）

6.广州沙湾何氏大宗祠牌坊

（图片来源：来自网络）

7.梅州大埔茶阳牌坊

（图片来源：来自网络）

8.东莞余屋牌坊

（图片来源：来自网络）

2. 斗栱对比

斗栱是中国古代建筑特有的结构形式，它既是建筑屋顶和屋身立面的支撑构件，也是建筑结构和装饰艺术的集中体现。斗栱的形制规格等级在古代建筑中有着重要的地位，它不仅反映了建筑的功能、规模和等级，还体现了古代社会的传统礼制、文化观念和审美价值。

灵应牌坊四重屋面均设置铺作层，共使用三抄计心造六铺作重栱21朵，但各层斗栱构造形式各具特色，共有7种不同的构造形式，体现了因地制宜和因材施用的设计建造理念。另外，灵应牌坊斗与升的做法具有明显的地方特色，沿正缝向上每个斗和升逐渐缩小，到第四个斗和升又大起来，有利于檐枋的支撑与安装。次楼屋架内部天花上部的空间里，上下穿插枋之间采用驼峰重栱支撑连接。

灵应牌坊柱头铺作，次楼柱头铺作为抬梁式结构，设坐斗于平板枋之上，朝向明间一侧的斗栱仅保留半朵，栱尽端采用麻叶头雕刻如意纹饰，与整体建筑形成了局部的和谐统一。明楼柱头铺作为穿斗式结构，不设坐斗，各层栱从柱身交错贯穿再出跳。各组斗栱第二、三跳慢栱采用穿枋连接，进一步增强了铺作层的整体稳定性。

灵应牌坊明楼转角铺作，次楼转角铺作采用了角华栱（45°斜栱）。一方面明楼不使用角华栱，使得屋面结构更加轻盈。另一方面明楼转角铺作均为穿斗式结构，不采用角华栱可减少中柱和童柱榫口数量，增大了柱子的受力承载体积，提高了柱子的结构强度，进一步增强了整体结构的稳定性。

　　灵应牌坊次楼转角铺作，转角斗栱的栌斗置于平板枋之上，檐面和山面的第一跳华栱在栌斗内交错安装，第一跳角华栱再与之交错安装，三个构件交汇成"米"字形。第二、三跳角华栱与第一跳角华栱形制相同。第三跳角华栱从栌斗处向内檐出跳1m，上方设置横向穿枋，防止角梁悬挑端下沉变形。其中，东北角转角斗栱相比其他三组转角斗栱构造更加复杂，在檐枋与老角梁之间加设一组45°斜枋。斜枋置于檐枋之上，与角栱方向一致，外端与老角梁相连接，内端通过两组斗栱固定，下部设置一斗三升斗栱连接横枋，上方为两层一斗三升斗栱连接脊枋。

　　在以上八座同类牌坊中，斗栱与灵应牌坊最为接近的有广州市五仙观牌坊、佛山南海七甫陈氏宗祠牌坊。五仙观牌坊上重明楼柱头铺作、下重明楼补间铺作为三抄计心造六铺作重栱，其余斗栱为丁头栱或双抄偷心造斗栱。七甫陈氏宗祠牌坊上重明楼为如意斗栱，下重明楼为三抄计心造六铺作重栱。其他牌坊如江门陈白沙祠贞节牌坊、东莞余屋牌坊、广州沙湾何氏大宗祠牌坊、佛山中山公园秀丽湖牌坊均采用了如意斗栱。

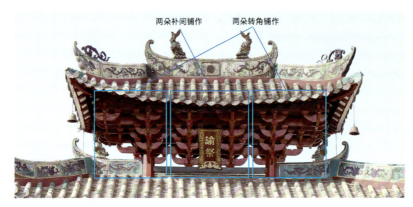

明楼上重两朵补间铺作、两朵转角铺作

明楼下重一朵补间铺作

明楼下重两朵转角铺作、两朵柱头铺作

次楼转角铺作、补间铺作、柱头铺作

次楼转角铺作

次楼内侧丁头栱、驼峰斗栱

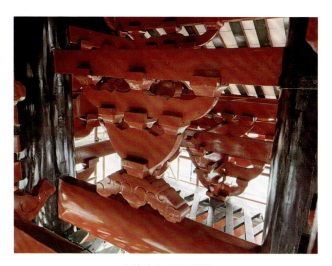

次楼内部驼峰斗栱

东次楼东北转角铺作上方多出一层45°斜枋

其余三处转角铺作上方做法，屋顶内部无45°斜枋

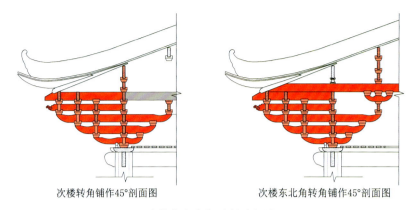

次楼转角铺作45°剖面图　　　　　　　次楼东北角转角铺作45°剖面图

次楼转角铺作形制对比图

3. 色彩对比

封建社会中建筑的形制和色彩代表了建筑主人的身份和地位，斗栱、琉璃、朱红和明黄色彩，均为高等级建筑的标志性元素，普通民居建筑不得使用。灵应牌坊木柱油饰为黑色，檐楼斗栱、额枋、牌匾等油饰为红色，屋面采用绿琉璃瓦，屋脊加装陶塑瓦脊。相比之下，佛山南海七甫陈氏宗祠牌坊、广州五仙观牌坊、广州沙湾何氏大宗祠牌坊、江门陈白沙祠贞节牌坊、东莞余屋牌坊均为素碌筒瓦屋面，为岭南古建常规做法。以上牌坊中，陈白沙祠贞节牌坊为明宪宗敕建，东莞余屋牌坊为明神宗敕建，因此这两座牌坊斗栱油饰为红色，而其他牌坊油饰均为黑色。灵应牌坊的红色油饰、斗栱、陶塑瓦脊、琉璃瓦，丰富多彩的色彩构成与多样化的构件材料，不仅美化了建筑外观，增添了艺术魅力，更体现了牌坊由皇帝敕建的崇高地位和重大影响。

4. 色彩变化

根据1955年华南理工大学测绘图，灵应牌坊硬木柱及额匾两侧贴金人物装饰底色均为红色。根据佛山市博物馆2007年大修前拍摄的照片，四根硬木柱为红色；南立面和北立面额匾颜色稍有不同，南面额匾

1955年测绘，木构件均为红色

（图片来源：华南理工大学）

"圣域"为红底黑框，额匾两侧贴金人物装饰为黑底黑框。北面额匾"灵应"为红底红框，额匾两侧贴金人物装饰为黑底红框。现状硬木柱为黑色，南北额匾颜色保持一致，中间额匾为红底黑框，两侧贴金人物装饰为黑底黑框。

1960年的灵应牌坊
（图片来源：来自网络）

2007年以前的灵应牌坊

2024年的灵应牌坊

三 历代修缮

灵应牌坊自明景泰二年建造至今，有史料记载的各类修缮维护共计12次，其中明代2次、清代4次、民国1次，新中国成立后5次。具体修缮内容在《佛山祖庙灵应牌坊修缮考》[1]中进行了详细梳理，在此不做赘述。

四 文物价值研究

（一）历史价值

明正统十四年（1449），广东爆发了黄萧养起事，黄军进攻南海、佛山等地时，佛山的乡绅组织乡民奋起抵御。相传乡民集结在祖庙神像前歃血为盟，祷告于神，卜问吉凶，祈求北帝保佑。在"御敌"战斗中，佛山人拼死抵抗，各展其能，筹划、筹款、铸铳、扮演秋色故事，造成一派歌舞升平的景象，使敌人不知虚实而不敢强攻。黄军久攻不下，最后以失败告终。佛山人相信北帝在冥冥中保佑着他们，协助他们击退了黄军的进攻。平乱之后，明景泰二年（1451），朝廷敕封佛山为"忠义乡"、敕封祖庙为"灵应祠"、赐建灵应牌坊，额枋由景泰皇帝敕书"玄灵""圣域"，令地方官员每年春秋祭祀。

明清时期，在广东所有的北帝庙中，只有佛山祖庙是唯一一个列入官祀祭典的庙宇。自明景泰开始，祖庙北帝已成为保家安邦的战神、福神，无往不胜、灵应显著，佛山祖庙受景泰帝敕封为"灵应祠"，尊享"春秋谕祭"，恪行"国朝祀典"，官方和民间均定期举办各式仪典以崇祀北帝。"历朝谕祭，圣代尤崇，春秋肃祀，百尔虔恭。"佛山祖庙春秋谕祭地位的崇高，从明朝礼部明文发布的第四百二十四号勘合中可见一斑："行广东道御史欧阳，承宣布政司参议，合行州县掌印官，每岁供祭品物，春秋离职，亲致祭祀，用酬神贶，毋致堕缺，以负朝廷褒崇之典。如有堕缺，许乡民具呈上司，坐以不恭之罪。及庙宇

---

〔1〕 刘奇俊.佛山祖庙灵应牌坊修缮考［J］.佛山科学技术学院学报（自然科学版），2024（05）.

朽坏，务要本县措置修葺，毋致倒塌。如有不悛事体，仍许乡老申呈有司转行奏，治究不恕。此议合通行，责令府、县立案，以凭查理。庶祀典无穷，须至贴者。"

佛山祖庙春秋谕祭自明景泰四年被列入官祀以来，每年由官绅耆老联合举办，春祭日为农历二月十五，秋祭日为农历八月十五，历代均在佛山祖庙举行。春秋谕祭的祀仪基本相同，届时，灵应祠三门前立祭台、呈祭器、献祭品，旌旗飘扬，场面盛大。地方官员整肃衣冠，敬拜北帝，明代的春秋谕祭，官员自省会而来，至清代，佛山历史上首度出现的官派管理机构"文武四衙"设立后，四衙官员均出席行礼。兵丁护卫则一字排开，祖庙值事各守其职，各行各业绅耆咸集，按照一整套高规格的官祀仪典进行。祖庙的春秋谕祭，历明至清，达到全盛。后因战争等原因，其间曾中断过百年。直至2008年，开始逐步恢复春祭大典，并将它融入佛山祖庙庙会（"三月三"北帝诞）当中同期举行，自此以后，春祭仪典成为祖庙庙会的重中之重。2010年，佛山祖庙迎来"百年大修"竣工，在此重要时刻，祖庙重新恢复秋祭大典和乡饮酒礼，并配合佛山的"秋色欢乐节"每年举行，"秋祭"也成为"秋色欢乐节"的开场大戏。在新的历史时期，祖庙"春秋谕祭"已被整合到佛山祖庙庙会、佛山秋色等国家级非物质文化遗产项目中，成为佛山市乃至大湾区重要的文化旅游资源，且是粤剧、广东醒狮、八音锣鼓等非遗项目的演绎平台，创新了非物质文化遗产保护传承形态。

综上所述，灵应牌坊具有深厚的历史价值。

（二）艺术价值

佛山祖庙在历史上是一座集神权、族权和政权于一体的供奉北方真武玄天上帝的著名庙宇。据方志记载，"祠之始建不可考，或云宋元丰时，历元至明，皆称祖堂，又称祖庙。以历岁久远，且为诸庙首也"[1]。相传佛山祖庙始建于北宋元丰年间，元末毁于战火，明洪武五年重建。从明初至今，佛山祖庙较大的修缮、扩建达20余次，现已成为一座体系完整、结构严谨、最具代表性的岭南建筑之一。佛山祖庙古建筑群沿南北中轴线排列，依次为万福台、东西厢房、东西庑廊、灵应牌坊、锦香池、东西碑廊钟鼓楼、三门、文魁阁、武安阁、前殿、正殿、庆真楼等单体建筑，总建筑面积约3600m²。佛山祖庙建筑形式气魄宏大、内涵丰富，单体建筑采用了庑殿、歇山、硬山、卷棚等多种建筑样式，建筑装饰细腻考究、匠心独具，"三雕"（砖雕、木雕、石雕）"两塑"（灰塑、陶塑）将佛山祖庙古建筑群装点得富丽堂皇、精美绝伦，佛山祖庙遂有了"岭南建筑艺术之宫"和"东方民间艺术之宫"的美誉。灵应牌坊作为佛山祖庙古建筑群的重要组成部分，其艺术价值和欣赏价值主要体现在以下几个方面。

建筑构图方面，灵应牌坊和其他传统牌坊构图类似，平面布局为左右对称布局，明间设阙道，次间设台基。立面构成为三段式，台基部分为基座及抱鼓石，屋身部分为竖向立柱及横向额枋，屋顶部分为檐楼。建筑尺度比例大致如下：明间/次间=2.38/1，总高/次间栋高=1.93/1 总宽/总深=2.93/1。也就是心间约占总宽的一半，总高约是次间栋高的2倍，总宽约是总深的3倍。推测营造尺为35/31.25cm，心间面宽14/16尺，次间6/7尺，进深9/10尺，总高为33/37尺。明间高宽比为1：1.1，呈正方形的比例关系，次间高宽比为1：2，比例狭长，起着烘托和辅助作用，使得灵应牌坊外观比例协调、造型雄伟庄重[2]。

〔1〕肖海明.试论佛山祖庙北帝诞古今社会功能的变迁［J］.宗教社会学，2016，4（00）：241-250.
〔2〕佛山市祖庙博物馆编著.佛山祖庙修缮报告［M］.文物出版社，2018：36.

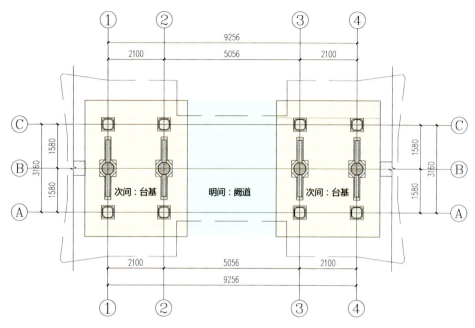

灵应牌坊对称式平面构图

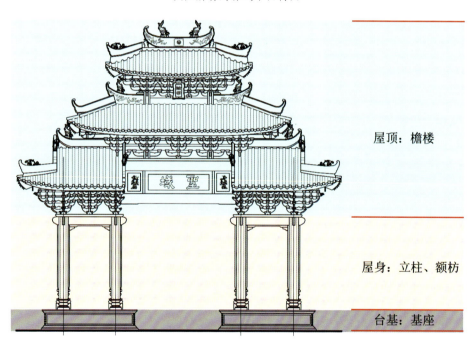

屋顶：檐楼

屋身：立柱、额枋

台基：基座

灵应牌坊三段式立面构图

　　建筑结构方面，灵应牌坊是一座三间十二柱四楼牌坊，建筑结构采用抬梁式与穿斗式混合结构，主体结构采用木石混合结构。由于采用了三间二进十二柱的立体牌楼形式，整体结构比较稳定，分心槽构架采用木柱，柱下部前后置高大的抱鼓石，使木柱不致位移和倾斜。前后檐柱则是石柱，既耐久又防雨防潮，适合岭南的湿热气候。柱头均用额枋和平板枋拉结，平板上立柱头科与平身科斗栱，分心槽柱直上到栋下，并出横枋与插栱，与分心槽柱的插栱联系为一个紧密的整体。心间两柱直达重楼下檐的栋底，其间用二层大额枋拉结，两额之间以板枋相连，上层额枋上立两小圆柱，成为重檐上檐屋顶的结构立柱，重檐部分均用插栱出跳檐口，形成强烈的干栏、穿斗建筑构架的特色，是原本地域建筑原型的痕迹[1]。

建筑装饰方面，灵应牌坊采用了岭南古建筑常用的"三雕两塑"，正脊、垂脊、戗脊加装了以蓝绿色夔龙纹、螭龙纹、缠枝纹为主要纹饰的陶塑瓦脊，正脊加装陶塑鳌鱼，垂脊加装陶塑狮子，屋面覆盖绿色琉璃瓦，山墙施以灰塑，封檐板雕刻如意纹饰，抱鼓石用整块石材雕刻而成，下部为两层雕花基座，中部为鼓面，鼓面光滑无雕刻，上部为精美浮雕，体现了明清时期岭南地区传统建筑的装饰艺术风格。

灵应牌坊上重明楼

灵应牌坊陶塑瓦脊

建筑色彩方面，灵应牌坊主体色调以红色和黑色为主，屋面琉璃瓦以绿色为辅助色。牌匾文字采用了贴金箔工艺，陶塑瓦脊以绿色为主色调，加以蓝色和黄色做点缀，山墙灰塑以红、黄、绿、蓝为主色调。《周礼》记载："画缋之事，杂五色。东方谓之青，南方谓之赤，西方谓之白，北方谓之黑，天谓之玄，地谓之黄。"佛山祖庙供奉的是北方真武玄天上帝（北帝），北帝是司水之神，是玄武的化身，坐镇北方，历史上佛山地区不仅河网密集而且冶铸业发达，北帝坐镇能"保水上平安，防水火之灾"，故北帝尚黑。因此，佛山祖庙古建筑群均以黑色、红色为主色调，体现了明清时期岭南地区北帝庙宇独具特色的建筑色彩风格。

综上所述，灵应牌坊具有很高的艺术价值。

（三）科学价值

灵应牌坊采用了抬梁式和穿斗式混合结构体系，其中，檐柱采用了抬梁式结构，中柱采用了穿斗式结构。抬梁式结构又称为"叠梁式结构"，是中国古代建筑中最为普遍的木构架形式。它以设置在沿开间进深方向列柱上的梁为主体结构，为适应坡屋顶的形式，最底层梁上放短柱，短柱上放短梁，层层叠落至屋脊，各个梁头上再架檩条以承托屋椽。抬梁式结构体系复杂，结实牢固，经久耐用，空间大、耗材多，有利于抗震。明间中柱和额枋小柱采用穿斗式结构，在柱子顶部置柱头科斗栱。穿斗式结构的特点是柱子较细、密，沿开间进深方向每列柱子与柱子之间用枋木串接，连成一个整体。采用穿斗式结构，可以用较小的材料建造较大的房屋，而且其网状的构造也很牢固。穿斗式结构体系简单，柱、枋较多，空间小、耗材少，有利于抗风。灵应牌坊将抬梁式结构与穿斗式结构完美地结合在一起，组成了混合式结构体系，打破了平面式牌坊的建造模式，开创了立体式牌坊的建造先河。牌坊既具有柔性的抗震能力，

---

〔1〕 佛山市祖庙博物馆编著.佛山祖庙修缮报告［M］.文物出版社，2018：36.

又具有刚性的抗台风能力。抬梁式与穿斗式结构的使用增大了牌坊的建筑空间，同时又节约了建筑材料。牌坊在建造技法上采用了卷杀、侧角、升起等传统建筑工艺，使得建筑结构更为稳定、建筑造型富于变化。灵应牌坊历经500多年风雨仍然屹立不倒，对于研究中国古代建筑技术具有重要意义。

综上所述，灵应牌坊具有较高的科学研究价值。

次楼抬梁式斗栱

次楼斗栱上层由串枋连成整体

上重明楼穿斗式斗栱

下重明楼穿斗式斗栱

（四）社会价值

灵应牌坊作为佛山祖庙的重要组成部分，它见证了佛山的悠久历史和灿烂文化，代表了佛山的地域文化和精神风貌，是佛山人民身份认同的重要载体，是佛山传统文化传承的实物体现。通过这灵应牌坊，我们可以深入了解佛山的历史变迁、民俗风情以及民间信仰，进而传承和弘扬优秀传统文化。从古至今，佛山人民以佛山祖庙为信仰高地和心灵归宿，在春秋祭祀、节日庆典、日常活动中，人们聚集在佛山祖庙共同庆祝和祈福，促进了佛山人民的交流和互动，增强了佛山人民的凝聚力和向心力。灵应牌坊作为佛山祖庙最具代表性的历史文化景观，每年吸引了大量游客前来参观游览，这不仅带动了当地的旅游业发展，更为地方政府和旅游企业带来了可观的经济收益，同时也为相关产业链的发展提供了机遇。近年来，通过"文旅融合"使得佛山祖庙的文物价值得以转化为经济价值，进一步推动了佛山经济的繁荣和社会的进步。灵应牌坊承载了佛山深厚历史文化底蕴，不仅是佛山祖庙的标志性景点，更是佛山人民智慧和文化的结晶。灵应牌坊以其独特的地位和深远的影响，在社会层面展现出不可替代的重要价值。

综上所述，灵应牌坊具有重要的社会价值。

（五）文化价值

佛山祖庙"灵应牌坊"的历史文化意涵丰富，570多年来，它从一座敕封"灵应祠"而建的岭南古牌坊，到成为岭南杰构和"三雕两塑"典范，再到现如今的祖庙文化主题场域，"灵应牌坊"在历史中见证着佛山祖庙的发展变迁和文化传承、佛山古镇的沧海桑田和百姓生活的酸甜苦辣。时至今日，佛山市祖庙博物馆通过举办一系列相关的、可持续的，具有广泛群众基础和深厚影响力的民俗文化活动，深挖"灵应牌坊"的历史与文化价值，如国家级非遗佛山祖庙庙会（"三月三北帝诞"）、市级非遗"春秋谕祭"。围绕灵应牌坊深入开展了一系列创新研究与活化利用，其中涵盖了教育实践、文创开发、非遗活动、研学课程、旅游参观等各方面，实现了文化遗产的科学保护和高效利用。近年来，参观佛山祖庙的游客数量屡创新高，2023年参观游客数量达241万人次，实现了社会效益和经济效益双丰收。通过定期的古建修缮维护，成功将这一静态的牌坊建筑形式，转变为动态的文化展，从而最大限度挖掘出它的文化价值。"灵应牌坊"作为举办一系列传统民俗活动的实物载体，对于地区文化传承和"文旅融合"等发挥着积极作用；它带动了佛山地区历史文化的宣扬与普及，加深广大民众对优秀传统文化、历史、建筑等方面的认识，对于增强民族自信心、弘扬传统文化具有重要意义。

综上所述，灵应牌坊具有较高的文化价值。

佛山祖庙庙会

佛山祖庙庙会

五　小结

灵应牌坊采用了典型的岭南建筑风格，雕刻精细，寓意深刻。每一块石料、每一根木料都经过了认真挑选和精心雕琢，展现出古人对建筑美学的追求。无论是牌坊上的雕刻，还是檐下的彩绘，都充满了艺术性和历史感，为市民游客提供了视觉盛宴。灵应牌坊承载了深厚的建筑艺术价值和历史文化内涵，它是佛山人民对祖先智慧的敬仰和对文化传承的坚守。这座牌坊见证了佛山的历史变迁，也见证了佛山人民对美好生活的追求和向往。

在现代社会，灵应牌坊更成为佛山的一张文化名片。它吸引了无数游客前来参观，成了佛山旅游业的一大亮点。同时，它也成为佛山市民心中的骄傲，激发着他们对本土文化的热爱和传承。佛山祖庙灵应牌坊的价值不仅体现在其精美的建筑艺术和深厚的历史文化上，更体现在它对现代社会的积极影响上。它是一座连接过去与未来的桥梁，让我们在欣赏古老建筑的同时，也能感受到佛山人民对文化的坚守和传承。未来，我们应该更加珍惜和保护这样的文化遗产，让它们继续为我们的城市增添光彩。

参考文献

［1］吴庆洲.广东佛山祖庙建筑研究［J］.古建园林技术，2011（01）：46-50+67.

［2］程建军.岭南古代大式殿堂建筑构架研究［M］.中国建筑工业出版社，2002：73.

［3］佛山市祖庙博物馆编著.佛山祖庙修缮报告［M］.文物出版社，2018：8.

［4］肖海明.试论佛山祖庙北帝诞古今社会功能的变迁［J］.宗教社会学，2016，4（00）：241-250.

［5］许康，张晶晶，周遵，解析中国古代牌坊的平面形式与空间特征［J］.四川建筑科学研究，2011（06）：220-224.

［6］金其桢，论牌坊的源流及社会功能［J］.中华文化论坛，2003（01）：71-75.

佛山祖庙之灵应牌坊修缮工程管理研究

凌　建　刘奇俊

文物是历史的见证，是人类文明的瑰宝。开展文物保护工程不仅是对文化遗产的保护和传承，更是对民族精神的弘扬、经济发展的推动、文化需求的满足以及文化交流的促进。文物保护工程管理研究是一个涵盖了多学科、多领域的综合性课题，涉及考古学、历史学、建筑学、艺术学等多个学科，其主要目标是通过对文物保护工程进行科学管理，确保文化遗产得到有效保护和传承。本文以全国重点文物保护单位佛山祖庙之灵应牌坊修缮工程为例，对全过程工程管理工作进行了系统梳理和研究总结。

一　项目背景

佛山祖庙灵应牌坊始建于明景泰二年（1451），是明代敕封佛山祖庙为灵应祠的标志，是广东省内现存年代最早的三间十二柱四楼立体牌坊。牌坊面阔三间、进深两间，明间为阙道，次间为台基，明楼为重檐庑殿顶，次楼为歇山顶。额坊题字"玄灵"（后因避清圣祖"玄烨"讳改为"灵应"）、"圣域"为明景泰皇帝敕封。

灵应牌坊建成至今历经多次修缮，其中民国三十二年（1943）是距今最近的一次大规模全面修缮。2008年佛山祖庙全面修缮工程采用"最少干预"的修缮原则，对灵应牌坊进行了不落架修缮，主要修缮内容为屋面补漏、油漆修复、构件纠偏等常规维护保养。历经近百年风雨侵蚀及原有病害影响，灵应牌坊部分木结构内部糟朽、主体结构倾斜、部分屋顶下塌、表面油漆风化脱落等情况日益严重。

为确保国家文物和游客人身安全，佛山市祖庙博物馆启动了佛山祖庙之灵应牌坊修缮工程，本工程于2020年9月启动、2022年3月动工、2023年1月工程竣工、2024年1月验收。本工程由建设单位佛山市祖庙博物馆、勘察设计单位华南理工大学建筑设计研究院、安全鉴定单位广州市致准房屋鉴定有限公司、监理单位浙江省古典建筑工程监理有限公司、施工单位广东省六建工程总承包有限公司、造价咨询单位广东同益达工程顾问有限公司、广东紫晖工程咨询有限公司组成的工程管理团队进行管理实施。

二　工程管理

（一）前期准备

根据《中华人民共和国文物保护法》《中华人民共和国文物保护法实施条例》《文物保护工程管理办法》《文物保护工程审批管理暂行规定》《中华人民共和国政府采购法》《中华人民共和国政府采购法实施条例》

《国家文物局关于文物保护工程资质管理制度改革的通知》《广东省财政厅关于通过广东政府采购智慧云平台电子卖场实施政府采购活动有关事项的通知》《佛山市网上中介服务超市管理暂行办法》及相关法规、规范，在工程前期准备阶段，建设单位佛山市祖庙博物馆开展了工程立项、工程采购、合同签订等三个阶段性工作。

（1）工程立项

国家和省级文物行政主管部门负责全国重点文物保护单位修缮工程勘察设计方案的评审与核准，本环节建设单位严格按照相关规定办理了工程立项审批工作。

2021年6月，安全鉴定单位广州市致准房屋鉴定有限公司编制完成了《全国重点文物保护单位佛山祖庙之灵应牌坊安全性鉴定报告》。

2021年8月，勘察设计单位华南理工大学建筑设计研究院编制完成了《全国重点文物保护单位佛山祖庙之灵应牌坊抢险加固设计方案》和《全国重点文物保护单位佛山祖庙之灵应牌坊修缮工程设计方案》。

2021年9月，佛山祖庙之灵应牌坊修缮工程获得了国家文物局立项批复。

2021年10月，佛山祖庙之灵应牌坊修缮工程勘察设计方案获得了广东省文物局核准批复。

2022年2月，广东省文物局下达国家文物保护专项资金。

（2）工程采购

本工程所涉及的设计、施工、监理、造价等技术服务项目，因采购金额均不超过建设工程公开招标限额，故采用政府采购形式对以上项目进行招标采购。

2020年10月，通过政府采购分散采购方式，确定勘察设计单位华南理工大学建筑设计研究院（文物保护工程勘察设计甲级资质）。

2021年12月，通过政府采购分散采购方式，确定造价咨询单位广东同益达工程顾问有限公司（工程造价咨询甲级资质）。

2022年3月，通过政府采购分散采购方式，确定监理单位为浙江省古典建筑工程监理有限公司（文物保护工程监理甲级资质）。

2022年3月，通过政府采购定点采购方式，确定施工单位为广东省六建工程总承包有限公司（文物保护工程施工一级资质）。

2024年4月，通过政府采购分散采购方式，确定造价咨询单位广东紫晖工程咨询有限公司（工程造价咨询甲级资质）。

（3）合同管理

设计、施工、监理、造价作为本工程参建单位，签订了甲方合同对工程开展过程中各方职责进行了约定。考虑本工程属于小额工程且施工周期较短，合同形式均采用了固定总价合同，更加有利于工程各项工作的推进。

全国重点文物保护单位佛山祖庙之灵应牌坊修缮工程共签订甲乙方合同五份、甲乙方补充合同一份。分别是与勘察设计单位华南理工大学建筑设计研究院签订勘察设计合同一份；与施工单位广东省六建工程总承包有限公司签订工程施工合同一份、补充施工合同一份；与监理单位浙江省古典建筑工程监理有限公司签订工程监理合同一份；与造价咨询单位广东同益达工程顾问有限公司签订工程造价咨询合同一份；与造价咨询单位广东紫晖工程咨询有限公司签订工程造价咨询合同一份。

（二）工程勘察

（1）安全评估

2021年5月安全鉴定单位广州市致准房屋鉴定有限公司根据《古建筑木结构维护与加固技术标准》（GB/T50165—2020）相关规定，对灵应牌坊周边环境、上部结构、地基基础进行了全面勘察，发现灵应牌坊结构残损病害较多，且个别残损构件已影响到主体结构安全，上部承重结构安全等级评定为C级，安全性不符合本标准A级的相关规定，已显著影响到牌坊整体承载安全可靠性，建议采取相关修缮保护措施消除安全隐患，且极少数构件必须立即采取紧急措施进行抢险加固。

（2）设计勘察

2021年6月勘察设计单位华南理工大学建筑设计研究院在安全鉴定单位广州市致准房屋鉴定有限公司安全性鉴定报告基础上开展了设计勘察工作，本次勘察采用了三维激光扫描技术对佛山祖庙灵应牌坊进行了精确扫描勘察，建筑形制保存较好；地基基础出现轻微下沉，东次间台基西南侧下沉约15mm，西次间台基西南角下沉5mm，两台基中部下沉10～18mm；主体结构四根中柱中空较为严重，东起第一根与第三根中空直径达200mm左右，檐柱Z4、Z5、Z6、Z7、Z8、Z9、Z11向东倾斜，倾斜角度2‰～6‰，中柱向南倾斜，倾斜角度2‰～13‰；屋面构件琉璃瓦脊、琉璃筒瓦、琉璃滴水、风化反白；铺作层斗栱、梁、枋油漆剥落、发霉糟朽、偏移错位；"灵应""圣域"额匾底板表面油漆爆裂剥落，民国落款被遮盖。"圣旨""谕祭"两牌匾受潮轻微褪色。综上所述，佛山祖庙灵应牌坊文物保存状况一般，根据《文物保护工程管理办法》规定，本工程类别确定为"修缮工程"。

（三）设计管理

（1）方案设计

2021年6月，勘察设计单位华南理工大学建筑设计研究院编制完成了《全国重点文物保护单位佛山祖庙之灵应牌坊修缮工程设计方案》，其中包括《现状勘察报告》《现状实测图纸》《方案设计说明》《方案设计图纸》《工程投资估算》《三维激光扫描》等设计成果，修缮措施采用"局部落架"。

2021年7月，勘察设计单位华南理工大学建筑设计研究院编制完成了《全国重点文物保护单位佛山祖庙之灵应牌坊抢险加固工程设计方案》。

2021年7月，广东省文物局委托广东省古迹保护协会召开了《全国重点文物保护单位佛山祖庙之灵应牌坊抢险加固工程设计方案》《全国重点文物保护单位佛山祖庙之灵应牌坊修缮工程设计方案》专家评审会议，上述两个方案通过了省文物保护专家组评审，其中专家组建议修缮设计方案要尽可能减少对文物本体干预，落架维修应慎重考虑。

2021年9月勘察设计单位华南理工大学建筑设计研究院根据省专家评审意见修改完善了《全国重点文物保护单位佛山祖庙之灵应牌坊修缮工程设计方案》报送广东省文物局备案，修缮措施调整为不予落架。

2021年11月取得了广东省文物局关于设计方案的核准批复。

（2）设计变更

根据《文物保护工程管理办法》及施工现场实际情况，本工程实施过程中，设计单位出具了三份设计变更。

2022年9月设计单位出具了"建筑专业第001号设计变更（重大设计变更）"，主要变更内容为修缮措施变调整为落架维修；拆解明楼上、下檐斗栱；四根中柱柱脚墩接修复；更换加固存在安全隐患的木构件；修复残损木构件、修复陶塑、修复灰塑等。设计变更方案于2022年8月通过了广东省文物保护专家组评审，2022年9月取得了广东省文物局核准批复。

2022年11月设计单位出具了"建筑专业第002号设计变更（一般设计变更）"，主要变更内容为明确更换存在安全隐患的建筑构件数量，部分构件加固措施。设计变更方案于2022年10月通过了广东省文物保护专家组评审，报送广东省文物局备案。

2022年12月设计单位出具了"建筑专业第003号设计变更（一般设计变更）"，主要变更内容为明确更换存在安全隐患的建筑构件数量，统一油漆工艺标准及原材料配比。设计变更方案于2022年10月通过了广东省文物保护专家组评审，报送广东省文物局备案。

（四）施工管理

（1）材料管理

本次修缮工程使用的主要材料包括木料、油漆、陶塑、灰塑、瓦件、颜料等，通过对工程材料的规范化管理，从而确保了修缮工程质量优良。

木料，本次修缮工程更换了12根角梁、24根生头木、1根明间额枋、1根明楼八边形柱、2根东西次楼正脊檩条、6条明楼串枋、3条东西次楼平板枋、斗和栱若干。经广东产品质量监督检验研究院鉴定，灵应牌坊主要使用木料为格木，是我国热带亚热带地区珍贵树种，其木料结构致密坚实且极耐腐蚀，有"铁木"之称。目前格木已经被列为国家二级重点保护野生植物，同时市场上也禁止格木木材交易，因此本工程无法使用格木作为修缮材料。根据《古建筑木结构维护与加固技术标准》相关规定，印茄木（菠萝格）强度TB20为最高等级，与格木同属于苏木科，可作为格木替代木材。本工程选用产于印度尼西亚的优质印茄木（菠萝格）去掉表皮和树芯后的品质最优质部分作为修缮材料。

油漆，本次修缮工程的全部木构件采用传统桐油刷涂三次。一是采购生桐油，2022年5月修缮团队对国内桐油市场进行了深入调研，分别向常德市寿福天精细油脂有限公司（湖南）、慈利县宝兴油脂有限责任公司（湖南）、靖州友谊植物油厂（湖南）、望谟县栖凤山桐油有限公司（贵州）、百色市百旺油脂有限公司（广西）、宜宾市叙州区俊峰桐油有限公司（四川）、宜宾茂强油脂有限公司（四川）、北京市集贤血料厂（北京）等桐油主要产地的生产厂家采购了8款生桐油样品。修缮团队组织了经验丰富的文保专家、工匠师傅，对生桐油样品的观感、色泽、气味、实验效果进行了甄选，最终选取了品质最优的百色市百旺油脂有限公司（广西）作为生桐油供应商。二是熬制熟桐油，生桐油加入土子、密陀僧熬制260℃～270℃，冷却后即为熟桐油，土子、密陀僧的主要作用为催干剂。按照3：1：0.5比例熟桐油加入清漆、松节油进行稀释，清漆、松节油的主要作用为稀释剂、溶解剂、干燥剂。三是色漆调配，按照熟桐油：清漆：松节油：颜料=5：2.5：2.5：1进行调配。

陶塑，本次修缮工程更换了西次楼破损陶塑瓦脊2件，补配了陶塑狮子尾巴1件，更换、补配的陶塑构件采用石湾陶传统龙窑制陶工艺，由广东省传统建筑名匠、市级非物质文化遗产陶塑传人何湛泉团队负责完成。对92件存在残损病害的陶塑瓦脊进行了无损修复，主要修复材料采用环氧树脂、滑石粉、聚氨酯漆等，本次修复由佛山市祖庙博物馆文物保护部修复团队负责完成。

灰塑，本次修缮工程对次楼山墙2组灰塑、垂脊4组灰塑、上重明楼正脊2组灰塑进行了修复，修复材料采用传统纸筋灰、草筋灰、矿物质颜料，由国家级非物质文化遗产灰塑传人邵成村团队负责完成。

瓦件，本次修缮工程对屋面进行了揭瓦重铺，板瓦、筒瓦、瓦当、滴水瓦等屋面构件均采用原屋面材料，仅补配了极少量筒瓦构件，更换、补配的瓦件采用石湾陶传统龙窑制陶工艺，由市级非物质文化遗产陶塑传人何湛泉团队负责完成。

颜料，本次修缮工程采用的颜料均为矿物质颜料。主要采用了红色颜料银朱（硫化汞），黑色颜料乌烟（氧化铁黑）。矿物质颜料具有耐久性强不易褪色、色彩鲜艳饱和度高、易于调配适应性强等特点。矿物质颜料作为一种重要的传统调色颜料，具有较高的文化价值。采用矿物质颜料进行油漆和灰塑修复，不仅是对传统工艺的继承和发展，更是对传统文化的保护和传承。

（2）技术管理

本工程作为广东省内为数不多的全国重点文物保护单位全面落架的修缮工程，力求最大限度保护好历史遗存，修缮过程中尽可能采用无损施工，不对文物构件进行二次破坏。严格遵守"四保存"原则，对构件维修执行能维修加固后使用的应维修加固后使用，不随意更换、增减构件。遵守"艺术构件实行保守对待"原则，本次维修中对一些存在残损，但不影响艺术审美、不危及文物安全、暂时不修不会造成损坏加剧的，实行不全面修复原则。仅对有确定依据的艺术构件给予恢复。遵守"现代材料的使用应可逆、隐蔽"原则，为了保护更多有价值的构件，允许科学地使用现代材料。但使用时应遵循在重要部位使用后应是可逆的，或使用后不影响今后保养维护的原则。重要部位使用现代材料，应进行必要的试验。遵守"能小、中修的不大修"原则，修缮中认真鉴别各种残损情况，分析其损坏成因及对建筑造成危害，根据对建筑安全构成的威胁大小，采用最恰当的维修方法。本次修缮主要采用了以下修缮技术。

大木结构中空糟朽部位高压喷水清理技术。常规清理大木结构中空糟朽存在人工操作困难、清洗质量差等问题。修缮团队通过广泛调研、反复试验、专家论证，在确保文物安全的前提下，本次修缮创新采用了压强330kg的喷水清洗设备对大木结构中空糟朽进行清理，最终成功解决了人工操作困难、清洗质量差等问题，并且极大地提高了施工效率，降低了人工成本、确保了施工质量。

手持式水钻机清除中柱填充混凝土技术。由于历史上不规范的修缮措施，将一根木柱中空部位填充了混凝土砂浆，在长期热胀冷缩的作用下，混凝土砂浆与木柱收缩率不同，砂浆整体与木柱完全分离，造成木柱严重开裂。为保留利用这根中柱，本次修缮必须将混凝土清除干净，另外再进行规范化修缮加固。考虑混凝土砂浆强度较高，木柱已严重开裂，如采用纯人工清除会因力度不够无法实施，如采用风镐进行机械化清除，将产生不可控的震动和压力导致木柱进一步爆裂。通过反复研究实验，创新采用手持式水钻机，通过在混凝土上钻孔的方式，逐步将混凝土砂浆清除干净，施工过程无震动、无压力，且未对中柱造成任何二次破坏，成功消除了潜在病害，有效保护了文物价值。

工业级内窥镜勘察大木结构中空糟朽病害技术。大木结构中空糟朽部位肉眼无法进行观察，本次修缮创新采用了工业级内窥镜对大木结构中空糟朽部位进行了全景影像勘察，可精准勘察大木结构中空部位的病害情况，以及残损糟朽清洗后的质量效果，从而确保了病害勘察精准程度和残损糟朽清理质量。

屋面悬挑木结构可调节防沉降技术，本次修缮加固将挑檐屋角木结构与中柱柱头之间用钢丝绳进行拉结，可进一步缓解屋面下沉现象。通过在钢丝绳中部安装可伸缩调节锁扣对钢丝绳紧张程度进行手动调节，后期挑檐如有轻微下沉可通过伸缩调节锁扣进行手动矫正调节。本项创新措施符合文物保护工程可逆性原则。

木柱柱头钢结构加固修复技术，由于主体结构四根中柱柱头残损中空部位靠近柱身榫口，按照现行加固规范无法对柱头进行墩接修复。本次修缮在柱头部位采用钢板围闭形成模板效应，清理干净柱头残损糟朽后，用木糠和环氧树脂混合物进行加固维修，可极大地提高柱头结构强度和安全可靠性。本项创新措施符合文物保护工程可逆性原则。

木柱柱脚墩接加固修复技术，由于主体结构四根中柱柱脚中空糟朽严重，如参考《古建筑木结构维护与加固技术标准》，巴掌榫或抄手榫进行柱脚墩接，裁切后的中柱余料太少，不利于木柱结构稳定。结合中柱实际病害残损情况，本次修缮将规范参考墩接柱脚的扇形和圆形截面优化调整为矩形截面，尽可能保留利用原有木柱，确保墩接柱脚与中柱柱身紧密结合结构稳定。

结构有限元计算分析技术。通过建立灵应牌坊修缮前后有限元结构模型，对其在风荷载和地震荷载的工况下的受力情况进行分析计算，结果显示本次中柱修缮不仅对木柱自身应力和位移造成了影响，同时对牌坊整体的应力和位移也产生影响。在风载工况下，灵应牌坊应力最大处为上重明楼短柱，中柱修缮完成后，上重明楼短柱应力有所下降，牌坊整体结构稳定性增高。在地震工况下，灵应牌坊最大位移处为上重明楼正脊。中柱修缮完成后，上重明楼正脊位移减少，牌坊整体结构稳定性增高。从结构有限元计算数据来看，修缮后的灵应牌坊结构安全具有一定的冗余度，从理论数据层面验证了本次修缮工程的合理性和科学性。

（3）安全管理

工程施工前，根据工程特点及施工规范规定，施工单位编制了脚手架、临水、临电、防坠落、防风、防雨、危险源辨识、应急救援等多个专项方案，并在施工前对全体施工人员进行三级安全教育和技术交底。

工程施工中，根据广东省住房和城乡建设厅关于《危险性较大的分部分项工程安全管理办法》的实施细则，施工单位编制了大木结构落架、大木构件吊装等危险性较大的分部分项工程安全专项施工方案，经监理单位审核同意报建设单位批准实施。

个人防护，施工单位为施工人员配置了安全帽、安全带、防坠器、工具袋、工具防坠链等个人安全防护用具。

安全监督，建设、施工、监理单位分别组建了以各单位项目负责人为组长的管理团队，共同对施工现场安全生产进行监督管理。对脚手架安全可靠性和临边洞口防护措施、施工现场防火措施、吊装设施规范性使用、施工人员防护用具规范性使用等可能存在安全风险的部位和工序进行定期检查。对施工过程中危大工程施工、重要施工环节、重点施工部位安排专人现场旁站监督。

（4）进度管理

立项报批阶段

2021年9月29日，全国重点文物保护单位佛山祖庙之灵应牌坊修缮工程取得了国家文物局立项批复；

2021年10月27日，全国重点文物保护单位佛山祖庙之灵应牌坊修缮工程勘察设计方案取得了广东省文物局方案批复。

工程施工阶段

2022年3月31日，全国重点文物保护单位佛山祖庙之灵应牌坊修缮工程正式动工；

2022年5月10日，因重大设计变更报送省级文物主管部门审批，施工单位广东省六建工程总承包有限公司申请办理工程停工；

2022年9月30日，全国重点文物保护单位佛山祖庙之灵应牌坊修缮工程重大设计变更方案获得广东省文物局核准批复；

2022年10月9日，工程复工；

2023年1月9日，工程竣工。

工程验收阶段

2023年1月9日，工程通过了建设单位、施工单位、设计单位、监理单位初步验收；

2023年3月16日，工程通过了广东省文物保护专家组、广东省文物局中期验收；

2024年2月1日，工程通过了广东省文物保护专家组竣工验收；

2024年4月12日，工程取得了广东省文物局竣工验收批复。

（五）造价管理

（1）预算编制

2021年12月，造价咨询单位广东同益达工程顾问有限公司对"全国重点文物保护单位佛山祖庙之灵应牌坊修缮工程"预算进行了编制，预算编制严格遵循客观性、公正性和科学性的原则，实事求是地对预算造价提出了客观意见。在预算编制过程中，根据本工程的专业特点和实际情况，对工程的工程量、综合单价、材料单价、计费等方面进行了详细计算，出具了工程预算编制报告书。

编制依据：

建设单位提供的依据：施工图设计；

清单依据：《建设工程工程量清单计价规范》GB50500-2013，定额依据：《广东建设工程计价依据（2018）》《广东省房屋建筑与装饰工程综合定额（2018）》《广东省传统建筑保护修复工程综合定额（2018）》《佛山市建设工程计价办法（2018）》《广东省建设工程标准工期定额》；

人工工资单价依据：《佛建设函〔2019〕23号》，定额动态人工系数为1.01；

主要材料单位依据：2021年10月《佛山工程造价信息》，信息价中未含部分参考品市场价格进行调整。

工程综合单价依据：综合单价包括完成该项目发生的人工费、材料费、机械费、管理费和利润费；

绿色施工安全防护措施费依据：以分部分项工程（人工费+施工机具费）为计算基础，按照建筑工程费率18.94%计取；

其他项目费依据：预算包干费以分部分项工程（人工费+施工机具费）为计算基础，按建筑费率3%计取；

税金依据：按增值税销项税率9%计取；

其他依据：相关计价文件以及施工规范等有关规定。

（2）预算审核

2022年2月，广东省文物局委托北京太和华典工程咨询有限公司完成了佛山祖庙之灵应牌坊修缮工程预算评审工作，出具了工程预算评审报告。

评审依据：

国家文物局关于《广东省2022年度全国重点文物保护单位文物保护项目（不含安防消防防雷）计划》的批复（文物保函〔2021〕1062号）、广东省文物局关于《转发国家文物局关于批复广东省2022年度全国重点文物保护单位文物保护项目（不含安防消防防雷）计划》的通知（粤文物函〔2021〕211号）；

财政部、国家文物局《国家文物保护专项资金管理办法》（财文〔2018〕178号）、《国家重点文物保护专项补助资金项目预（概）算编制规范》；

《广东省传统建筑保护修复工程综合定额》（2018）、《广东省南粤古驿道保护与修复费用计价指引》（2018）、《广东省房屋建筑与装饰工程综合定额》（2018）、《广东省通用安装工程综合定额》（2018）；

《关于建筑业增值税计价政策调整的通知》（建办标函〔2019〕193号）、《关于调整建设工程计价依据增值税税率的通知》（建办标〔2018〕20号）、《关于做好建筑业营改增建设工程计价依据调整准备工作的通知》（建办标〔2016〕4号）、《关于全面推开营业税改征增值税试点的通知》（财税〔2016〕36号）。

（3）预算变更

2022年12月，根据《文物保护工程管理办法》《广东省文物局关于全国重点文物保护单位佛山祖庙之灵应牌坊修缮工程勘察设计方案的批复》《广东省文物局关于全国重点文物保护单位佛山祖庙之灵应牌坊修缮工程设计变更方案的批复》及相关法律法规，由于工程施工过程中多次遇到突发性隐藏病害情况及勘察设计方案未尽事宜，设计单位华南理工大学建筑设计研究院出具了三份设计方案变更文件，造价咨询单位广东同益达工程顾问有限公司对设计变更部分进行了预算编制。

编制依据：

建设单位提供的依据：《广东省文物局关于全国重点文物保护单位佛山祖庙之灵应牌坊修缮工程勘察设计方案的批复》及《广东省文物局关于全国重点文物保护单位佛山祖庙之灵应牌坊修缮工程设计变更方案的批复》。

2022年9月设计单位华南理工大学建筑设计研究院位出具的"建筑专业第001号设计变更（重大设计变更）"，主要变更内容为修缮措施调整为落架维修；拆解明楼上、下檐斗栱；四根中柱柱脚墩接修复；更换加固存在安全隐患的木构件；修复残损木构件、修复陶塑、修复灰塑等。

2022年11月设计单位华南理工大学建筑设计研究院出具的"建筑专业第002号设计变更（一般设计变更）"，主要变更内容为明确更换存在安全隐患的建筑构件数量，部分构件加固措施。

2022年12月设计单位华南理工大学建筑设计研究院出具的"建筑专业第003号设计变更（一般设计变更）"，主要变更内容为明确更换存在安全隐患的建筑构件数量，统一油漆工艺标准及原材料配比。

其他文件依据：同预算编制文件依据。

（4）结算审核

2024年4月，造价咨询单位广东紫晖工程咨询有限公司完成了"全国重点文物保护单位佛山祖庙之灵应牌坊修缮工程"结算审核工作，出具了结算审核报告书。结算审核报告书包括两项内容，一项为《全国重点文物保护单位佛山祖庙之灵应牌坊修缮工程结算审核报告》，另一项为《全国重点文物保护单位佛山祖庙之灵应牌坊修缮工程设计变更增加部分结算审核报告》。

编制依据：

采购合同：《佛山市祖庙博物馆修缮工程定点议价采购合同》（合同编号：HT-2022-01425281）；《佛山市祖庙博物馆修缮工程定点议价采购合同》（合同编号：HT-2023-02407616）；

《工程开工令》（开工日期：2022年3月31日）、《竣工验收报告》（验收日期：2024年2月1日）；

《施工延期报审表》（编号：20230108）、《工程临时延期报审表》（编号：001，延迟到2022年11月25日）、《工程临时延期报审表》（编号：002，延迟到2023年1月24日）、《工程最终延期报审表》（编号：003，延迟到2023年1月9日）；

竣工图：《全国重点文物保护单位——佛山祖庙之灵应牌坊修缮工程》（出图日期：2023年1月），施工图：《全国重点文物保护单位——佛山祖庙之灵应牌坊修缮工程》（出图日期：2021年11月15日）；

修改设计通知单3份；

施工单位送审的结算书；

其他依据：相关计价文件以及施工规范等有关规定。

（六）验收管理

（1）过程验收

在工程实施过程中，建设单位组织各参建单位对工程施工过程中的重要环节进行了分部分项验收，从而确保了施工安全和工程质量，分别是施工脚手架搭设验收、木构件防虫防腐隐蔽验收、木构件安装验收、主体结构分部验收、屋面分部验收、装饰装修分部验收、陶塑瓦脊安装验收、灰塑修复验收、油漆工程验收等；

（2）竣工初验

2023年1月9日，工程通过了建设单位、施工单位、设计单位、监理单位竣工初步验收；

（3）中期验收

2023年3月16日，工程通过了广东省文物保护专家组、广东省文物局中期验收；

（4）竣工终验

2024年2月1日，工程通过了广东省文物保护专家组竣工验收。

（5）验收批复

2024年4月12日，工程取得了广东省文物局竣工验收批复。

（七）档案管理

工程竣工验收以后，建设单位工程管理团队对工程档案进行全面整理和建档。其中包括审批、建设、勘察、设计、施工、监理、验收、合同、造价等九部分。

三　经验总结

　　佛山祖庙之灵应牌坊修缮工程各项工作均严格按照现行法规规范规定开展，确保了修缮工程安全、规范、优质、高效，但实施过程中仍然存在一些不足之处需要进一步改进提升。

（一）勘察阶段

　　工程勘察初期仅对灵应牌坊进行了初步勘察，认为不存在结构性安全问题，便将工程性质确定为"保养维护工程"。建设单位根据长期管理经验认为灵应牌坊的结构问题和隐藏病害尚未完全勘察到位，建议采用多种勘察方式进一步加强勘察工作，并通过结构建模及结构验算加强勘察结果的精准性管理。随着勘察工作的不断深入，最终勘察结果显示灵应牌坊存在结构安全问题，将工程性质调整为"修缮工程"。由于初期勘察工作的深度和精准不足，造成了后期工程性质调整以及多次勘察的人力、物力、时间等成本增加。我们应该高度重视工程勘察工作，尤其工程勘察结果作为下一阶段工程设计的重要依据，对工程建设发展走向及造价投入起着牵一发而动全身的决定性作用。做好勘察工作，确保勘察结果的全面、严谨、精确，是保障修缮工程顺利开展的第一步。

（二）设计阶段

　　本工程经批准的工程设计方案修缮原则为"不落架修缮"，随着工程施工的不断深入，由于灵应牌坊是穿斗式木结构建筑，斗栱和梁枋均纵横交错穿插在中柱上，在不落架的情况下无法使用"偷梁换柱"等传统修缮技法，难以彻底消除灵应牌坊潜在的结构安全问题，因此"不落架修缮"不适用于本工程。针对上述存在问题，通过设计变更将修缮方式由"不落架修缮"调整为"落架修缮"，最终确保病害勘察的精准性和病害消除的全面性。由于初期设计工作的深度和精度不足，造成了施工期间出现了重大设计变更，将修缮方式由"不落架修缮"调整为"落架修缮"，因此造成了设计变更、工程停工所耗费的大量时间成本、人力成本以及工程投资超预算等不利因素。我们应该高度重视工程设计工作。工程设计方案作为下一阶段工程施工和工程造价的重要依据，是确保工程质量安全和造价规范合理的重要保障。

（三）施工阶段

　　本工程在施工阶段仍然无法杜绝施工一线人员安全意识淡薄等常规问题，如施工人员安全防护用具的规范配备及规范使用、安全防护设施临边洞口等危险源辨识及管理、电工焊工等专业技术工种持证上岗、现场动火审批管理及严禁抽烟、特种设备专人专管等方面仍然存在安全风险漏洞。安全生产作为工程建设的生命红线必须高度重视，我们要通过建立健全科学合理、完善可行的工程建设安全管理体系，各参建单位齐抓共管形成安全生产监管合力，加强管理人员和施工人员的培训监督，确保工程建设安全平稳推进。

（四）档案管理

　　2023年3月16日，广东省文物局委托广东省古迹保护协会组织省文物保护专家组对灵应牌坊修缮工程进行检查和指导，检查结论为合格。其中工程管理情况、工程质量、工地安全全部合格，仅工程档案资料为基本合格，主要问题为监理单位材料见证取样记录、工程检查及整改资料不齐全。2024年2月1日，广东省文物局委托广东省古迹保护协会组织省文物保护专家组对灵应牌坊修缮工程进行竣工验收，验收结论为合格，工程管理和质量符合要求，但是监理资料略有不足，需补充隐蔽工程验收记录。随后，建设单位组织监理单位按规范要求补充完善了监理资料。工程档案是文物保护工程管理工作的重要组成部分，建设单位应加强对各参建单位档案的监督和管理工作，确保工程档案能真实、全面、详细地记录工程过程，为竣工验收、结算审核、学术研究等工作提供依据和参考，推进建立完善的文物保护档案。

四　小结

文物保护工程管理研究是一项长期而艰巨的任务，近年来，随着国家对文化遗产保护力度的加大，文物保护工程逐渐受到社会各界的广泛关注。文物保护工程管理涉及主管部门、行业专家、工程勘察、工程设计、工程施工、工程监理、工程造价、招标采购等多个单位，建设单位作为全面统筹和居中协调的主体单位，对于工程有序开展起到了至关重要的作用。本文从建设单位角度通过对全国重点文物保护单位佛山祖庙之灵应牌坊修缮工程各项管理工作进行了系统全面的梳理和总结，深入研究工程实施过程中各项工作的经验得失，为进一步提高文物保护工程管理水平，确保工程建设安全、规范、优质、高效开展，提供了借鉴和参考。

佛山祖庙之灵应牌坊大木结构修缮技法研究

刘奇俊

　　在文物保护修缮工程中，常常存在结构构件残损严重的问题，即结构构件无法正常受力、不能正常使用或濒临破坏的状态[1]。如何以最小干预的方式对构件进行修缮，既确保建筑的结构安全，又保留构件的文物价值，一直以来都是文物保护修缮工程的难题。

　　灵应牌坊面阔三间，进深两间，立柱共12根，其中8根檐柱为石柱，4根中柱为木柱。《古建筑木结构维护与加固技术标准》将构件分为"重要构件"和"一般构件"。"重要构件"是其自身失效将影响或危及结构体系整体安全的承重构件；"一般构件"是其自身失效为孤立事件，不影响结构体系整体安全的构件[2]。灵应牌坊的4根木柱即为"重要构件"，木柱失效将危及整个牌坊的结构安全（图1）。经详细勘察，4根木柱残损非常严重，病害情况复杂，如何修复木柱以确保结构安全并保留延续文物构件价值是本次修缮工程的关键。

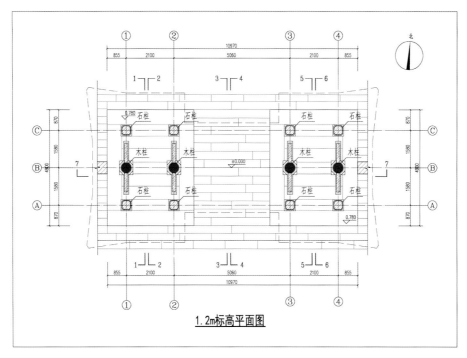

1.2m标高平面图

图1　灵应牌坊平面图

〔1〕周乾.故宫古建木柱典型残损问题分析及建议〔J〕.水利与建筑工程学报，2015（12）：107–112.

〔2〕中华人民共和国住房和城乡建设部.古建筑木结构维护与加固技术标准〔M〕.中国建筑工业出版社，2020.

一 木柱残损问题勘察与分析

灵应牌坊4根木柱的残损病害情况高度相似，均存在不同程度的倾斜、中空、柱脚柱头残损、柱身开裂等问题。

（一）木种鉴定

对木构件树种进行鉴定是修缮工作的基础，可为病害勘察分析和制定修缮方案提供依据。经广东产品质量监督检验研究院鉴定，灵应牌坊4根木柱木材为格木，属苏木科格木属[1]。格木是我国热带亚热带地区珍贵的用材和树种，木材结构致密坚实，极耐腐蚀，有"铁木"之称[2]。格木有很高的顺纹抗压强度、抗弯强度和良好的冲击韧性，广泛用于木构件承重构件。目前格木已经被列为国家二级重点保护野生植物，同时市场上也禁止格木木材交易。

（二）木柱倾斜

通过采用吊锤和电子经纬仪对灵应牌坊木柱进行垂直度测量，4根木柱均有南倾现象，其中2轴、3轴木柱严重向南倾斜，倾斜率分别为1.02%、0.73%（详见表1）。根据《危险房屋鉴定标准》（JGJ125–2016）5.3.3第6条"单片墙或柱产生相对于房屋整体的局部倾斜变形大于0.7%"应评定为危险点。灵应牌坊虽不是砌体结构，但以此作为参考，灵应牌坊2轴、3轴木柱倾斜率较高，存在较大安全隐患。

表1 木柱倾斜率

木柱编号	高度（m）	倾斜方向	倾斜率
1轴木柱	5.400	南	0.19%
2轴木柱	6.860	南	1.02%
3轴木柱	6.860	南	0.73%
4轴木柱	5.400	南	0.19%

为探究木柱倾斜的原因，首先对基础进行了勘察。现场未发现因地基基础不均匀沉降引起的柱脚台基变形、开裂滑移等情况。进一步对柱础高度、水平度情况进行检测，8个檐柱柱础高度基本一致并基本上保持水平，4个中柱柱础情况也是如此。同时结合牌坊周边环境，周边5m范围内均为平地，且状态稳定。综合分析后得出结论，灵应牌坊地基基础工作基本正常，牌坊中柱南倾并非基础沉降导致。

从倾斜数据来看，2、3轴木柱与1、4轴木柱表现出明显的差异性。初步推测，2、3轴木柱南倾与建筑形制有关。牌坊共有四楼，下重明楼及东西次楼与十二柱联系成整体稳定的结构体系，而上重明楼则主要通过立于明间额枋上的2根短柱支撑。短柱立于明间平板枋上，其竖向荷载通过平板枋、大额枋传递到明间中柱。其横向荷载主要通过下重明楼正脊及斗栱层传递到明间中柱。从形制上看，上重明楼的2根

---

〔1〕 国家技术监督局.中国主要木材名称［M］.中国标准出版社，1997.
〔2〕 李洪果等.濒危植物格木天然种群的表型多样性及变异［J］.林业科学，2019（4）：69–83.

短柱在横向受力上是非常薄弱的，较易发生南北倾斜问题。经勘察，上重明楼短柱南倾严重，倾斜率为1.33%。笔者推测，上重明楼的南倾导致了明间中柱的南倾。

（三）内部糟朽中空

木柱内部糟朽中空是木柱常见的残损问题，柱子内部受到微生物（如木腐菌）的破坏，出现材质疏松、木材粉化而内部中空，最终导致木材受力性能退化的残损状态。灵应牌坊4根木柱均存在内部糟朽、中空严重的问题。我们应遵循最少干预的原则，避免或减少勘察对木柱造成损伤和破坏，对木柱内部情况的勘察是一个循序渐进的过程。

第一阶段，采用直径1mm的探针，利用柱底已有残损口对内部进行探测，30cm长的探针可以完全伸入柱子内部。初步判断，木柱存在中空现象。

第二阶段，采用声波无（微）损检测仪探测木柱中空情况。将8个传感钉打入木材周围，利用声波在不同密度的材质或空洞中传播速度不同，得出木材截面情况。但此种检测结果方式下，木材的密实度结果是相对的，检测结论为，木种中空，且中空范围广，但中空的具体数据不详（图2、3）。

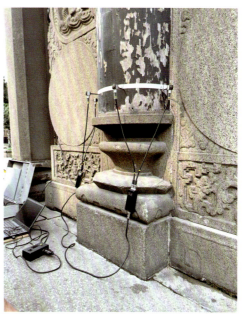

图2　声波无（微）损检测仪探测木柱中空情况

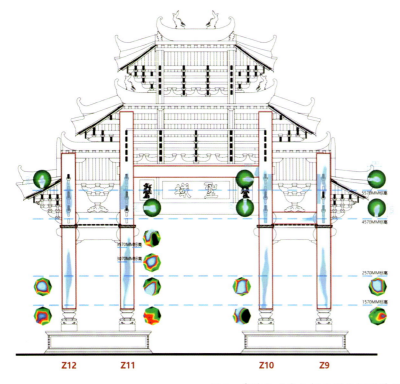

Z12　　Z11　　　　Z10　　Z9

图3　声波无（微）损检测仪探测结果分析图

4570mm标高及以上的糟朽空洞为直接采用铁丝探测，3570mm标高及以下的糟朽空洞采用无（微）损检测仪器进行探测分析。

工作原理
采用声波传递的原理探测树木中的空洞和糟朽：
　　将8个传感器钉入木材周围，锤击每个传感器以得到其余7个中的声波传播时间数据，由于声波在不同木质及空洞中的传播速度不同，分析数据得到木材截面中心空洞或糟朽的大致范围。

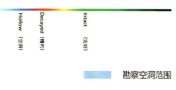

Hollow（空洞）　Decayed（糟朽）　Intact（完好）

■　勘察空洞范围

第三阶段，施工过程中对木柱中空情况进行复测。揭瓦后从柱顶将长杆伸入柱内，长杆可直达柱脚，判定木柱中空贯穿整根木柱。根据修缮方案，移开抱鼓石，选取柱底部与抱鼓石相接的隐蔽位置，开凿一处宽6cm、高10cm的操作口，通过此操作口清理出大量的碎渣、粉末（图4）。

图4　木柱内清理出大量木渣

第四阶段，落架并对柱子进行清理后，利用内窥镜和测量尺对中空情况进行详细测量，形成相对准确的木柱剖面图，2轴木柱具体中空情况详图（图5）。

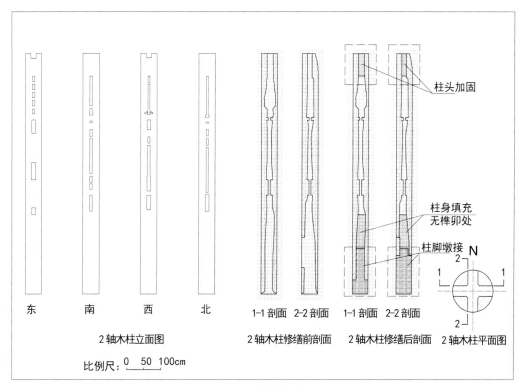

图5　2轴木柱详图

（四）柱头残损

对灵应牌坊结构进行了整体有限元分析，结果显示灵应牌坊结构薄弱位置位于上重明楼，且明间中柱与下重明楼脊檩交接处为应力集中点（图6、7），所以2轴、3轴柱头是非常重要的结构节点。但2轴、3轴木柱柱头严重残缺，柱头形状已经不完整（图8、9），柱头与脊檩的连接存在重大问题。首先，柱头卯口过大，且木料残损缺失，卯口最大宽度250mm，最小宽度也有130mm，而脊檩高170mm，宽70mm。脊檩搁置在柱头上，空隙部分较大且形状不规则，为稳住脊檩只能用多块木材填塞。第二，与完整的木材相比，柱头腐朽导致裂口、空洞、残缺较多，木材的受力性能下降，尤其柱头卯口的北端最厚处厚度仅40mm。尽管柱头受竖向力较少，但对横向稳住脊檩和上重明楼短柱起着至关重要的作用，柱头残损严重将影响整个上重明楼，使其不能保持垂直。

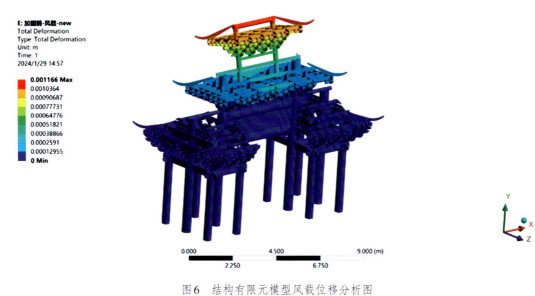

图6　结构有限元模型风载位移分析图

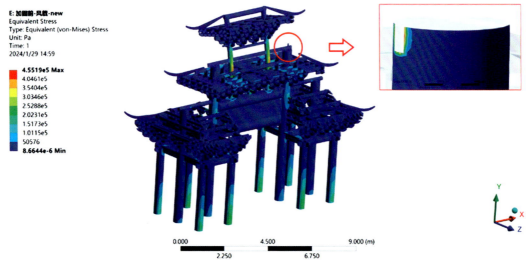

图7　结构有限元模型风载应力分析图

图8　2轴木柱柱头残损　　　　　　图9　2轴木柱柱头残损

（五）柱脚残损

柱脚腐朽残损也是木柱常见的问题，灵应牌坊4根木柱柱脚均腐朽残损严重，残损状态非常相似。柱脚环壁完整，所以从外观上看柱脚完好。按照最初的修缮方案，修缮中为了清除柱内的残渣，在柱底打开一个10cm×10cm的洞口。洞口打开后，柱底的情况才被完全勘察清楚。以1轴木柱为例，柱脚环壁厚度不足1cm，柱底大面积残缺，木柱与柱础有效接触面积仅约10%（图10、11）。根据《古建筑木结构维护与加固技术标准》，柱脚底面与柱础间实际抵承面积与柱脚处柱的原截面面积之比小于3/5，该残损点可判定为重度残损，将危及牌坊的安全。其他3根木柱柱脚情况与1轴基本一致。

图10　1轴木柱柱脚　　　　　　图11　3轴木柱柱脚

（六）柱身开裂

柱子开裂一般包括自然因素引起的干缩开裂和外力作用引起的破坏性开裂。灵应牌坊4根木柱的干缩裂缝较轻微，虽然数量较多，但裂缝较浅，对柱子结构性能影响较低。2轴、3轴木柱存在较严重的破坏性开裂，且开裂部位均位于与抱鼓石交接处，隐蔽不易勘察。

2轴木柱南侧裂缝自底部向上延伸约2m，柱中部有剔补的木块，将该木块拆卸后，木柱内部情况得以显现。柱心中空，但已填充不规则混凝土，部分混凝土浆体已与木柱分离，柱子裂缝深度已至环壁内表面。笔者推测，2轴木柱南侧裂缝与内部填充的混凝土有关，混凝土与木柱无法紧密结合，不仅不能加固木柱，反而成为木柱的负担，增加了木柱的荷载，最终导致木柱开裂（图12、13）。

3轴木柱北侧与抱鼓石交接处破坏性开裂，裂缝深度已至环壁内表面，裂缝周边木材腐朽残缺，残损范围宽度与抱鼓石一致。距柱底1200mm处有一洞口，宽10mm，高18mm，开洞原因暂时不明。

图12　2轴木柱开裂　　　　图13　3轴木柱残缺

综上所述，木柱倾斜及柱脚残损为重度残损点，危及整个牌坊的安全；柱头残损影响上重明楼的稳定；内部中空与柱身开裂对整个牌坊的安全影响相对较小。

二　修缮原则

灵应牌坊修缮工程严格遵守《中华人民共和国文物保护法》"不改变文物原状的原则"，以保留文物的真实性、完整性为核心，坚持最小干预，最大限度保留原构件和历史信息。同时，坚守文物安全底线，将文物安全始终放在最首要位置。

灵应牌坊4根木柱残损严重，危及牌坊整体安全。但木柱是灵应牌坊重要的历史遗存构件，具有较高的历史价值。修缮团队对修缮方案反复论证，力求在"确保木柱安全稳固"与"最小干预"之间寻找最合适的平衡点。最小干预是国际文物古迹保护的一条普遍原则。衡量是否实现了"最少"，不是简单地从干预规模的大小、干预程度的深浅、干预范围的广狭、是否更换了材料等判断，根本的判断标准在于干预是否"最必要"[1]。在此原则下，修缮方案定为柱脚墩接、局部柱身灌浆加固、柱头加固。

三　木柱修缮技法

（一）修缮准备

1. 内外糟朽清理

木柱中空部位残留较多糟朽物，如不清理干净，残物会继续糟朽腐烂，也会影响修缮效果。在实施修缮措施之前必须将中空内壁糟朽物清理干净。木柱内表面局部腐朽，且表面凹凸不平，残余糟朽物较多，如何清理干净成为修缮难题。经咨询专家和老匠人，拟采用高压喷水设备清洗，为确保文物安全和清洗效果，必须先进行清洗试验。高压喷水设备的压力和喷头类型对清洗效果起着关键作用，经试验，最大压力270bar、扇形喷头清洗效果最佳，此压力仅能清除木构件表面腐朽，对完好坚硬的木材几乎无影响。试验情况详见表2。

表2　高压喷水设备清洗木材试验情况表

控制参数	数值/类型	试验效果	是否可行
最大压力	90bar	能清除表面油漆，无法清除表面腐朽层	不可行
	270bar	能清除表面腐朽层，不同的喷头效果不同，需谨慎选择	可行
	330bar	压力过大，破坏木材	不可行
喷头形状（270bar）	点状喷头	压力过于集中，伤害木材（图14）	不可行
	旋转喷头	压力不均匀，且压力较大，伤害木材（图15）	不可行
	扇形喷头（可调节角度）	压力分散且均匀，能清除表面腐朽，对完好坚硬的硬木无影响（图16）	可行

图14　点状喷头试验效果（不可行）　　图15　旋转喷头试验效果（不可行）　　图16　扇形喷头试验效果（可行）

〔1〕故宫博物院.故宫古建筑保护工程实录：武英殿（一）[M].紫禁城出版社，2011.

经反复试验后，采用最大压力270bar、扇形喷头的高压喷水设备对木柱中空内部进行清洗，清理出较多细小残渣。经清洗后，木柱内表面坚硬干净，为后续修缮加固提供基础条件，也更利于修缮措施达到更佳效果（图17）。

2. 内部填充物清理

2轴木柱历史修缮中填充混凝土砂浆，已经对木柱造成负担，需将浆体清除干净。混凝土砂浆强度较高，一般的工具无法破坏浆体，且木柱已经开裂，清除过程如果有较大振动和压力极有可能会使木柱进一步爆裂。为最大化降低清除浆体对木柱的影响，本次修缮采用手持式水钻机，按打孔的方式，逐步将混凝土浆体清除。施工过程无振动、无压力，对木柱几乎没有任何不良影响（图18~21）。

图17　水枪清洗木柱内部　　　　　　　　图18　水钻机清理2轴木柱内混凝土

图19　2轴木柱内部清理出的混凝土　　图20　2轴木柱清理混凝土之前　　图21　2轴木柱清理混凝土之后

3. 清理效果勘察

如何对木柱内部进行勘察一直是本工程的难点，为详细了解木柱内部腐朽程度、构造情况以及清理效果，经研究，采用工业级内窥镜对木柱内部进行勘察。

首先，需选用适合木柱内部勘察的内窥镜，木柱最长6.9m，且中空部位空间狭小，亮度不足，针对此条件，内窥镜各项参数如下，配备13mm自动变焦ip68不锈钢防水镜头，镜头可视距离5~20cm，配有6颗小型白光灯，可在木柱内部黑暗的条件下近距离观察木柱内部情况。第二，配置尺寸为9寸分辨率为1024×600像素的彩色IPS显示屏，内窥镜配置16GB内存卡。可实时观看摄像头拍摄的画面，同时也可以将拍摄的照片和录像保存。第三，内窥镜配置10m长蛇形管硬线，可伸入木柱内部。

将内窥镜绑至一根细钢管上，人工将钢管探入木柱内部，可根据需求调整位置和角度。根据内窥镜反馈回来的图像显示，高压水枪清洗后木柱内表面干净，无明显腐木，清理效果较好（图22、23）。

图22　内窥镜勘察木柱中空内部　　图23　内窥镜影像显示内部清理干净

（二）修缮技法

1. 柱脚墩接

灵应牌坊4根中柱柱脚腐朽严重，但自柱底面向上未超过柱高的1/4，均采用墩接柱脚的方法处理。墩接方案和施工技术对墩接效果都有至关重要的影响。

（1）墩接方案

灵应牌坊木柱中空，《古建筑木结构维护与加固技术标准》中的巴掌榫或抄手榫并不适用。结合木柱的中空残损现状，榫卯式样在抄手榫基础上再灵活变化，以确保更换柱脚与原柱身能紧密结合，具体详墩接方案分析图。墩接的尺寸也是关键，墩接木料高度偏小则易被压裂，高度偏大则导致原木柱缺失较大。经反复研讨，墩接的高度为400mm、300mm两种尺寸，具体尺寸详见方案图（图24～26）。

（2）墩接木料

原木柱为格木，已经被列为国家二级重点保护野生植物，同时市场上也禁止格木木材交易，因此墩接木料只能选择与格木相近的木材。经研讨决定，采用印茄木（菠萝格）作为墩接或者修复木料。菠萝格与格木同属于苏木科，且根据《古建筑木结构维护与加固技术标准》，菠萝格强度等级为TB20，为最高等级，可作为替代木材。

（3）施工关键

木柱墩接是技术性极强的一项工序，且灵应牌坊的卯口要在中空位置向内开凿，榫头形状不规则，榫头和卯口的交界面比较多，要使榫头卯口各个接触面严密对缝难度较大，除此之外木柱直径480mm，硬木质量较重，增加了施工难度。

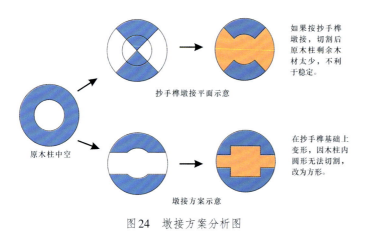

如果按抄手榫墩接，切割后原木柱剩余木材太少，不利于稳定。

抄手榫墩接平面示意

在抄手榫基础上变形，因木柱内圆形无法切割，改为方形。

墩接方案示意

图24　墩接方案分析图

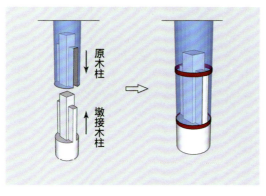

图25　墩接方案示意图

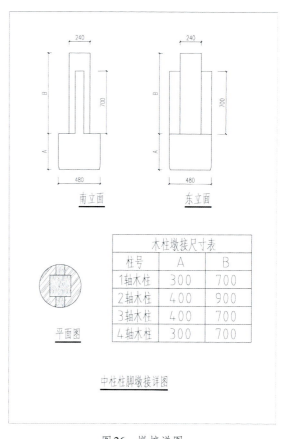

木柱墩接尺寸表		
柱号	A	B
1轴木柱	300	700
2轴木柱	400	900
3轴木柱	400	700
4轴木柱	300	700

图26　墩接详图

　　首先，在木柱东西南北4个面中线处弹上墨线，以此为基准确定切割位置。原木柱按设计尺寸切割，墩接木料要在设计尺寸的基础上多预留一点，以备对缝时再做细微调整。榫头卯口切割完成后，开始拼接。由于木柱较重，拼接时需借助推车，将原木垫高少许，调整推车高度，保证墩接柱脚与原木柱四个面中线重合。将墩接柱脚推进木柱，检查各个面对缝情况，由于形状不规则，木料较大，对缝无法一次完成。如接缝不严密则将墩接柱脚抽出，根据对缝情况对各个面做细微打凿，再推进检查，如此反复十余次，最终柱脚榫头与柱身卯口各个面严密对缝，最后涂上环氧树脂完成拼接（图27～31）。

图27　校准中线及切割尺寸

图28　反复对缝

图29　对接完成（严丝合缝）

图30　墩接部分打磨定型

最后一步在上下两处接缝位置加设钢箍，钢箍的薄厚宽窄则视具体情况酌定。为加强墩接的整体性，钢箍需用长钉钉牢，且钢箍必须与柱表面严丝合缝。最终墩接柱脚、原木柱、钢箍形成坚固的整体。

2. 中空填充

当木柱内部腐朽、蛀空，但表面的完好厚度不小于50mm时，可采用同种或材性相近的木材嵌补柱心并用结构胶粘接密实，也可用高分子材料灌浆加固。灵应牌坊4根木柱均存在中空的问题，且中空直径均超过150mm，采用嵌补柱心和高分子材料灌浆相结合的加固方案。

（1）灌浆范围

灵应牌坊主体结构为穿斗式，4根木柱柱身均有较多卯口，为维持木柱与梁枋之间的榫卯关系，卯口位无法灌浆填充。因此，4根木柱灌浆加固范围仅为柱脚和柱头段，柱脚加固段自柱脚至最下面卯口底部，高度约2.2m，柱顶加固段自最上面卯口顶至柱头，高度约0.5m。

图31　接口加设钢箍

（2）灌浆材料

由于环氧树脂有持续收缩的特性，灌注后浆体易收缩，使灌浆体与内表面分离。为尽量抵消环氧材料收缩的影响，灌浆材料中需加入一定量细腻的木糠。将环氧树脂、固化剂、木糠以5:1:5的比例混合并充分搅拌，其中木糠的比例可根据填充体积的大小稍作调整。

（3）施工关键

首先采用菠萝圆木柱填充柱心（图32），然后将灌浆段所有开口进行封堵。柱脚完成墩接后已形成封闭环境，灌浆段顶部采用木块与环氧树脂粘牢严密，形成全封闭环境。在隐蔽部位开设10mm×10mm洞口，采用高压灌浆机分次灌浆，为确保灌注效果饱满，浆体能有效填满各个缝隙和角落，每次灌注量不超过3kg，两次间隔时间大于30分钟。

图32　柱中空位置填充圆木柱

3. 柱头加固

柱头中空部位填充木料与环氧树脂后整体强度有所提升，但仍无法稳定固定脊枋，尤其承受剪力性能较弱。柱头残损缺失较多，仅嵌补木块无法全面解决受力问题，反复研讨后决定采用钢板对柱头进行加固。

（1）定制钢板模板

首先根据柱头现状推测模拟出柱头残损前的完整形状，采用2mm厚镀锌钢板按柱头原来形状制作模板。为将钢板模板与木柱形成整体，于柱头下方约40mm处加设一圈钢箍，并将模板与钢板通过两块钢板焊接成整体（图33~36）。

图33　木板填补柱头中空　　　　　图34　镀锌钢板制作模板

图35　模板制作完成　　　　　图36　模板内空缺较多

（2）嵌补与灌浆

钢板模板制作完成后仍存在较多空缺和缝隙，用大小不同的木块对空缺进行嵌补，最后用环氧树脂与木糠混合物对缝隙进行灌注。

加固后，柱头恢复了完整的形状，钢板、木柱、环氧树脂木糠混合物形成牢固的整体，柱头整体强度大幅度提升，可固定脊檩和角梁（图37、38）。

图37 填充环氧树脂与木糠混合物

图38 加固后柱头可固定脊檩和角梁

4.卯口加固

灵应牌坊木柱存在多处通长的卯口，经仔细对比，部分通长卯口是因为安装梁枋需要特意开凿的，而部分通长卯口是木材缺失导致。除此之外，多处上下卯口之间的木材开裂缺失。这些裂缝或缺口对木柱整体影响较低，修缮采用同种木料进行嵌补，并采用改性环氧树脂胶粘牢。

四 结构计算分析

灵应牌坊修缮前后结构受力情况究竟如何？为了更科学客观地了解结构情况，构建灵应牌坊模型，进行结构有限元计算分析，用科学数据指导和验证修缮。此模型仅模拟木柱修缮前后的对比，除木柱外其他构件修缮前后模拟状态均为完好。

（一）模型信息

模型采用全尺寸模型，采用spaceclaim建模，并进行一定简化。结构包含的材料主要有花岗岩和格木，材料特性详见表3。

表3 主要结构材料特性表

材料	密度（kg/m³）	弹性模量（Gpa）	泊松比
花岗岩	2800	80	0.3
格木	857	15.9	0.35

恒载包括结构自重和屋面瓦重，屋面瓦按150kg/m²计算；风荷载计算取50年基本风压0.6Kn/m²，场地类型为C类，风荷载计算按《建筑结构荷载规范》计算；模态分析，前三阶频率分别为4.7625Hz、11.959Hz、16.436Hz，计算得到风振系数在4m、6m、8m、10m处分别为：1.24、1.4、1.66、1.89。

（二）计算结构分析

1.风载工况

在风荷载组合作用下，结构最大位移位于上重明楼正脊。木柱修缮前，最大位移为1.17mm，木柱修缮后，最大位移为1.16mm。结果显示，木柱对风荷载作用下结构位移的影响较低。

在风荷载组合作用下，结构应力最大值位于上重明楼短柱。木柱修缮前，上重明楼短柱最大应力为0.455Mpa；木柱修缮后，上重明楼短柱最大应力为0.39Mpa。木柱修缮前，木柱最大应力为0.161Mpa；木柱修缮后，木柱最大应力为0.26Mpa。以上结果显示，木柱的修缮不仅影响木柱自身受力，对灵应牌坊结构薄弱点上重明楼也发挥作用，应力集中点上重明楼短柱的应力稍有降低（图39～43）。

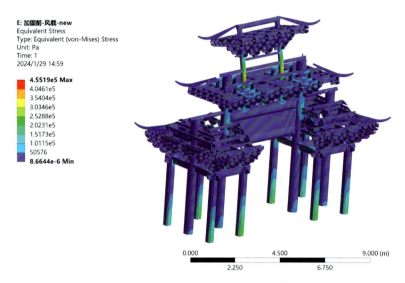

图39 风载工况－整体应力－修缮前

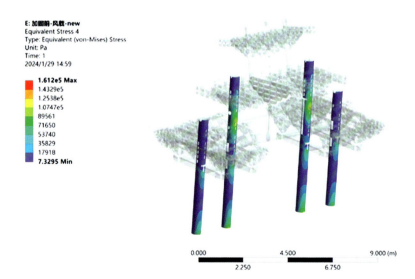

图40 风载工况－木柱应力图－木柱修缮前

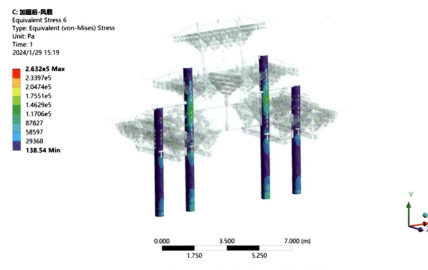

图41　风载工况–木柱应力图–木柱修缮后

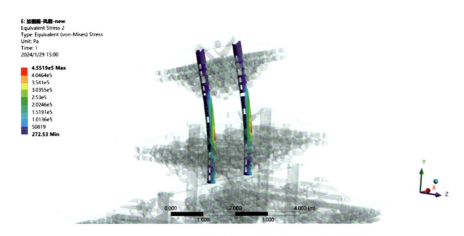

图42　风载工况–上重明楼短柱应力图–木柱修缮前

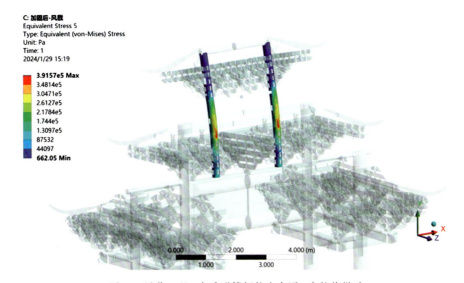

图43　风载工况–上重明楼短柱应力图–木柱修缮后

2. 地震工况

灵应牌坊所在地的场地类型为Ⅱ类，抗震设防等级为7度。

地震工况下，灵应牌坊最大位移处为上重明楼正脊，木柱修缮前，最大位移为74.7mm。木柱修缮后，最大位移为72.1mm。木柱修缮稍稍降低了地震工况下正脊的位移（图44、45）。

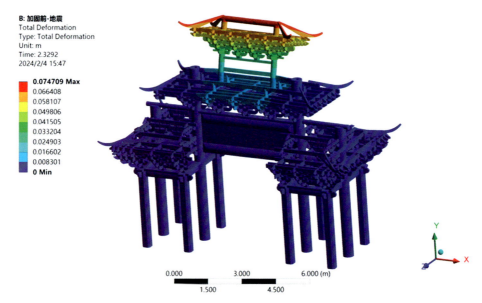

图44　地震工况–位移图–木柱修缮前

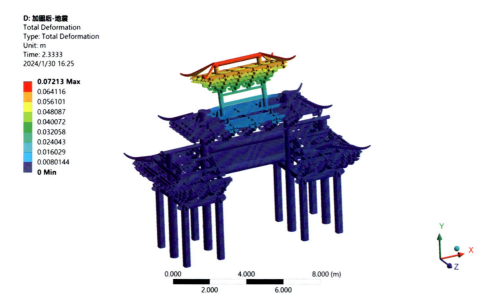

图45　地震工况–位移图–木柱修缮后

在地震工况下，结构应力最大值位于上重明楼短柱与下重明楼脊檩交接处。木柱修缮前，最大应力为31.0Mpa，木柱修缮后，最大应力为30.0Mpa。木柱修缮前后，木柱自身最大应力均为17.4Mpa。以上结果显示，木柱的修缮对降低整体应力值稍稍发挥作用，应力集中点的应力值稍有降低（图46~49）。

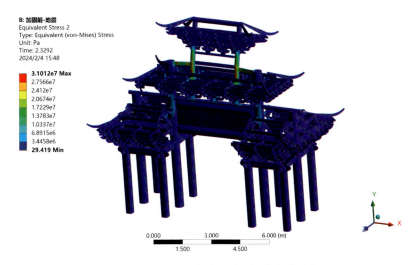

图46　地震工况－整体应力图－木柱修缮前

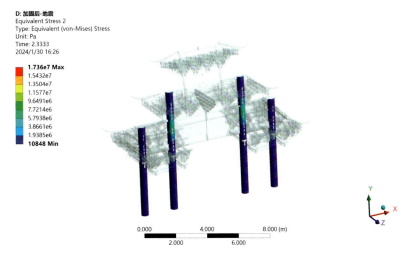

图47　地震工况－木柱应力图－木柱修缮后

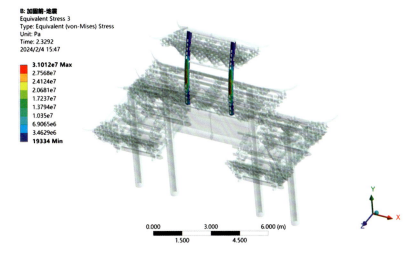

图48　地震工况－应力集中点－木柱修缮前

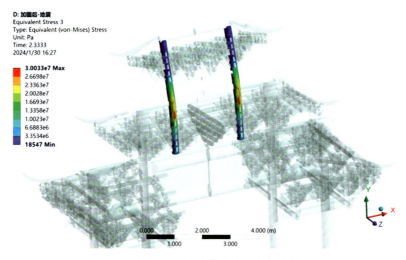

图49　地震工况－应力集中点－木柱修缮后

（三）修缮效果评价

根据以上结构有限元计算分析，在风载和地震工况下，木柱的修缮不仅影响木柱自身应力和位移，对牌坊整体的应力和位移也产生关键影响。风载工况下，灵应牌坊应力最大处为上重明楼短柱，中柱木柱修缮后，上重明楼短柱应力有所下降，牌坊整体结构稳定性增高。地震工况下，灵应牌坊最大位移处为上重明楼正脊。木柱修缮后，上重明楼正脊位移减少，牌坊整体结构稳定性增高。

五　小结

灵应牌坊4根木柱是重要的结构构件，也是牌坊主要的历史遗存构件。但4根木柱残损严重，病害复杂，影响牌坊整体结构安全。本次修缮工程全面详细勘察了木柱病害残损情况，并分析导致病害的成因和病害造成的不良影响。在遵守"不改变文物原状"和"最小干预"的前提下，研究探索最佳修缮方案。经研究，针对木柱病害采取对症修缮方案，分别从内部糟朽清理、柱脚墩接、柱身加固、柱头加固等多个方面对木柱进行全面修缮。勘察和修缮既考虑对传统工艺、传统技术的保护和延续，又充分利用高新技术解决工程难题。高新技术经反复试验后实施，解决修缮难题的同时确保文物安全。最后对灵应牌坊进行结构有限元分析，用科学客观的数据论证修缮后的灵应牌坊结构安全且有一定的结构富余度。

在灵应牌坊木柱修缮中，勘察技术、病害分析、修缮原则、修缮方案、施工措施、结构计算等多个环节科学严谨开展，既解决木柱病害问题，消除安全隐患，又最大限度保留其文物真实性和价值延续性，为同类型文物建筑修缮提供了参考和借鉴。

佛山祖庙之灵应牌坊油漆病害分析及保护修复研究

任曼宁

油漆是中国古代木构建筑的重要组成部分，对木构件具有防腐、防潮、防虫的保护作用，而且可以丰富建筑色彩，美化外观，除此之外，不同颜色的油漆象征不同的建筑等级。灵应牌坊为木石混合结构牌坊，除八根檐柱和屋面外，其他构件均为木材，表面涂饰油漆。长期在日晒雨淋等自然条件的影响下，灵应牌坊油漆病害残损严重，且呈现一定的规律。对油漆病害和成因进行分析，并在此基础上制定油漆修复方案、管控工艺品质，是本次修缮工程的重要内容。

一 病害分析

（一）褪色

褪色是中国古建筑油漆中较为常见的病害，具体表现为油饰层黯淡无光泽、泛白发灰。研究表明，阳光中的紫外线可使油漆成分发生光氧化反应，从而导致油漆褪色[1]。灵应牌坊褪色最严重的区域位于上重明楼斗栱，油漆黯淡、泛白。结合灵应牌坊形制和周边环境分析，斗栱层位于屋檐下，直射光较少，主要受反射光影响，上重明楼屋檐面积较小，受下重明楼屋面反射光较多。另外，灵应牌坊东南侧原有高大玉兰树，可为下重明楼和次楼遮挡一定的阳光，而位于最高处的上重明楼则没有任何遮挡。因此，上重明楼斗栱长期受紫外线影响，褪色问题比其他位置更严重。

图1 上重明楼斗栱油漆褪色

图2 上重明楼斗栱油漆褪色

〔1〕 李昭君.紫外线对古建筑油饰彩画影响研究［D］.天津：天津大学硕士学位论文，2006：22–35.

（二）龟裂、起甲、空鼓、脱落

油漆的龟裂、起甲、空鼓、脱落不是孤立现象，而是一系列相互关联的发展过程。龟裂指油漆表面呈现出的龟裂纹，与基层木材的开裂无关。油漆层、木质基层热膨胀系数不同，长期受光照以及环境温度湿度交替变化等因素共同作用，表面就会出现裂纹。裂纹进一步发展则呈鱼鳞状小片翘起，称为起甲。空鼓是指油漆层与木质基层间因黏结力不足而造成的分离。木基层含水量过高，水分向外挥发时也可以引起空鼓。油漆层龟裂、起甲、空鼓后进一步恶化就会导致油漆脱落[1]。

灵应牌坊油漆龟裂、起甲、空鼓、脱落也是相互关联发生的，以明间额枋和额匾、次楼靠明间两侧斗栱、中柱靠明间部分最为严重。以上区域木构件长期受阳光直射，并且直接受雨水侵蚀。岭南地区夏季多阵雨，夏季高温时期，以上区域木构件受阳光直射，温度较高，阵雨时瞬间降温并且湿度增大，雨过天晴又快速升温并恢复干燥。木构件油漆长期经受温度、湿度反复交替的强烈变化，出现了严重的开裂脱落问题。

图3　次楼靠明间侧斗栱油漆龟裂脱落　　　　　　图4　明间额枋额匾油漆龟裂脱落

对于文物建筑而言，除了材料特性与自然因素的影响，修复工艺也是影响油漆品质的重要因素。与新建建筑不同的是，文物建筑油漆修复前需清除木构件表面旧的油漆，如果旧油漆层清理不够干净，那么新的油漆无法完全渗透并附着在木构件上，这部分油漆面后期极易出现空鼓并脱落。在灵应牌坊修缮中，油漆脱落严重部位也发现底层有残留的油漆旧痕。根据这一特点，本次修缮严格管控木构件脱漆工艺与品质，为油漆修复提供基础条件。

（三）裂缝

裂缝指由木质基层开裂引起的裂缝。古建筑中木构件由于材料老化或者受力问题常出现裂缝，岭南地区潮湿，不宜做地仗层，木基层开裂会直接导致油漆面开裂。油漆面开裂后，木构件失去保护层，更易潮湿腐烂，加剧开裂。

灵应牌坊油漆裂缝问题主要表现在立柱和开裂构件上，立柱上多竖向裂缝，梁枋多横向裂缝。

---

[1]　何秋菊.中国古代建筑油饰彩画风化原因及肌理研究［D］.西安：西北大学硕士学位论文，2008：9-13.

图5 立柱油漆竖向裂缝

图6 额枋油漆横向裂缝

（四）生物危害

古建筑的木构件梁架是极受鸟类、昆虫欢迎的栖息场所，鸟类、昆虫的活动会直接对油漆层造成物理破坏，同时鸟虫的排泄物中的水分、有机物与油漆材料发生化学反应，引起油漆变色发黑，甚至引起起甲、脱落。

灵应牌坊油漆遭到的生物危害主要是鸟类粪便的腐蚀，主要集中在次楼屋架层内部区域，适宜鸟类停歇的长枋上有大量的鸟粪，鸟粪周边油漆发黑变色。

图7 次楼屋架内部油漆遭受生物危害

（五）霉变

霉变是指霉菌以油漆材料为生长的营养基，在适宜温度下迅速繁衍生长，大量斑斑点点的霉菌死体附着在油漆表面。油漆制作材料是引起霉变的内因，炎热空气、潮湿及降尘等是外因。霉菌不仅能直接侵蚀油漆层，其产生的代谢物也会破坏油漆层。

灵应牌坊油漆霉变长期受雨水侵蚀引起，主要表现为发霉、发黑。灵应牌坊东次楼屋面漏雨，桷板、檩条部分受潮发霉、褪色，屋架内漏水位置木构件油漆也有霉变。

图8　侧博风板油漆霉变　　　　　　　　　　图9　漏水导致横梁油漆霉变

（六）降尘

降尘也是油漆常见的病害。随着时间推移，空气中的粉尘、污染物颗粒积聚在油漆表面，造成油漆表面灰尘堆积。灰尘吸附能力较强，化学活性较高，容易吸附水气及其他污染物，从而破坏油漆层。不同地区尘埃的成分不同，对油漆破坏的程度和类型也有所区别。

灵应牌坊降尘造成的油漆病害主要集中在木构件上表面，油漆褪色、发白、失去光泽。

图10　次楼屋架内部降尘

综上所述,灵应牌坊油漆残损严重,病害情况复杂,但病害分布情况呈现比较明显的规律。明间两侧及额枋区域受阳光直射和雨水侵蚀,油漆龟裂、起甲、脱落情况最严重;明楼斗栱受紫外线影响较多,受雨水影响相对较少,所以油漆褪色比较严重;桷板、飞檐端部受雨水影响较多,受光照影响较少,构件长期潮湿,油漆霉变严重;次楼屋架内部鸟类活动频繁,鸟粪较多,受鸟粪腐蚀,油漆发黑变色严重。

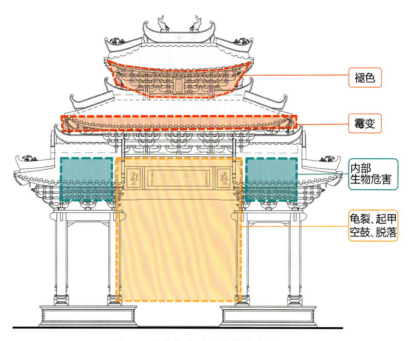

图11 灵应牌坊油漆残损分布图

二 油漆方案

根据不改变文物原状原则和四保存原则,油漆修复方案采用传统桐油工艺。所有木构件清理打磨脱漆,完成构件修复、腻子补灰、防腐防虫等木作修复工程后,涂刷加入矿物质颜料的熟桐油三道。

三 修复技术

(一)木构件脱漆

在文物建筑的油漆修复工程中,木构件脱漆是非常重要的环节。将残损的旧油漆清理干净,可以增加油漆与木构件的附着力。在文物修复中,为保护木构件,禁止使用化学脱漆,常见的脱漆方式主要有人工铲和砂纸打磨。在灵应牌坊修缮中,表面平整的木构件采用砂纸打磨,有雕刻的麻叶头等部位用小铲将油漆铲除。工人选择锋利度适宜的小铲,可铲除油漆,但无法铲动木材。此方式虽缓慢,但效果较好。

(二)选购原材料

桐油工艺主要的原料有熟桐油、颜料和稀释剂。熟桐油放置一段时间会出现乳化现象,慢慢变成乳胶状,无法使用。在灵应牌坊修缮工程中,修缮团队采购生桐油后自己炼制熟桐油以确保品质优良。

图12　砂纸打磨脱漆　　　　　　　　　　图13　雕刻部位铲刀脱漆

1. 生桐油

生桐油是将采摘的桐树果实经机械压榨提炼制成的植物油，广泛应用于建筑、木船、家具等领域。我国的桐树生长范围分布广泛，主要分布于湖南、湖北、广西、四川、贵州、云南等地。盛产桐树地区衍生了发达的桐油产业，其中四川盆地、贵州南部、广西、湖南湘西桐油产业历史悠久，品质纯正优良。修缮团队聚焦以上4个地区开展广泛调研，从产地、工厂规模、业务类型等方面调研生桐油生产厂家，最终向七家桐油厂商采购了生桐油样品。除此之外，也向故宫博物院古建筑修缮工程桐油常用供应商"北京市集贤血料厂"采购了生桐油样品。

为确保生桐油品质纯正优良，修缮团队组织开展生桐油鉴定评审会，邀请文物保护专家对采购的八种生桐油样品进行鉴定挑选。挑选生桐油主要从色泽、气味、透明度和杂质等方面进行鉴定。纯正的生桐油主要偏黄色，含有少量的红色，散发纯正的天然植物味道，无异味，材质透明，无杂质，无沉淀物。同时，正规的生产厂商可确保桐油的储存、包装、运输符合要求。经综合评选，广西百色市百旺油脂有限公司的生桐油品质优良，可用作灵应牌坊修缮工程油漆原料。

图14　生桐油看样和专家评选

2.颜料

灵应牌坊木构件主要油饰三种颜色，分心槽4根木柱为黑色，平板枋、天花和椽板底面为墨绿色，其余木构件均为朱红色。传统油漆颜料主要采用各种天然矿物质或人工合成颜料。为还原传统工艺和效果，本次修缮油漆工程中采用的颜料主要有银朱、石绿和乌烟。

图15　银朱

3.稀释剂

熟桐油黏度较高无法直接涂刷，加入稀释剂后可降低黏稠度以便于施工。传统桐油工艺常用的稀释剂有松节油、煤油、柑橘油等。松节油是由松树中萃取的粗制品，经除去杂质并经蒸馏而得，为略带淡黄色液体，挥发性较快，是桐油理想的稀释剂。但是不同的稀释剂与颜料的调和度也存在差异，本次修缮准备了多种稀释剂，邀请专业老师进行调配试验，以挑选最佳的稀释剂。

（三）熬制熟桐油

1.场地和材料准备

熬制熟桐油需用到明火，熬制过程存在较大的消防安全隐患。灵应牌坊位于佛山祖庙建筑群核心区域，且为人群密集场所，施工区域狭小，不具备熬制熟桐油的条件。施工中在郊外宽阔区域另择场地用于熬制熟桐油。

除生桐油外，熬制熟桐油需添加土籽和密陀僧。土籽是一种锰矿石，主要成分为氧化锰，主要起催化桐油氧化聚合的作用，是促进熟桐油固化成膜的主催干剂。密陀僧主要成分为氧化铅，也是一种催干剂。密陀僧干燥效果较慢，容易达到里层干燥，不会产生表层封闭，表层易起皱。因此将密陀僧与土籽配合使用效果比较好。不同的季节，生桐油、土籽、密陀僧的配比也不同，灵应牌坊修缮工程熬制桐油是在秋季，所以生桐油、土籽、密陀僧的比例是100：2：5。

图16 土籽

图17 密陀僧

2. 熬制过程

锅中加入生桐油，人火熬制。当温度上升到150℃～180℃时加入土籽，不断轻轻搅拌。当油温上升到250℃时密切关注油的状态，当油可以拉出3cm以上不断的油丝时，说明油已基本熬成。此时需立刻加入密陀僧，轻轻搅拌均匀后即刻起锅，将油锅放在冷水盆上，同时用风扇加快冷却。

控制油温是熬制熟桐油的关键，有经验的师傅会根据油的状态判断油的大概温度。生桐油熬制初期会不断出现泡沫，当温度达到150℃，泡沫会减少，不再有泡沫时油温适合，则加入土籽。当油温上升至280℃以上时，短短几分钟桐油就会作废。所以加入密陀僧并搅拌均匀后必须马上撤火并降温。

熬制完成的熟桐油含有杂质，影响桐油性能，待冷却后应马上过滤。

图18 熬制桐油

图19 桐油冷却

（四）调配色漆

调配色漆是专业性较强的一项工作，不同的油漆工人有不同的习惯，为确保调配传统纯正的油漆，特邀中国工艺美术协会漆器专委会委员李致宏老师调配色漆并指导工人实施。

调配色漆前需再次用无纺布将熟桐油过滤，去除杂质。准备好原料和工具，分别为熟桐油、银朱、稀释剂、调漆板、铲子、刷子、干燥的旧硬木板等。

第一步是调色，首先将熟桐油和银朱按1∶1比例混合，因为银朱呈颗粒状，为促成银朱和熟桐油均匀混合，需用铲子反复一边压一边磨，磨的过程尽量让桐油均匀铺开。如施工用料比较多，也可以用锤子对银朱和熟桐油进行反复敲打。当桐油抹开后，表面光滑细腻有光泽则调色完成。

第二步是稀释，加入颜料的熟桐油黏稠度太高，需要稀释后才可涂刷。常用的稀释剂有煤油、松节油、柑橘油。调配中为达到最佳效果，逐一试验每种稀释剂。经试验，煤油和柑橘油在与熟桐油、银朱混合过程中易起块，而松节油能与熟桐油、银朱充分调和。将加入银朱的熟桐油与松节油按一定比例混合搅拌，稀释剂可逐步加入，不宜一次性加太多，以免过量。稀释剂的用量至关重要，用量一般控制在1/3以下，若稀释剂太少油漆涂刷后易起皱，太多会导致颜色光泽度降低且油漆易开裂褪色。调配中需一边调和一边检验，当调好的色漆能呈连续线状滴落下来则调配完成。

图20　调配色漆

（五）制作样板

油漆涂刷也是影响油漆品质的关键环节，打磨的程度、施工的环境、涂刷的方式、干燥的时间等都直接影响油漆效果。为有效管控油漆品质，在全面施工之前，修缮团队先涂刷油漆样板，油漆样板经各参建单位和文物保护专家验收通过后，方可全面实施油漆工程。

选取一块表面完好平整的栱作为样板材料。每一道油漆工序由三步组成，分别是打磨、涂刷、干燥。样板涂刷第一道油漆后效果并不理想，表面呈颗粒状，且颜色不均匀。究其原因，涂刷时周边有木构件脱漆工作，涂刷完成后粉尘落在油漆面上，导致表面粉尘颗粒多。第一道油漆面较薄，无法完全遮盖木基层的颜色，因此看上去颜色不均匀。另择干净的环境涂刷第二道油漆，表面无颗粒，但是油漆面暗淡无光泽，且颜色不均匀。工人师傅说可能是稀释剂添加过多导致的。重新调配色漆后涂刷第三道油漆，首先仍然是打磨，第三道油漆效果相比于第二道多了一些光泽感，但是表面有明显的涂刷的线状痕迹，且再次出现颗粒感。主要原因是油漆前打磨程度不够，且刷子残缺老旧不干净，涂刷时留下刷毛的线状痕迹。重新准备砂纸和油漆刷子，精细打磨后涂刷第四道油漆，干燥后发现油漆面干净平整均匀，仅光泽度稍有不足。打磨后涂刷第五道油漆，待油漆完全干燥后，油漆样板表面平整干净，颜色均匀，光泽发亮。

经过反复打磨涂刷后，油漆样板效果良好，通过验收，油漆工程按照样板工艺和标准全面实施。

图21　第一道油漆效果

图22　第二道油漆效果

图23　第三道油漆打磨

图24　第三道油漆效果

图25　第四道油漆工具

图26　第四道油漆涂刷

图27　第五道油漆打磨

图28　第五道油漆效果

（六）油漆施工

油漆样板通过验收后，按照样板制作的工艺和标准，对灵应牌坊木构件全面实施油漆工程。

1. 嵌补腻子

古建筑中的木构件由于老化、收缩、病害等原因均存在不同程度的裂缝，涂刷油漆之前应将裂缝嵌补平整，否则，木构件固有的裂缝会反复导致其表面的油漆开裂，进而引发雨水侵蚀或腐朽等病害。

在灵应牌坊修缮工程中，微小的裂缝采用石膏粉和环氧树脂混合物进行嵌补。但对于稍大的裂缝，由于环氧树脂与木料收缩性不一，修缮后易再次出现裂缝，因此在嵌补材料中添加细腻的木糠，可缓解环氧树脂与木料的收缩差异。

腻子嵌补完成后对木构件表面进行多次打磨，清理掉灰尘、毛刺等，直到表面干净光滑平整。

2. 涂刷油漆

刷漆之前要确保施工环境干净，无扬尘。木构件表面清理干净，刷子干净无杂物。上漆需快速有力，先沿同一个方向涂刷，再垂直方向涂刷。刷完后放置1～2天，油漆完全干燥后涂刷第二道。每一道漆都有两道程序，刷漆前用400号以上的砂纸反复打磨，清理表面杂物灰尘，确保表面光滑平整干净，再涂刷第二道油漆。如此反复三遍，最后一道油漆完成后，油漆面光滑亮泽。

灵应牌坊所有木构件均落架维修，第一道油漆在地面完成，确保每个构件的每个面涂刷完整，榫卯及隐蔽位置涂刷油漆利于构件的保护。上架完成后涂刷第二道，屋面修复完成后涂刷第三道。合理的油漆涂刷时间安排既能满足油漆干燥需求，又能保证油漆涂刷效果。

图29　第二道油漆后打磨　　　　　　　　图30　第三道油漆完成

四　维护与效果

油漆的品质和效果需要时间的检验，灵应牌坊竣工后，修缮团队对牌坊油漆进行了观测和记录。竣工半年后，牌坊明间额枋出现竖向的条状纹理，经检查分析，此纹理是额枋表面残留的灰尘的痕迹。经过一段时间积累，额枋上部堆积了较多灰尘，当降雨时，灰尘和雨水一起沿额枋两侧缓缓流下，残留并附着在额枋表面。通过对额枋进行擦拭，痕迹被清理干净，因灰尘附着时间较短，额枋油漆未受不良影响。经定期观察和清洁，竣工一年半后，油漆无明显裂缝和空鼓，有光泽无褪色，油漆整体效果较好。

油漆的品质和效果受多方面的影响，除材料特性与施工工艺外，竣工后的环境也将直接影响油漆耐久性和品质。研究显示，紫外线、温度、湿度和大气降尘都对油漆产生不利影响。文物建筑所处的自然环境和各项参数是无法改变的，但可通过后期维护减少大气降尘的不利影响。

目前，灵应牌坊油漆整体效果较好，初步验证了本次修复工艺的合理性和科学性。修缮团队将继续开展长期的油漆观测工作，记录更加详细精确的油漆残损规律和影响因子，为提升油漆修复工艺提供依据。同时，油漆修复后的耐候性和耐久性观测记录也是油漆研究工作的重要补充，对完善传统油漆工艺研究具有重要意义。

图31 油漆修复后

图32 油漆修复后

图33 油漆修复后

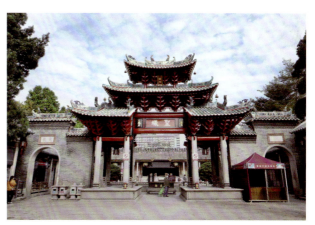

图34 油漆修复后

参考文献

［1］李昭君.紫外线对古建筑油饰彩画影响研究［D］.天津：天津大学硕士学位论文，2006：22-35.

［2］何秋菊.中国古代建筑油饰彩画风化原因及肌理研究［D］.西安：西北大学硕士学位论文，2008：9-13.

［3］郑红.潮州传统建筑木构彩画研究［D］.广州：华南理工大学博士学位论文，2012：343-364.

［4］潘梦瑶.南京近代建筑彩画病害分析及保护研究［D］.南京：南京工业大学硕士学位论文，2018：44-56.

［5］李昭君，马剑.古建筑油漆彩画破坏肌理与保护措施研究［J］.古建园林技术，2009（6）：50-54.

佛山祖庙石湾陶塑瓦脊保护传承与活化利用研究

唐嘉怀

一　前言

　　清代中后期，石湾窑陶塑瓦脊被大量应用于岭南古建筑的屋顶上，作为岭南古建特有的装饰艺术，陶塑瓦脊蕴含了高超的工艺技术和丰厚的地域文化艺术价值，堪称岭南地区传统建筑装饰的典型代表。现存的石湾陶塑瓦脊主要分布在岭南两广和东南亚地区的宫观庙宇宗祠等大型古建筑上，其中广州陈家祠、番禺学宫、佛山祖庙、西樵山云泉仙馆、肇庆阅江楼、新会学宫、东莞康王庙，广西南宁横县伏波庙、百色粤东会馆、恭城湖南会馆等最具地方代表性。另有部分收藏在不同的机构或私人手中。陶塑瓦脊作为室外建筑装饰，能完好保存的几乎是凤毛麟角。经过百年沧桑，人类活动和自然环境的磨砺等多重因素影响下，陶塑瓦脊的本体不可避免受到损毁，受此影响它们内在包含的文化和艺术意象也变得不易解读。由于陶塑瓦脊的覆盖面较广且分布零散，笔者尚未能对瓦脊的保存与保护现状作出全面调查。而佛山祖庙保存的瓦脊种类和数量较多且具有代表性，故本文以佛山祖庙陶塑瓦脊为例进行分析，以管窥岭南陶塑瓦脊的保存现状，就如何去保护、传承及利用这一宝贵的文化遗产进行探讨。

二　祖庙瓦脊的保存现状调查

　　佛山祖庙的陶塑瓦脊主要分布在古建筑群的屋脊和多个区域范围，现存整脊90多条以及100多个零散构件，通过调查整理，现今保存状况如下所示。

表1　祖庙灵应祠建筑群陶塑瓦脊调查表

序号	建筑名称	位置	类型	数量（条）	装饰面	装饰题材	年款	店号	备注
1	灵应牌坊	一、二、三层屋顶	正脊	3	双面	团寿纹、夔龙纹，鳌鱼脊刹			
		一层屋顶	垂脊	8	双面	夔龙纹，狮子压脊			
		一、二、三层屋顶	戗脊	12	双面	夔龙纹、变形夔龙压脊			

74

序号	建筑名称	位置	类型	数量（条）	装饰面	装饰题材	年款	店号	备注
2	灵应牌坊东、西仪门		正脊	2	双面	福寿纹、夔龙纹，鳌鱼压脊			
			戗脊	8	双面	夔龙纹，鳌鱼压脊			
3	灵应祠三门	屋顶	正脊	1	双面	正面姜子牙封神、舌战群儒、甘露寺，背面郭子仪祝寿，铜宝珠、鳌鱼脊刹	光绪己亥（1899）	文如璧造	
4	灵应祠文魁阁	二层屋顶	正脊	1	双面	花卉纹、鳌鱼纹			
5	灵应祠武安阁	二层屋顶	正脊	1	双面	花卉纹、鳌鱼纹			
6	灵应祠前殿东廊	屋面瓦面	看脊	1	单面	中间郭子仪祝寿，两侧福禄寿三星、和合二仙	光绪廿五年（1899）	石湾均玉造	
7	灵应祠前殿西廊	屋面瓦面	看脊	1	单面	中间哪吒闹海，两侧八仙人物	光绪廿五年（1899）	石湾均玉造	
8	灵应祠前殿	屋顶	正脊	1	双面	戏曲故事内容不详，铜宝珠、鳌鱼脊刹	光绪廿五年（1899）	石湾宝玉造	
		屋顶	垂脊	4	双面	花卉纹，麒麟、凤鸟、狮子、天将压脊	光绪廿五年（1899）	石湾宝玉造	
		屋顶	戗脊	4	双面	花卉纹，麒麟、狮子、凤鸟脊刹	光绪廿五年（1899）	石湾宝玉造	
9	灵应祠正殿	屋顶	正脊	1	双面	正面戏曲故事内容不详，背面甘露寺，铜宝珠、鳌鱼脊刹	光绪廿五年（1899）	石湾吴宝玉造	
		屋顶	垂脊	4	双面	花卉纹，麒麟、凤鸟天将、八仙人物压脊	光绪廿五年（1899）	石湾吴宝玉造	
		屋顶	戗脊	4	双面	花卉纹，麒麟、凤鸟、狮子脊刹	光绪廿五年（1899）	石湾吴宝玉造	
10	庆真楼	父母殿二层屋顶	正脊	1	双面	瑶池祝寿，宝珠、拱龙脊刹	光绪廿五年（1899）	石湾宝玉店造	

表2 祖庙范围保存陶塑瓦脊调查表

序号	名称	位置	类型	数量（条）	装饰面	装饰题材	年款	店号	备注
1	祖庙牌坊瓦脊	首层、二层	正脊	2	双面	首层素纹、二层花鸟瑞兽纹，二层宝珠、鳌鱼脊刹			
		首层	垂脊	4	双面	素纹、翘角印龙纹、狮子压脊			
		首层、二层	戗脊	8	双面	素纹、翘角印龙纹、狮子压脊			
2	藏珍阁瓦脊	一、二层屋顶	正脊	1	双面	一层素纹，二层花卉纹，西番莲、鳌鱼脊刹	光绪廿三年（1897）	奇玉造	
		二层屋顶	垂脊	4	双面	翠竹纹、仙女压脊			
		一、二层屋顶	戗脊	8	双面	一层素纹，二层翠竹纹、卷草纹			
3	九龙谷瓦脊	岭南圣域展厅	正脊	1	单面	穆桂英挂帅，两侧鹊桥会、天官赐福	光绪辛卯年（1891）	文如璧店造	
4	八仙贺寿瓦脊	祖庙西侧红墙外南展墙中段	看脊	1	单面	八仙过海	光绪癸卯（1903）	均玉店造	残脊（10件）拼合
5	故事人物瓦脊	祖庙西侧红墙外南展墙南段	正脊	1	双面	戏曲故事			残脊（6件）拼合
6	故事人物瓦脊	祖庙西侧红墙外南展墙北段	看脊	1	单面	戏曲故事			残脊（5件）拼合
7	鱼化龙瓦脊	祖庙西侧红墙外北展墙	正脊	1	双面	鱼跃龙门，鳌鱼		余庆堂（龙柱）	残脊拼合
8	富贵图瓦脊	褒宠牌坊后	正脊	1	双面	凤凰牡丹、诗文花卉			
9	狮子戏球瓦脊	褒宠牌坊前花圃西侧	正脊	1	双面	狮子戏球、花卉	道光乙未岁（1835）	奇玉店造	
10	瑞兽花卉瓦脊	褒宠牌坊前花圃东侧	正脊	1	双面	瑞兽花鸟	光绪丁酉岁（1897）	石湾奇玉造	
11	松龄鹤寿瓦脊	馆藏	正脊	1	单面	松鹤纹、夔龙纹	道光七年（1827）	石湾英玉店造	
12	故事人物瓦脊	馆藏	正脊	1	双面	戏曲故事、花卉	光绪十五年（1889）	吴奇玉店造	

经统计，佛山祖庙古建筑群屋面保存的瓦脊共有94条，包括正脊、垂脊、戗脊、看脊四个类型，其中正脊22条，垂脊、戗脊68条，看脊4条。祖庙红墙内的陶塑瓦脊除了灵应牌坊没有铭款外，其他瓦脊纪年都是光绪二十五年（1899），由此可见当年的大修祖庙各殿都新装了定制的陶塑瓦脊，制作店号有文如璧店、均玉店、宝玉店（吴宝玉）。其中文如璧店为三门制作的"光绪己亥（1899）、文如璧造"戏曲人物故事正脊规模巨大，质量上乘，被称为"花脊之王"，长31.7m，最高处1.8m。正面中间塑《姜子牙封神》，东侧塑《舌战群儒》（又称《联吴抗曹》），西侧塑《甘露寺》三则故事，共塑人物145个。脊背中间塑《郭子仪祝寿》故事，共塑人物149个。四组都是家喻户晓的戏曲故事，其规模为石湾陶塑瓦脊之最。均玉店为前殿两廊制作的两条看脊以郭子仪祝寿、哪吒闹海为题材，人物众多场景热闹也是精彩纷呈。宝玉店为前殿、正殿、庆真楼制作的瓦脊数量最多，以三国故事、瑶池仙境来描述主题。

祖庙范围展示收藏的瓦脊及构件，多为旧城保护拆下收回保存，款式多样，但是保存状况不佳，零散残脊占比较多。纪年为道光、光绪两朝，店号有英玉店、文如璧店、均玉店、吴奇玉店。内容包括戏曲人物故事、诗文花卉、吉祥瑞兽等。其中"道光七年（1827）、英玉造"松龄鹤寿单面瓦脊，其色彩搭配别具一格，整条瓦脊以宝石蓝釉为基础色，主图案中的苍松群鹤施白、绿釉，是迄今唯一发现采用蓝色为主调的瓦脊，也是佛山祖庙现存年代最早的陶塑瓦脊，在传世纪年脊中排列第三。另一组陈展在祖庙岭南圣域历史文化陈列展厅中的塑于"光绪辛卯年（1891）、文如璧造"九龙谷戏曲故事单面瓦脊，以其精湛的工艺备受赞誉。中段塑造人物40个，主题是《穆桂英挂帅》大破九龙谷的故事。左段塑有鹊桥会与日月神等神话人物11个。右段塑有紫微大帝、和合二仙、刘海戏蟾等神话人物11个。其两侧塑造的人物体量硕大，是至今在瓦脊上发现尺寸最大的人物造型。

另外，佛山祖庙保存有正脊、垂脊、戗脊、看脊四个类型及隔脊、脊端、脊刹的零散陶塑瓦脊构件152件。其中带铭款瓦脊构件13件，"公所"字样构件2件。故事人物和瑞兽花卉构件83件，绿釉模印竹子纹构件19件，宝珠、凤凰、鳌鱼等瓦脊配件35件。纪年由光绪五年至光绪十六年，店号包括吴奇玉店、美玉店（美玉成店）、陆遂昌店、九如安、德玉兴店，还有在整脊上未发现的"石湾利玉店"。

三　受损原因分析

作为建筑装饰的陶塑瓦脊因长年位于屋顶或墙顶，在漫长的历史进程中，会遭受各种因素影响，绝大部分会或多或少地受到损坏。经过调查，其损坏原因主要有如下几种：

1. 原生损坏

（1）烧制时产生的窑裂，使瓦脊本体从开始就自带病患，再长期处于露天状态直接受自然环境侵扰，裂隙更易加大加深。

（2）胎釉结合不好，砌筑后产生釉面开裂或剥釉现象。

（3）制作时构件粘接不牢固，经过一段时间后，接合脆弱的构件出现与本体脱离状况。

2. 自然损坏

（1）在岭南日照时间长、台风雷暴多等自然环境影响下，温湿度无法调控，即使是无机材质组成的陶塑也容易产生崩塌、脱落、开裂、脱釉等损坏现象。

（2）瓦脊因材料特性，胎釉内化学盐成分析出会产生（白化）盐析，釉质变异老化，最后导致釉面粉化剥落。

（3）长期无人使用或管理不善的古建筑失修坍塌，致使瓦脊也随之受到损坏。

3. 生物损坏

（1）动物损坏：猫、狗、老鼠、鸟类等动物在瓦脊上攀爬跑动、筑巢、跳跃等活动，造成瓦脊小部件的崩损。

（2）植物损坏：瓦脊上日久积存的淤泥滋生出的树木杂草苔藓等植物，其根系延伸造成瓦脊间连接松动，严重的会引发松脱等问题。

（3）微生物损坏：瓦脊上的积水淤泥不仅滋生植物，菌类也伴之而生，虽然菌类对无机质的危害不如对有机质的严重，长期的侵蚀会损害使胎釉产生开裂。

4. 人为损坏

（1）历史性损坏：即来自战争、匪患、群体争斗和社会变革以及城市改造等人为破坏，让许多未能进入现代视野的陶塑瓦脊亦随着古建筑的被毁而湮灭在历史的长河中。

（2）建筑改造不当造成的损坏：古建筑加筑或改建使结构改变或增加荷载，造成建筑结构过载变形，造成瓦脊的碎裂损坏。

（3）不良活动对瓦脊的损坏：对荒废或无人看管的古建瓦脊进行恶意破坏造成的损害。

（4）不当保护造成的损坏：如用玻璃对瓦脊进行防护处理，虽然起到防止直接破坏的作用，但产生了冷凝水和箱体积水滋生植物等新问题，对瓦脊造成慢性损害。

（5）有害气体和酸雨的损坏：现代社会工业化使空气中充斥浓度远高于古代的有害气体，这些气体中有的和雨水结合形成酸雨侵蚀瓦脊，削弱胎体强度，使釉面风化、酥粉。

由上述分析可知，瓦脊受损的原因是多方面的，并且很多时候是一起发生又或是前后叠加的结果，其中人为的破坏是最严重的，环境和生物因素还在长期影响着瓦脊的保存。

四　保护举措

现在遗留的石湾陶塑瓦脊几乎都有不同程度的损坏，其成因多样，因此对陶塑瓦脊的保护尤显重要，保护主要从以下几方面着手实施。

（一）立足保存环境的预防性保护

岭南地区位于我国南部环太平洋地带，历史上因台风、地震、暴雨等自然灾害造成的建筑本体及陶塑瓦脊等装饰的损毁不计其数，有些甚至造成了人员伤亡事件。现今，随着科学技术的发展，台风、地震、雷电、暴雨等极端天气或地质灾害的预警虽然已十分及时，仍然需要增强意识，防患于未然。佛山祖庙作为全国重点文物保护单位已全面铺开文物的预防性保护工作，除按照勘察结果和规范编制保护规划外，还完成了建筑主体的防雷工程，安装了气体、紫外线、光照、温湿度等环境监测系统，成立防汛防险工作小组应对每年的台风季，制定长期而有效的日常巡查工作机制，文保工作人员通过上房梁屋顶及航拍等方式多方位观察文物的保存现状，根据结果制定可行性的保护措施，以上多项举措形成了一个综合立体的预防性保护系统。

（二）对文物本体进行的修复保护

作为建筑装饰的陶塑瓦脊因置于屋面，长期处于露天状态，相较于存放于库房的文物来说，保护难度更大。对瓦脊的保护围绕日常的维护保养和采取修复措施来进行。平日的维养可防范不利因素带来的损伤，如定期清除瓦脊上的积水淤泥和植物，驱赶动物飞鸟，对松动的构件进行必要的加固处理以防脱落等基础工作。对较严重的损伤如断裂缺失的则要通过分析论证后，采取粘接、补配甚至替换等修复方法进行保护。

佛山祖庙自1958年以来多次对陶塑瓦脊进行保护修复与维护保养，积累了大量保护实践经验，现举其中几个较有代表性的案例：

其一，为配合祖庙岭南圣域历史文化陈列展，2016年对"光绪辛卯年、文如璧造"九龙谷故事人物瓦脊进行了修复，这条瓦脊原在旧汾水铺永兴街"关圣大帝"庙门前照壁顶上，其制作工艺精湛，题材寓意深刻。1959年因改建拆回祖庙保存，1962年后曾在庆真楼前小院展示。该瓦脊历经百年，存在缺损、残断等多种病害，此次修复通过粘接断残部件、补配和重新烧制缺失配件、随色等步骤还原基本原貌后展陈，作为重点展品之一备受公众好评，起到良好的展示效果，是祖庙博物馆对陶塑瓦脊展览修复的一次新尝试。

其二，2020年的日常巡查中发现祖庙三门的"光绪己亥（1899）、文如璧造"戏曲人物故事正脊有部件脱落、滋生苔藓现象，如不进行干预继续蔓延将会威胁到文物与公众安全。经过评估论证，于2021年对三门瓦脊启动维护保养工作，对瓦脊上的苔藓淤泥进行清除，对脱落部件实施粘接加固等措施，起到了遏制病害蔓延的效果。此次维养的一个亮点是在瓦脊东侧间隔脊方框内博古陶方鼎底部发现了"一九六一"的墨釉题记，为三门瓦脊的历史修复找到了新的资料。另一个工作重点是需要保障各方的安全，这次维养工作是在屋面上进行，过程既要确保维养工作有序进行又要保证古建本体与公众的安全，通过多方研判，采取了缓冲工作平台支撑重力、分设三层外挡围网等措施，让维养工作得以顺利安全地完成。

其三，2022年灵应牌坊大修，借这次机会在修复前对牌坊的陶塑瓦脊进行了全面排查和资料搜集。灵应牌坊于明景泰二年（1451）建成，历经多次重修，原貌多有改变，现在牌坊上的陶塑瓦脊是晚清咸丰、光绪时期安装的。根据记录在1943年、1960年、1985年、2008年牌坊上的瓦脊曾进行过修复，可惜没有留下相关修复资料。我们观察到旧有修复瓦脊构件粘接的接口有溢胶残留、黏结剂老化等现象。后来又对牌坊瓦脊构件的胎釉和制作工艺进行比对，发现有晚清民国和现代几个时期的特征，能看出有瓦脊构件做过替换。以首层的八个脊兽狮子为例，其东北戗脊的形态最为雄武威壮，工艺釉色俱佳，东南和西面戗脊的三个狮子次之，都具有清代特征，但分属两个批次或阶段制作。北面垂脊的两个狮子神态木讷形态呆板，釉色与清代偏离较大，判断为民国时期制作。东面垂脊的两个狮子形态模拟戗脊的清代狮子，釉色新亮，现代特征明显。经与中山菊城陶屋核实，是2008年烧制替换的。在对灵应牌坊瓦脊的病害调查分析的基础上，本次对其中92个构件实施了相应的保护修复措施，使修复后的瓦脊焕发新颜。

随着保护文物、传承传统文化的意识不断强化，如今对古建筑瓦脊的故意破坏行径已大为减少。现今被纳入文物机构或景区的瓦脊由于得到政策制度与体系的保障支持，保存与修复条件得到很大提升，保存状况相对较好。通过多种预防性举措，我们能及时发现瓦脊受到的损伤，并针对具体情况采取相应措施保障瓦脊文物的安全。不过，许多散存民间的瓦脊，仍然因从属关系不明、保护意识不强、管理不善、措施不当和资金缺乏等原因尚未得到有效保护。

（三）文物内涵的保护

陶塑瓦脊的保护不仅是保护物件本体层面的问题，载体的损毁不仅是文物实体的灭失，更是所承载历史文化信息的破坏和消亡，因此保护其内核承载的精神和文化，这不仅是对历史文化的尊重，更是文化遗产传承和发展的必由之路。现今，社会变迁导致文化和意识的转变，使人们对以前的历史环境、社会背景、语境语义的解读困难，远离了当时孕育与培养本土文化的土壤，失去了传承的基础环境。如瓦脊装饰中许多故事题材源于粤剧，而如今粤剧的受众群体较为狭窄，懂得粤剧故事的年轻人偏少，加上粤剧剧本的流失、剧目的变更、表演形态的演变，清代粤剧流传至今已发生了许多变化，已无法完全从现代粤剧的视角来发掘、研究瓦脊装饰中的故事场景与文化深度。如果本地人对于地方文化都无法浸透、理解，那又如何指望这种文化向外扩散、传播呢？来自粤语区以外的游客虽然可以欣赏瓦脊的艺术价值与美学趣味，但对于其背后或深层次的含义往往知之甚少。

瓦脊作为岭南地区多种文化艺术相融合的结晶，对它的保护也应该从多方面出发，粤剧、石湾陶塑瓦脊艺术等都承载着丰富的历史信息和珍贵的文艺光辉，在传承过程中不应该割裂地对待这些在同一片土壤下孕育出来的文化遗存，加强不同文化体系的关联对比与研究交流，相互连接互为助力，才能更好地产生联动效益，实现共赢共享的保护传承之路。

（四）保护工作中存在的问题

在对陶塑瓦脊的保护中，抢救性修复是保护瓦脊的重要手段。而在实施的过程中，修复人员的理念、使用技术和材料等对文物保护效果起到至关重要的影响。现今修复技术和修复材料的更新迭代很快，如不能及时掌握科学的文保理念和新的修复动态会对保护产生负面影响。此外，瓦脊的保护如何在立足于传统元素的基础上做到良性循环，是一个需要长期实践、不断改良的课题。现就一些保护工作开展中的常见问题进行讨论。

1.修复实施

修复实施中常见的问题主要出现在粘接、补配和替换等环节。如对断裂的瓦脊构件进行粘接，在粘接后不迅速清除溢胶，待其干后既破坏观感，也会对文物产生二次损害。另外，某些修复人员对缺损需要修补的瓦脊，没有对使用的补配材料进行了解分析，而是简单地使用方便易得的材料（如水泥、灰沙等）去填补，就容易使用材的膨胀系数不同，导致瓦脊进一步损坏等系列问题。

替换也是对瓦脊采取的常用修复措施之一。分两种情况：一种是全部替换，许多古庙、祠堂因历史上各种原因毁坏失修，在大修或重修时，会根据旧有信息资料重新塑造烧制瓦脊；另一种是部分替换，对已损坏严重失去作用或存在安全隐患的瓦脊构件进行重烧更换。制作替换的瓦脊存在最大的问题是当代工匠的工艺水平不高，对传统的美学观念理解不透彻，因而制作的瓦脊图案纹饰和人物造型呆板生硬，釉色搭配不协调，在整体布局排列等多方面都与传统瓦脊相去甚远，使许多修复后的瓦脊艺术美感不足，缺乏吸引力。

2.不当保护

前文举例说明中提及玻璃防护带来的负面影响，这属于对瓦脊采取了保护措施，却未能达到理想的效果，反而产生其他损害的不当保护的实证。为露天展示的瓦脊装上玻璃进行防护本意是好的，但缺点也非常明显，当玻璃受阳光照射后，箱体内外的温差形成冷凝水在玻璃壁上积出水垢，箱内积聚的水分滋生苔藓等地衣植物。同时，玻璃罩上原来用来分散水汽的孔洞，引来昆虫进入箱体活动甚至产卵孵化，多种因素形成箱体的不洁环境，对瓦脊产生慢性损坏。

3. 对文物保护的认知

陶塑瓦脊一旦离开建筑主体，大部分的文物信息随之散失，后人对此认知的缺失，导致重新砌筑或组合展示时，就会造成文物信息的二次丢失或叠加混乱，使其文物价值与艺术价值大打折扣，对研究更是造成不少干扰。试举两例说明，一个是原在广东粤剧博物馆展示的清光绪十六年"文如璧造"款戏剧人物花卉纹瓦脊，由20件旧脊构件拼凑组成，瓦脊中间11块戏曲人物故事构件，其脊身的石墨题记清晰，可判断为原属同一条瓦脊。但余下的铭款、隔框及脊端构件、脊身上的刻字、石墨题记内容未能连贯解读，人为切割、拼凑痕迹明显。另一个，祖庙西侧红墙外南展墙上的瓦脊，由21个构件组成，组成的构件中有单面脊、双面脊，从制作工艺和题材可划分出四种不同类型，可判断分属四条瓦脊，题材内容有八仙过海、其他戏曲故事和花卉纹饰，制作工艺和釉色差异极大，错配构成的瓦脊极不协调。出现这些拼凑错配的瓦脊，究其原因主要是急于展示，但这种缺乏分析研究而产生张冠李戴的现象，其传递的文物错误信息会导致公众对瓦脊艺术的认知偏离，同时也让人对文物机构的专业性产生怀疑。

4. 修复人员素质

瓦脊出现损害需要修复者实行"医治"，但是若"医者"水平不高，就会埋下新的"病灶"。现今陶塑瓦脊的修复人员主要以社会力量为主，这类人员队伍往往塑造技术较好，但认知面窄、思维局限，对瓦脊的组合排列等认知片面，整体水平参差不齐，缺乏能工巧匠，不但不能与全盛期的技艺相比，与民国衰退期的水平比也有所不及。另一方面，文物机构的文保人员理论知识基础较好，对文保的标准规范把控能力强，但缺乏操作实践，修复技术水平不高。因此，需要综合协调配置各方力量，加强人才队伍的建设，培养一批素质高、能力强、专业水平高的修复人员，保障文物修复的人才资源，才能在"医治"瓦脊文物的病害时提供全面适当的保护。

五 传承与利用

陶塑瓦脊从一抔泥土，经过一代代艺人的精心打造，最终涅槃成岭南艺术的明珠，当中有多少故事、多少细节、多少匠心都值得我们去解读、探究、维护和传承。祖庙博物馆在如何充分利用陶塑瓦脊这些宝贵的传统艺术资源方面正不断地做出尝试。

一般而言，瓦脊作为古建筑重要的组成部分，不能脱离建筑本体进行切割式展示。但如前所述，许多古建筑在历史前进与城市化建设发展的进程中，已呈现出日渐衰败的局面，仅有小部分幸存。佛山祖庙在园区内展陈若干石湾陶塑瓦脊，虽然相比灵应牌坊、三门、正殿等古建筑屋顶上的瓦脊少了原本载体的空间感。但从展陈角度来说，位于展柜内的瓦脊更能让观众从近距离观察它们的精美工艺。还有"岭南圣域"展厅中的清代文如璧店造九龙谷故事人物瓦脊受到好评的原因之一，就在于大大弥补了只能远观的缺憾。将屋面上的瓦脊重新构建于展陈环境或公共空间，可能会存在零散、片面、分裂等带来的不协调问题，也需要考虑文物安全、科学管理等多方面的配合。但不可否认，将瓦脊文物置身于新的展示位置与情景之中，或许是文物传承利用的一种有效方式。

研学与馆校共建是让学生等青年群体认知文物和传播的新方向。在研学课程中设置认识陶塑瓦脊与保护修复的课题，通过寻找瓦脊图案纹饰、指出病害点、体验工艺制作与修复步骤等实践科目，潜移默化地向年轻一代渗透文物和文保知识，使之获得对文物重要性及承载历史信息的认知和认同感。祖庙与佛山第六中学开展"美育浸润——走进佛山祖庙博物馆"的实践课程中，由博物馆导师带领师生们一起解读灵应牌坊的古建之美，让学生对灵应牌坊的书法和瓦脊纹饰进行解构、描摹，从美学的角度去加强下一代传统文化的根基，较好地发挥了博物馆的教育功能。

此外，博物馆利用独特的陶塑瓦脊图案元素开发系列文创产品，将具有代表性的文物转化为新的文化符号。譬如把祖庙三门瓦脊上的鳌鱼制作成"独占鳌头"木雕拓印版，将陶塑、木雕这些非物质文化遗产与科举文化相结合，让人们领略传统文化的广博。将九龙谷瓦脊"穆桂英挂帅"的主题图案制作成文件夹、手挽袋，在日常生活中注入传统文化，给人们带出不一样的新时尚感觉。利用祖庙三门和灵应牌坊制作打卡印章和宣传册，既满足了游客们的打卡愿望，也吸引他们去认识祖庙内的岭南古建文化。祖庙博物馆还以600年历史的灵应牌坊作为主题素材，设计了"第十届中国博物馆及相关产品与技术博览会"这个独具韵味的参会展位，充分展现了岭南文化风貌，由此荣获大会颁发"最佳展示奖"银奖。

如何拓宽途径，让文物活起来，讲好文物故事，将文物知识和文物价值传达给公众，以此推动社会公共文化事业的发展，是一个值得长期探索的领域。

六　结语

石湾陶塑瓦脊作为岭南古建筑独特的文化符号之一，因社会需求而汇聚，以艺术形式向世人传达岭南建筑之美和地域风貌，让人了解欣赏岭南传统文化的丰富多样。陶塑瓦脊作为建筑室外装饰，会受到多方面因素的侵扰破坏，造成文物本体的损伤和文物信息的扰乱。随着历史的推移和社会变迁，陶塑瓦脊的传承越显不易，对现存瓦脊实施保护和细究其内在价值，延续瓦脊文物的生命已是迫在眉睫。

在日益成熟的理论和技术条件下做好文物的保护工作，采集整理陶塑瓦脊的信息进行研究分析，为今后岭南传统建筑工艺的保护与传承提供相关信息和依据，进而探讨岭南建筑装饰风格与地域经济、文化之间的关系，发掘其未知的潜在价值，增强所涵盖的意义，充实提升其学术价值。同时利用好这一宝贵的资源为今天的文化建设提供营养，使这些珍贵的瓦脊文物继续传递历史的信息和内在的精髓，推动历史文化遗产的保护和利用协同发展。这条传承发扬之路任重而道远。

参考文献

［1］佛山市博物馆.祖庙资料汇编（油印本）［M］.1981：14.77.78.84-95.

［2］佛山市文物普查办公室编.佛山文物志·上卷（油印本）［M］.1986：76-79.

［3］佛山市文物普查办公室编.佛山文物志·下卷（油印本）［M］.1986：63-67.

［4］佛山市博物馆编.佛山市文物志［M］.广东科技出版社，1991：172.

［5］王蕙贞.文物保护学［M］.文物出版社，2009：24.27.28.

佛山祖庙之灵应牌坊陶塑瓦脊的劣化机理研究

陈家欣

一　前言

位于佛山祖庙内的灵应牌坊是全国重点文物保护单位，始建于明景泰二年（1451），是明代敕封佛山祖庙灵应祠的标志，也是广东省内现存年代最早的三间十二柱四楼立体牌坊。牌坊面阔三间四柱、进深两间三柱，明楼为重檐庑殿顶，次楼为歇山顶。额坊题字"玄灵"（后因避讳改为"灵应"）、明景泰皇帝敕封"圣域"。灵应牌坊建成至今历经多次修缮，距今最近的一次全面修缮是在民国三十二年（1943）。2008年，佛山祖庙全面修缮工程中对灵应牌坊进行了保守性维修，但随着时间推移，在外界环境和原生病害的共同影响下，灵应牌坊的承重结构部分出现了严重的安全隐患，经过两年多的病害勘察和充分论证后，在2022年正式启动本次落架大修工程。

在本次修缮工程当中，佛山市祖庙博物馆文物保护部承担了陶塑瓦脊部分的修复工作，主要包括对牌坊上拆卸下的陶塑瓦脊进行全面的清点检查，筛选出需要修复的瓦脊，根据病害状况有针对性地实施清洁、补配、拼接、补色等技术处理。由于这批陶塑瓦脊修复完成后要再次投入户外环境使用，如何有效地预见和监测病害的产生和发展，从而及时实施干预以避免负面影响扩大，对其进行劣化机理的分析显得尤为必要。

二　灵应牌坊陶塑瓦脊的材料与工艺

灵应牌坊的陶塑瓦脊产自石湾窑，是石湾陶塑瓦脊的经典代表作品。据考证，石湾自明代开始生产建筑用的陶塑，陶塑瓦脊初见于明末清初，至清中期已成行市[1]。石湾制陶具有得天独厚的条件：丰富的可就地取材的原料、充足的水资源、发达的水路交通和适宜建造龙窑的地形。石湾陶制品的材料和工艺除了会影响其艺术特征，也成为此类物品日后劣化的原因。因此，了解灵应牌坊陶塑瓦脊的制作有其必要性，下面从胎、釉、塑、烧等四个方面进行简要介绍。

（一）胎

石湾陶胎主要由可塑性强的黏土类和调剂收缩率的瘠性沙土类两种材料组成。可塑性原料主要有白

---

〔1〕　刘孟涵.中国传统工艺集萃·石湾陶卷［M］.中国科学技术出版社，2017.22.

泥、黑泥和红泥，瘠性原料则有岗砂、瓷砂和熟料（瓦粉）。不同原料有其特定的材料特点和用途，如白泥是沉积黏土，较纯的白泥具有质地细腻柔韧、可塑性强的特点；黑泥也源于白泥，是因白泥掺入杂质和有机质后经过长时间的沉积和炭化后呈灰黑色而得名，此类泥黏性大、收缩率高、烧结温度高，成器较坚硬；红泥因含有较高的铁质矿物而呈现砖红色。岗砂，即陶砂，是盛产于石湾地区附近山岗的一种氧化硅原料[1]，越大的产品需要用到越多的岗砂，因其能起到骨架的支撑作用；瓷砂，主要用于生产瓷器，传统石湾陶很少用到；熟料一般用于降低泥料可塑性，减少收缩，防止变形。结合灵应牌坊瓦脊的素胎呈灰白色以及粗糙程度看，可推断胎体是以白泥加岗砂为主要原料。

（二）釉

石湾陶釉大致分为红、黄、白、绿、蓝、黑等色系，取材因地制宜，主要由植物灰、矿物质和金属氧化物组成。灵应牌坊的陶塑瓦脊使用传统石湾釉，原料主要分为灰、助熔剂和呈色剂等三类。灰有植物灰和动物灰（骨灰）。助熔剂有石釉、狮山灰、河沙、龙江石、玉皮石、冬青瓦粉、镜仔料、胆料、玻璃粉、铅灰和石粉。呈色剂主要是金属元素，有黄石（石壳）、星朱、石湾石墨、河涩、金花铜和锡灰[2]。灵应牌坊陶塑瓦脊大量使用绿、蓝色系釉料，鳌鱼、狮子、夔龙的色彩多样，结合有关研究，基本可以确定是使用了多种植物灰（稻草灰、桑枝灰、杂柴灰、谷壳灰）[3]作为助熔剂，呈色剂方面蓝釉以氧化钴为主，绿釉以氧化铜为主[4]。

（三）塑

陶塑瓦脊是兼具建筑实用性和艺术观赏性的陶器，造型上的制作步骤依次为割泥、起板、埋盒、造屋，最后塑制人物。石湾陶塑瓦脊以圆雕和高浮雕为主要艺术形态，传统手工创作为主，造型技法有贴塑、捏塑、捺塑、刻塑等，在陶塑瓦脊中运用最多的是贴塑和捏塑[5]。灵应牌坊瓦脊的纹饰以瑞兽和卷草纹为主，综合运用了贴塑、捏塑、捺塑和刻塑等多种手法，主体空心的结构有助于减轻重量和防止陶坯烧制时炸裂。

（四）烧

陶器的烧成温度主要由泥料中的铝、铁、钙、镁、钾、钠的含量决定，氧化铝含量高则耐火度高，后面几种元素都是会降低烧成温度的。陶塑瓦脊一般要经过二次烧制，第一次是坯体的烧制，总共需

---

[1] 刘孟涵.中国传统工艺集萃.石湾陶卷［M］.中国科学技术出版社，2017：45.

[2] 刘孟涵.中国传统工艺集萃.石湾陶卷［M］.中国科学技术出版社，2017：127–133.

[3] 出自刘孟涵.中国传统工艺集萃.石湾陶卷［M］.中国科学技术出版社，2017：20.石湾传统制釉技艺因地制宜，在桑基鱼塘产业发达的珠三角地区，生产和生活会产生大量稻草灰、桑枝灰、杂柴灰、谷壳灰等植物灰，按照不同比例制成基础陶釉"水白釉"，乳浊效果好，烧成后对粗糙的陶胎有较强的遮盖能力，且成本低廉，在石湾有"釉种"之称。

[4] 郑颖、朱铁权，石浩斌，等.石湾瓷塑脊饰制作工艺初探［J］.文物保护与考古科学，2015，27（1）：77–83. DOI: 10.3969/j.issn.1005–1538.2015.01.012.

[5] 刘妹，姚素媛.石湾陶塑瓦脊的地域技术特征探析［J］.陶瓷研究，2022，37（01）：8–13.

要经历四个阶段：坯体水分蒸发（室温至300℃）—氧化分解和晶型转化（300℃~950℃）—玻化成瓷（950℃至烧成温度）—冷却（烧成温度至室温），在这个过程中，泥坯中发生了液固转化，物化性质逐步稳定。由于传统石湾陶塑瓦脊的烧窑都是靠人工完成的，此间的火候把控存在许多不确定性，因此窑裂是很常见的，灵应牌坊的陶塑瓦脊上也不乏大大小小的窑裂。上釉之后的烧制温度更是呈色效果的主要影响因素，由此可以理解为什么同时生产的同一条瓦脊也会有釉色不均的现象。

三　灵应牌坊陶塑瓦脊的保存状况

灵应牌坊历史上经过多次重修，据考证，现今留存的灵应牌坊建筑形制形成于清朝早期。而牌坊上瓦脊的早期形态在清代《佛山忠义乡志》（以下简称"乡志"）插图上可略见端倪，现存的陶塑瓦脊因没有纪年题记不能确定其制作砌筑时间。据记载，祖庙分别在咸丰四年（1854）和清光绪二十五年（1899）进行过大规模的修缮[1]，其中最为重要的举措就是在主要建筑上加筑了陶塑瓦脊。这两次修缮在乡志上没有详细记载，但通过查阅资料和祖庙有关修缮历史的各类铭文题记，如祖庙三门上的陶塑瓦脊"光绪己亥（1899）"的纪年铭文，比对祖庙灵应牌坊陶塑瓦脊的制作风格，能推测现今灵应牌坊上陶塑瓦脊的加筑时间不晚于这一时期。

灵应牌坊为南北向单体独立建筑，形制为三间四楼三重檐十二柱，木石混合结构，牌坊通高11.40m，东西宽10.97m，南北宽4.9m。牌坊分三层，首层为歇山顶，中层和上层为庑殿顶，陶塑瓦脊砌筑在牌坊屋面的正脊、垂脊和戗脊上，屋面铺盖绿色琉璃瓦，构成叠翠飞檐的宏丽景观。三重屋脊上的陶塑瓦脊由115件主构件和配件组成，其中，陶塑瓦脊81件，配套装饰构件鳌鱼6件，螭龙8件，狮子8件，陶钟12件。

灵应牌坊陶塑瓦脊胎体为砂质陶，主构件双面装饰，分别模印浅雕团寿图案、夔龙纹和卷草纹，纹饰较浅，配件鳌鱼、狮子、夔龙为立体圆雕，表面施釉，以绿色为主色调，釉色包括绿、蓝、白和褐黄。瓦脊上无铭文题记。

瓦脊的总体结构完整，构件之间以水泥、灰和砂进行连接，部分连接处出现裂缝，影响瓦脊结构的稳定性，存在较大安全隐患。另外，瓦脊胎体有大小不一的裂隙，局部甚至碎裂；釉面则出现不同程度的龟裂、变色，严重处呈酥粉状并剥落。

四　灵应牌坊陶塑瓦脊的劣化机理分析

按照现行中华人民共和国文物保护行业标准《WW/T 0021-2010陶质彩绘文物病害与图示》，陶质彩绘类文物的病害包括龟裂、起翘、空鼓、脱落、变色、剥落、残断、变形、泥土附着物、硬结物、结晶盐、其他附着物、裂纹、裂缝、酥粉、刻画、植物损害、动物损害、微生物损害等共计19种。由于灵应牌坊的陶塑瓦脊属于釉陶，部分病害需要参考瓷器文物的相关标准去进行补充和定义，如"残缺"和

---

〔1〕 肖海明.北帝（玄武）崇拜与佛山祖庙［J］.佛山科学技术学院学报.社会科学版，2002，20（3）：4.DOI：10.3969/j.issn.1008-018X.2002.03.020.

"脱釉"[1]。在明确病害种类后，通过直接观察和显微技术来分析此类病害产生的原因，以便后续的保护修复中进行有针对性的干预处理和预防保护。

（一）病害观测与统计

经统计，灵应牌坊115件陶塑瓦脊构件中92件的病害较为严重，需要进行修复处理。经过逐件摸排调查，此批待修复瓦脊构件的病害总体情况是病害种类多，分布位置分散，主要病害有残缺、裂缝、裂纹、附着物、脱釉和变色等。待修复的92件瓦脊中，每种病害占总体比例的统计结果如下图所示。

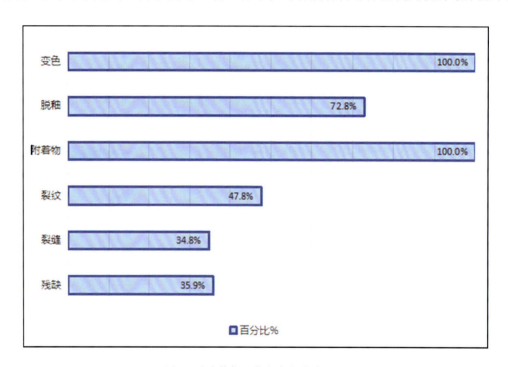

图1　灵应牌坊瓦脊病害比重对比图

由上图可以看出，附着物和变色是每件待修复瓦脊都有的病害，这是因为附着物包括灰尘、泥垢等泥土附着物，另外还有其他附着物，这基本是放置在户外的文物都会存在的问题。变色的成因复杂，这些有数百年历史的陶塑必然已经有不同程度的老化，与原来的颜色发生偏差。其他病害按照比例由高到低排列依次是脱釉、裂纹、残缺和裂缝。

1.残缺

残缺一般是指局部缺失，在陶器文物中，常见因胎体破碎断裂造成器物结构完整性破坏的现象。灵应牌坊的陶塑瓦脊历经了漫长岁月，在自然和人为因素影响下，文物本体上广泛分布着面积大小不一的残缺，多分布在易损细节部位，如狮子的毛须、鳌鱼的鳍、翘角等。

---

[1]　此处及下文提及的"残缺"和"脱釉"术语其释义均参考湖北省地方标准《DB42/T 2188-2024瓷器文物病害与图示》。

图2　兽耳局部缺失

2. 裂缝

裂缝，指因外力作用穿透胎体的纹路。灵应牌坊是传统的石湾龙窑烧制的，火候温度全凭人工控制，这类建筑陶制品烧制的时候往往伴随着"窑裂"，另外陶塑瓦脊在搬运、使用过程中也会因外力导致产生或浅或深、或宽或窄的裂缝。

图3　穿透胎体的裂缝

3. 裂纹

裂纹，指因外力作用不穿透胎体的纹路。除了外力作用，瓦脊的釉面在烧制时候也会产生"冰裂"一样的裂纹。裂纹属于半活动型病害，位于受力部位的裂纹不加以干预的话可能会在外力的作用下进一步发展成为裂缝，进而危害文物安全。

图4　未穿透胎体的裂纹

4.附着物

附着物，指附着于陶质文物表面影响器物外貌的泥土、金属锈蚀物、炭迹等。灵应牌坊长年位于户外，自然环境的影响非常显著，瓦脊的表面积尘积垢，雨水夹带的泥沙在干燥后逐渐积聚，大气污染物也会日积月累，导致表面有其他的沉积物。

图5　覆盖瓦脊表面的泥垢

5.脱釉

脱釉，指部分或局部釉层完全脱离胎体的现象。位于室外的陶塑瓦脊的釉面在大量紫外线和酸性雨水的作用下，会发生劣化，逐步降解，最后开裂、酥脆乃至脱落。

图6　绿釉大面积脱落

6. 变色

变色通常指颜料色相变化。石湾陶独特的"窑变釉"本质上也是一种变色，在陶塑瓦脊的病害中，变色可以泛指釉面在成色之后发生的所有颜色的改变，而诱因可能是多方面的，或自然老化，或酸雨侵蚀，或污染物附着等等。

图7　从左至右，依次是污垢堆积、老化导致变色和最为接近原来颜色的釉面

（二）病害成因分析

灵应牌坊陶塑瓦脊的病害成因复杂，分为内因和外因，内因由陶质类文物自身的质地决定，外因则一般从自然和人为两个方向去考虑，针对本批瓦脊情况进一步细化后，可以归纳为以下几个方面的原因：一是自然气候和极端天气灾害的侵扰，二是动植物活动的损害，三是历次修缮改变形制及受力结构。

首先，从内因方面来看，陶质类文物的胎体由于质地较为疏松，属于多孔结构，吸水性较强。灵应牌坊的瓦脊并非全面施釉，在南方的气候环境中，釉层并未能完全阻隔雨水，陶胎很容易吸收雨水，雨水在流动和渗透的过程中会溶入各种酸、碱、盐、有机物，从而给文物带来损坏。

接着，重点在于外因方面的分析，这与我们当下的修复和日后的预防性保护工作更为密切相关。

1. 气候因素

南方的气候环境特点是高温潮湿，降雨量大，极端天气频繁。这些陶塑瓦脊长期在户外环境存放，受到的光照和紫外线辐射量都是巨大的，这些都是加速文物老化的重要因素。

另外，上文也有提及陶胎易受潮的性质，雨水的冲刷和渗透，除了会带来酸、碱、可溶盐、有机物等的破坏，还会造成裂缝的扩大，雨水夹带的泥沙也会形成泥土附着物。雷劈、台风等会增加构件残损的概率，大量的光辐射会引起釉层中显色物质发生不可逆的光老化效应，加上高温高湿更加剧了这种颜色的变异。釉面的开裂与生产制作工艺和后期的环境影响都有关系，釉面自带的冰裂纹实质上也是一种细微的裂缝，如果含有可溶盐的水渗入到这些细缝当中，可以与釉中的金属氧化物发生作用，可溶盐的结晶、溶解随着温湿度的交替变化而变化，盐结晶时，体积膨胀，对孔隙壁产生压力；盐溶解后，这个压力随之消失[1]。如此反复作用，再加上原来含有的金属氧化物溶出，釉层就会逐渐变得酥松、易破碎。

图8　酥松剥落的釉面（放大图）

值得注意的是，上述提及的各种因素是会产生交叉影响的。如光老化会加速釉层的降解，可溶盐的结晶与溶解与气温、湿度相关，光照作为一种光促催化剂又会推动化学反应……从下面的显微放大图看，一些釉料中的金属盐反应后会导致颜色的变化，也就是所谓的"变色"；也有的是因为釉层自然老化后呈色物质发生了色相的转变，如"冬瓜白"。

————————————————

〔1〕　王蕙贞.文物保护学［M］.文物出版社，2009：26-27.

图9 含铁元素的金属氧化物发生反应后的变色（放大图）

图10 釉面老化变色产生的"冬瓜白"（放大图）

2. 生物因素

生物因素对瓦脊的影响包括动物和植物，猫、鼠、鸟类等动物活动会导致轻微的磕碰造成细小构件残损，同时不排除动物排泄物挟带植物种子到瓦脊上，在适宜气候下，植物的根系沿缝隙探入生长，裂缝受挤进一步扩大。

另外，木本、草本、苔藓植物的活动根系都具有储水特性，其攀附之处会保持湿润状态，在环境共同作用下，最终造成风化侵蚀，结果就是材质降解老化乃至松散剥落。

图11　苔藓植物的生长根系侵蚀釉面

3. 人为因素

陶质类文物在移动的过程中由于强烈振动或碰撞等会造成破裂或毁坏。在本案例中，由于这座古建筑经过多次修缮，瓦脊在拆卸、搬运过程中难免会有磕碰损伤；再者就是修缮中改变建筑形制导致的力学构件缺失，以至于失衡产生相互之间的应力导致出现变形、挤压损伤之类的问题。例如，灵应牌坊的一层西正脊、东北垂脊两件陶塑瓦脊受到其上方的木斗拱构件挤压而碎裂，原因是支撑屋顶的斗拱构件群中有部分缺失，不足以支撑屋顶重力导致下沉。

图12　构件沉降压迫瓦脊导致开裂

图 13　受挤压而破损的瓦脊

五　小结

本批修复的陶塑瓦脊的主要病害是残缺、裂缝、裂纹、附着物、脱釉和变色，导致发生上述病害的原因分为内因和外因，外因又分为自然和人为两大类，进一步细分为气候、生物和人为等三种影响因素。在分析劣化机理的时候，对于内因，我们主要从陶塑瓦脊的制作入手，了解陶塑瓦脊生产所使用的材料和工艺后，不难发现相对疏松的胎质、含有活泼金属元素的釉料呈色物质、人工烧窑的不确定因素等都可能成为瓦脊日后发生各种病害的诱因。至于外因，南方地区室外高温潮湿的环境对于文物的保存而言是不理想的，即便有釉面作为保护层，在长时间的雨水冲刷、光老化效应和大气污染物共同作用下，会加速文物的劣化。同时，由于文物位于室外高空的屋脊之上，平时是很难清理和维护的，生物的活动造成的破坏除非达到一定程度，否则是很难观测到的。人为的原因主要是历史上的多次修缮，不同于现在有严格的监督管理制度，意外的损坏时有发生。

灵应牌坊陶塑瓦脊作为古建筑的构成部分，与一般的馆藏文物有所区别，它们被拆卸下来的时候可视作可移动文物，一旦砌筑回到古建筑上又成了不可移动文物的一部分。基于上述对其劣化机理的分析研究，提出如下保护建议：（1）修复使用材料优先考虑耐久性和耐候性，保护涂层应含紫外线吸收剂成分；（2）施工过程做好监督和防护工作，避免人为损伤；（3）建立适用于户外文物的预防性保护监测平台，防微杜渐，及时发现病灶并实施干预。

参考文献

［1］王蕙贞.文物保护学［M］.文物出版社，2009.

［2］刘孟涵.中国传统工艺集萃.石湾陶卷［M］.中国科学技术出版社，2017：20.

［3］刘妹，姚素媛.石湾陶塑瓦脊的地域技术特征探析［J］.陶瓷研究，2022，37（01）：8-13.DOI：

10.16649/j.cnki.36–1136/tq.2022.01.001.

　　［4］郑颖，朱铁权，石浩斌，等. 石湾瓷塑脊饰制作工艺初探［J］. 文物保护与考古科学，2015，27（1）：77–83. DOI：10.3969/j.issn.1005–1538.2015.01.012.

　　［5］WW/T 0021–2010，陶质彩绘文物病害与图示［S］.

　　［6］WW/T 0056–201，可移动文物病害评估技术规程. 陶质文物［S］.

佛山祖庙之灵应牌坊陶塑瓦脊保护修复技术研究

许颖乔

佛山祖庙作为岭南建筑艺术的杰出代表，具有深厚的历史和文化底蕴，灵应牌坊是庙内的标志性建筑之一，始建于明景泰二年，历经多次重修，是国内现存年代最早的三间十二柱四楼立体牌坊，也是广东现存最壮观的木石混合结构牌坊。灵应牌坊上的陶塑瓦脊共分三层，分别由多块卷草纹陶塑构件与数件陶塑螭龙、鳌鱼、狮子、陶钟组成，展现了石湾陶塑精湛的制作工艺，也体现了岭南地区传统建筑装饰技艺的精髓。然而，灵应牌坊陶塑瓦脊由于长期暴露在自然环境中，逐渐出现了多种病害，这些病害问题不仅威胁到灵应牌坊的结构稳定性和美观性，更影响了其历史文化价值的延续。因此，对灵应牌坊陶塑瓦脊进行保护修复显得尤为迫切和重要。

一 保护修复前期工作

（一）资料收集与研究

修复团队通过查阅大量历史档案、地方志和相关文献，对灵应牌坊及其陶塑瓦脊的历史渊源、建造工艺及以往的修缮记录进行了深入了解。灵应牌坊自明景泰二年建成后，历经多次重修，其中史志记载可查的修缮记录有6次，包括明代2次，清代4次。据考证，灵应牌坊陶塑瓦脊为清光绪二十五年（1899）于祖庙进行大修时加建。牌坊上的多件陶塑瓦脊构件常年在室外受高温潮湿天气影响，导致旧时修复用粘接材料老化，出现黏结力下降、粘接处再次断裂、补色处色层变脆起翘等情况。从残留的粘接材料看，旧时修复使用的材料主要有水泥砂浆、环氧树脂等。此外，修复团队还通过查阅相关文献，了解国内外保护修复领域的最新进展，借鉴先进修复理念与修复技术，寻求适合陶塑瓦脊文物的最佳修复方案。这些资料都为后续修复工作的开展提供了重要的理论支持（图1~4）。

图1　旧时修复用粘接材料老化

图2　粘接处再次断裂

图 3　补色处色层老化　　　　　图 4　旧时修复用水泥砂浆

（二）实地测绘与病害调查

为了准确掌握灵应牌坊陶塑瓦脊的现状及病害情况，修复团队对陶塑瓦脊进行了实地考察和测绘，通过全面的调查与评估，详细记录每一件瓦脊的年代、尺寸、纹饰、病害类型、病害分布情况等，为后续修复工作的实施提供科学精准的数据支撑。

陶塑瓦脊安装在灵应牌坊上作装饰作用，长年累月经受风雨侵蚀。佛山地处亚热带季风气候区，雨水丰沛，空气湿度高，温度变化大，紫外线强烈，台风气候和自然灾害（如冰雹）时有发生，还有外物撞击等伤害（如鸟类撞击）。灵应牌坊上共安装有115件陶塑瓦脊构件，其中92件存在病害。器物表面和裂缝处积存有大量尘垢，瓦脊整体可见残缺、断裂、裂纹、裂缝、泥土附着物及其他附着物等病害，釉面出现脱落、龟裂、起翘、变色现象，胎体的窑裂也在不断延长和加深。瓦脊病害分布多处，具有一定规律性，如釉面脱落多集中在迎风面和雨水冲刷严重的部位，裂缝则多发生在结构连接处和受力集中区域，植物损害现象则在瓦脊底部较为普遍（图5~8）。

图 5　残缺　　　　　　　　图 6　断裂

图 7　其他附着物　　　　　图 8　釉面脱落、龟裂、起翘、变色

（三）制定方案与专家论证

根据前期调研结果及每件瓦脊的具体病害情况，修复团队制定了科学详细的保护修复方案，把每一件待修复的瓦脊文物都进行了现状分析和病害调查，包括年代、形状、质地、尺寸都用文字和图像进行了记录，并分别绘制病害图。此外，还制定了清洁、粘接、补配、打磨、上色的修复专业技术路线，对于修复过程中的风险分析、进度安排、安全措施等都有明确的说明，确保实施过程中会根据安全且有针对性的技术方法与操作步骤进行保护修复。

为了确保修复方案切实可行，修复团队组织召开了专家评审会，邀请国内修复领域的文物保护专家对灵应牌坊陶塑瓦脊的保护修复技术方案进行了充分论证和研讨，确认该方案专业技术路线科学合理，修复实施过程符合文物保护修复规范，予以通过。

二 保护修复实施过程

（一）修复原则

在对陶塑瓦脊进行保护修复的过程中，修复团队严格遵循"最小干预、可逆性、相容性"的修复原则，以确保整个实施过程的安全、可行和可靠。力求做到尊重瓦脊文物的历史完整性，最大限度地保留原始材料和制作工艺，确保修复后的瓦脊文物仍具有历史和艺术价值。修复团队经过谨慎筛选，选用的黏结剂、补配材料、化学试剂、保护涂层等都与器物的原材质相容，并且具有可逆性，为未来可能出现的更优修复方案预留调整和改进的空间。

（二）传统制作工艺

由于灵应牌坊存在结构变形，导致一层屋面的西正脊、东北垂脊两件陶塑瓦脊破损严重，一层东南垂脊的狮子整条尾巴缺失，考虑到修复难度及结构安全，选择采用石湾陶塑传统材料和制作工艺重新烧制。修复团队对陶塑瓦脊的胎釉原材料进行了细致的研究后，选择与原材料相似的胎泥和釉料，以确保修复材料的相容性。所选用的细砂陶土和植物灰釉料经过多次调试，调配出与原始胎釉质感最为接近的配方，力求修复效果与原脊相近。

一层西正脊和一层东北垂脊两件瓦脊构件因破损严重，需要重新烧制。首先按照器物的形貌、尺寸制作泥板，用陶泥板分段拼制瓦脊坯体，综合运用捏塑、贴塑、刀塑等工艺技法，在坯体上装饰卷草纹，修整后待坯体干燥，用传统上釉技法施釉，放入龙窑高温柴烧2～3天而成（图9、10）。

一层东南垂脊构件的狮子尾巴缺失，无需把整个瓦脊构件进行更换，只需将狮子尾巴以传统工艺重新制作后与原器接合在一起。修复后的瓦脊构件从整体上看，除了狮子尾巴釉色较为鲜艳，其形态、质感、大小都与原构件相近（图11）。

重烧的瓦脊制品硬度较高，具备较强的耐候性，适合放置于户外露天环境展示。用此种"陶配陶"修复方法烧成的瓦脊釉色与原脊相近，效果和谐，能达到较高的修复质量，保证修复效果（图12～14）。

图9　绘制纹饰草稿

图10　制作瓦脊泥坯

图11　制作狮子尾巴泥坯

图12　一层西正脊修复前后对比

图13　一层东北垂脊修复前后对比

图14　一层东南垂脊狮子修复前后对比

（三）新型材料的应用

根据以往的修缮记录发现，历次修缮中多用水泥砂浆作为补配材料，直接填充在瓦脊残缺部位。由于水泥砂浆与瓦脊胎体性质不相容，且配比不够科学，浆体与瓦脊胎体接合处粘接不良，有的水泥砂浆块已经脱落，有的仅用手轻轻一抠就可脱落。除此之外，旧时修复用的环氧树脂黏结剂也老化发黄，黏结力下降，对瓦脊文物造成潜在安全隐患（图15）。

在分析总结前人修复经验的同时，修复团队也积极探索现代材料在瓦脊修复上的应用。为满足陶塑瓦脊在岭南地区高温高湿、强烈紫外线的户外条件下长期放置的需求，对多种常用的文物修复补配材料和上色材料进行了耐久性测试，模拟佛山的气候条件，对选定的修复材料进行了包括紫外线老化、高温高湿老化、耐酸碱性等实验。结果表明，以509环氧树脂胶加滑石粉的补配材料和509环氧树脂胶加矿物质颜料的上色材料能够在规定的气候条件下保持良好性能，满足陶塑瓦脊长期户外陈列展示的需求（图16）。

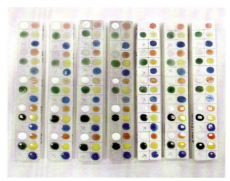

图15　掉落的水泥砂浆块　　　　　图16　修复材料实验样品块

（四）具体实施步骤

1.清洁

在实施清洁工作之前，首先对该批瓦脊进行全面仔细的观察和分析，确定正确有效的清洁方法和步骤，然后选择局部进行试验，遵循由弱到强的原则，确定方法有效且不伤器物后方可使用。

经检查，瓦脊釉面多处脱落，要先进行加固再行清洁，此举是为了增强釉面附着力和强度，为后续的修复工作做好准备。用玻璃点样毛细管吸取B72丙酮溶液对脱釉处进行渗透加固处理，第一遍先用较低浓度5%的B72丙酮溶液沿脱釉处缓慢渗透，干燥后使用10%浓度的B72丙酮溶液进行第二遍渗透加固。静置一天，待溶液彻底干燥后，用手术刀轻挑釉面无脱落，说明脆弱釉面已加固成功。操作时为了达到良好的加固效果以及避免污染器物表面，需要控制溶液浓度和避免溶液扩散（图17）。

图17　用玻璃点样毛细管吸取B72丙酮溶液对脱釉处渗透加固

釉面加固完成后，使用物理和化学清洁相结合的方法将瓦脊表面进行彻底清洁，去除表面的积尘污垢、附着物、老化修复材料（如老化变黄的黏结剂、变脆起翘的色层）、植物根系等。

用软布、软毛刷配合真空吸尘器清扫、吸取附着在器物表面的浮土和灰尘。对于牢固附着器表或嵌入沟缝内的坚硬物，例如老化修复材料、其他附着物（如水泥砂浆、油漆），则可用手术刀、竹签等工具将其剔除。有些瓦脊器物状态良好，则可以用去离子水局部或全部润湿以软化污垢，方便清除。物理清洁后利用显微镜观察工具刷洗器物表面后有无明显摩擦痕迹，避免对器物造成损伤（图18、19）。

图18　软毛刷清扫表面尘垢

图19　手术刀剔除油漆

对于一些牢牢附着在釉面的水垢，只用去离子水无法清除干净，需要使用化学试剂清除。在使用不同浓度和载体进行组合的实验中，发现EDTA四钠盐浓度为10%的琼脂载体对软化水垢的效果最好，使用未凝固的胶浆涂刷在器物表面待其凝固成膜，能更好地与釉面贴合，清洁效果更佳。待器表污垢软化后，再用碳酸钙粉末和纯净水制备的研磨膏打磨釉面，能有效清除水垢且不伤害文物。最后，用去离子水将瓦脊表面的化学残留物彻底清除干净，用软布吸干水分，置于通风避光的室内自然晾干（图20~22）。

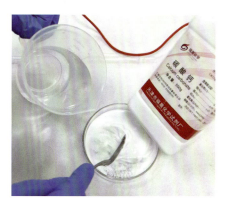

图20　使用不同浓度的化学试剂及载体组合　　图21　碳酸钙粉末加纯净水调制研磨膏
进行去污实验

图22　化学去污实验前后对比

2. 粘接

粘接前要对瓦脊文物的破损情况和破损程度先作全面观察和了解。碎片在正式粘接前要进行预拼，明确各部位在整体中的正确位置，以此确定粘接时的方法和顺序。

用乙醇对碎片断面接口处先进行清洁，断面不干净会影响粘接牢固度，导致修复质量下降。用脱脂棉球蘸取少许乙醇并挤干成湿润状，擦涂断面接口处，常温下干燥半小时后涂刷B72可逆涂层。分别调配4%、8%浓度的B72丙酮溶液，先用笔刷蘸取4%浓度的B72丙酮溶液对断面涂刷一遍，干燥1天后再使用8%浓度的B72丙酮溶液涂刷一遍，最后在阴凉处干燥1天。

待B72涂层彻底干燥后使用509环氧树脂胶，按照树脂与固化剂2：1的比例进行精确调配，并确保混合均匀。随后，用调刀取适量调配好的509胶液，轻薄且均匀地涂抹在碎片断面处，根据碎片的具体位置、形状，按照预拼时确定的顺序进行粘接操作，在粘接面紧密对接后，施加适当的力量进行挤压，以排出多余的胶液，力求将缝隙最小化。溢出的多余胶液使用脱脂棉球蘸乙醇轻轻擦拭干净。为避免在黏结剂未完全固化前接口发生移动或错位，使用热熔胶作为临时性的固定材料。待黏结剂彻底固化后，及时移除热熔胶粒，并以指腹抚摸接口处确认无错落感，即为粘接完成（图23）。

图23　粘接后用热熔胶作为临时固定材料

3. 补配

该批陶塑瓦脊有多处面积较大、造型较复杂的残缺，适合用模补法进行补配。先取开水注入碗内，在碗内平铺一块毛巾防止可塑土黏附碗底，随后将可塑土置于开水中，待其受热软化至透明状后，从水中捞出并用手充分揉捏均匀成薄片状，最后将可塑土薄片紧密贴合于器物相应的完整部位取样制模。为防止取样时可塑土与器壁相粘，需在器壁上事先涂一层脱模剂，待可塑土遇冷硬化后，将其脱模移至残缺部位待用。接下来在509环氧树脂胶里逐步加入滑石粉填料和矿物质颜料，用调刀不断搅拌，直到制成"面团"状的环氧树脂腻子，把腻子填入模内，随器物弧度填满、压实后静置待其固化（图24）。

针对面积较小的残缺，如裂缝、冲口等，一般不需要印模材料辅助，直接填入环氧树脂腻子配补即可（图25）。面对一些无法取样制模的残缺部位，则需要直接用手或工具进行塑补，塑补前先收集同类陶塑瓦脊的照片或实物作为参考，不对文物造型进行随意改动或者臆造。在补配实施过程中，塑补采取以下两种方式进行：第一种，在器物上直接使用环氧树脂"面团"雕塑出所需造型，等待固化后进一步打磨修整；第二种，先雕塑制作出缺失部分，随后用黏结剂把补配件与原器相接（图26）。

图24　模补法

图25　裂缝填补加固

图26　塑补法

4. 打磨

等待环氧树脂腻子固化6小时后，打开模具，先用手术刀趁补配部位的材料未完全硬化时进行修整，使其具备基础形状。完成随形后，选择使用木砂纸先粗后细依序打磨，注意控制打磨面积，用木纹纸沿补配处边线做隔离防护，避免磨花完好的器物釉面。最后用手指指腹在补配接缝处来回抚摸，做到顺滑无明显落差感即可（图27）。

图27　打磨

5. 上色

为确保修复效果的长期稳定，提高瓦脊补色层的耐老化性也是此次修复工作的重点之一。该批陶塑瓦脊修复后需重新放置于灵应牌坊上，为应对恶劣多变的露天环境，修复团队挑选了多种文物修复常用的上色材料进行了紫外光老化、高温高湿老化测试。根据测试结果与实际效果发现，509环氧树脂胶加矿物质颜料的组合能有效提高色层的强度和耐候性，并且与瓦脊原釉色效果相近。操作时用适量乙醇稀释胶液，少量多次加入矿物质颜料调配出所需颜色，先在色板上试色，颜色合适后用毛笔对补配处进行上色，薄涂多遍，逐层叠加，直至颜色与原器过渡自然，整体和谐。待色层固化稳定后用喷笔喷涂带有防水与防紫外线功能的透明清漆保护色层，提高色层的稳定性和耐久性（图28）。

图28 上色

6. 质量控制与验收

为了确保修复工作的质量，修复团队制定了严格的质量控制标准，并在保护修复过程中对每个步骤进行了详细的记录。在实施过程中的保护修复技术、材料、工艺、检测分析数据和其他相关事项，均用文字、图表、图像等形式把每个环节详尽地记录下来。

该批陶塑瓦脊修复完成后，修复团队组织了国内的文物保护专家进行全面验收，经现场质询与评估，专家们一致认为此次修复后的灵应牌坊陶塑瓦脊在结构强度、病害控制、材料选择、工艺流程、修复效果等方面均达到了预期目标，验收予以通过。

7. 监测与维护

该批陶塑瓦脊在修复完成后，修复团队对其现状进行了长时间的监测和记录，以确保修复后重新放置在灵应牌坊上的陶塑瓦脊具备稳定性与耐久性。在修复完成后一年半时间内，通过定期检查与评估，发现灵应牌坊陶塑瓦脊结构稳定，无配件脱落，补色层无黄变，无新增病害，整体效果良好（图29）。

图29 灵应牌坊整体修复效果前后对比

在日常的维护工作中，修复人员按规范标准做好修复档案，移交给保管人员，保管人员根据修复档案的记载，针对陶塑瓦脊文物修复材料的特性做好预防性保护措施，定期巡查，观察被修复器物状况，及时发现并解决潜在问题。如发现补配件脱落、粘接面再次断裂等情况应尽快联系修复人员处理，以确保修复质量与修复效果得以长期保持。

三　保护修复技术展望与应用

尽管本文对灵应牌坊陶塑瓦脊的保护修复技术进行了较为详尽的研究，但仍有一些问题值得进一步探讨。笔者认为未来的陶塑瓦脊保护修复研究可以在以下几个方向进行深入：首先，针对户外文物用修复材料的长效性与耐候性，可进行更为系统的实验研究；其次，可以探索更多新技术在陶塑瓦脊文物保护修复中的应用，如激光清洗技术、数字修复技术等。

（一）激光清洗技术

陶塑瓦脊文物在保护修复过程中遇到的首要问题，是如何有效去除表面的黑色污染物。目前行业内常用的清洁方法主要有物理清洁法、化学清洁法、超声波清洁法。因陶塑瓦脊体量较大，不适用超声波清洁法，而且陶塑瓦脊表面常常出现釉面脱落情况，如采用传统的清洁方法，可能会面临物理清洁对文物表面造成损伤，或是化学清洁对瓦脊胎釉带来二次污染的问题。因此，这对陶塑瓦脊的清洁技术提出了更为严苛的要求。

针对陶塑瓦脊上的黑色污染物，目前主要用手术刀剔刮的方法进行去除。但由于黑色污染物本身与瓦脊上的釉层粘连度较高，如果力度控制不好，往往容易在剔刮过程中对釉层造成损伤。笔者对瓦脊上的黑色污染物也尝试过用草酸、乙醇、EDTA四钠盐、六偏磷酸钠等化学试剂进行清洁，但发现效果一般，没有达到预期（图30）。

通过参阅文献，发现上海博物馆对故宫养心殿燕喜堂的琉璃构件样品进行了用激光清洗表面黑色污染物的实验研究[1]。激光清洗技术，是指运用高能激光束照射待清洗物体表面，使表面附着物（包括污垢、漆层、锈蚀层等）瞬间分离或者蒸发，以此达成清除的目的。该技术对基底几乎无损伤，且对环境污染极低，已成为传统清洗方法的有效补充和拓展。与传统清洗方法相比，其优势体现在以下几点：（1）无需使用化学试剂，从而避免了化学清洗所带来的污染问题。（2）激光清洗采用非接触模式，通过光纤传输，便于远距离操作，可降低物理接触对文物的潜在伤害。（3）激光清洗能有效清除多种材料表面上的各类污染物[2]。

该实验结果表明，使用激光清洗黑色污染物的整体效果较好，能够快速有效地去除污染物且不损伤基底。北方的琉璃构件和石湾陶塑瓦脊构件同样作为古建筑构件，常年在户外受到风吹雨打，有着相似的病害特征。因此，笔者认为可以此案例作为参考，未来尝试利用激光清洗技术去除陶塑瓦脊上的黑色污染物。

〔1〕 张力程，赵静，赵鹏，等.故宫养心殿燕喜堂琉璃构件表面污染物的清洗实验初步研究［J］.文物保护与考古科学，2020.
〔2〕 初伟铭.激光技术清除陶质文物表面污染物的工艺研究［D］.西安：西北大学硕士学位论文，2020.

图 30　陶塑瓦脊上的黑色污染物

（二）数字修复技术

陶塑瓦脊文物的补配操作，通常采用模补或塑补方法，色彩的修复则是使用手工补绘或者喷涂与笔涂相结合的方式完成。

数字修复技术是一种应用计算机、3D 打印机、三维激光扫描仪等先进设备，针对古陶瓷的破损区域进行数字化处理的手段。先在电脑软件中完成形态和色彩的虚拟化修复，随后通过 3D 打印技术和纹饰转印等方法实现实体修复。将数字化技术用于古陶瓷的数据收集与处理、残损部位的形态补配、补配部位的色彩复原等核心修复环节中，不仅提升了修复效率，确保了修复效果的精准度，还可以极大地减少对古陶瓷本体的潜在破坏[1]。

陶塑瓦脊文物造型复杂，形态多样，釉色多变，若利用数字修复技术进行修复，不仅能显著提高修复效率和修复质量，而且在陶塑瓦脊文物的保护领域亦能展现出巨大潜力。鉴于陶塑瓦脊长期暴露于户外，易受外界因素损伤，通过对馆藏陶塑瓦脊进行三维扫描，建立陶塑瓦脊文物的三维模型数据库，一方面可以保存馆藏文物的原始数据，一旦藏品遭受不可逆的损伤，可通过三维数据进行复制或修复；另一方面，还可以把文物的三维数据广泛应用于博物馆的教育活动中，发挥其更大的价值。

四　总　结

修复团队通过前期大量资料收集和全面调研，系统分析了灵应牌坊陶塑瓦脊的病害类型，制定出切实可行的修复方案，严格遵循修复原则，将传统工艺与现代材料相结合，对保护修复技术和修复实施过程进行了严格的质量把控。此次修复工作的成功实施，使得灵应牌坊陶塑瓦脊存在的病害得到有效控制，最大限度复原了陶塑瓦脊文物的历史面貌，达到利于长久保存、为研究提供支持、提高陈列展示效果的目的。

---

［1］　何琦. 数字化技术在古陶瓷修复中的研究与运用［J］. 中国陶瓷工业，2024，31（3）.

通过此次灵应牌坊陶塑瓦脊修复工程，修复团队总结了成功经验，可以为后续岭南地区其他古建筑陶塑构件的修复提供技术和方法上的支持。在未来的工作中，修复团队将持续关注行业新技术、新工艺及新材料的发展，并致力于修复技术的研究与创新，重视石湾陶塑传统制作工艺的传承，保护和延续岭南建筑装饰艺术，推动文化遗产保护事业的发展。

参考文献

［1］俞蕙，杨植震.古陶瓷修复基础［M］.复旦大学出版社，2019：6-9.

［2］纪文瑾.石湾窑研究［M］.广东人民出版社，2017：332-359.

［3］周彝馨，吕唐军.石湾窑文化研究［M］.中山大学出版社，2014：84-93.

［4］王海娜.清中晚期岭南地区建筑陶塑屋脊研究［M］.文物出版社，2016：244-254.

佛山地区明清时期牌坊建筑调查简报

李旭滨　黄　帆　刘礼潜[1]

一　调查缘起

佛山市祖庙博物馆是依托全国重点文物保护单位祖庙古建筑群设立的综合性民俗博物馆，现为国家一级博物馆。佛山市祖庙博物馆基于长期专注岭南古建筑修缮保护的工作优势，近年在广东不可移动文物保护领域逐渐形成岭南建筑形制研究、岭南建筑装饰艺术及文物保护技术研究等新方向，积极构建地方特色与专业优势共融共荣的博物馆研究方向及主题。此报告是佛山市祖庙博物馆《佛山地区明清时期牌坊建筑调查研究》项目完成第一阶段调查的工作简报，是以明确项目的研究对象、调查范围及考察内容，对第一阶段调查搜集信息予以汇总及整理，说明第二阶段研究的对象及主要方向。

项目缘起于祖庙博物馆在2022年至2023年实施的佛山祖庙之灵应牌坊修缮工程。2023年春，为充实、发展灵应牌坊修缮报告"研究篇"的内容，推进对岭南地区牌坊建筑的相关类型研究，《佛山地区明清时期牌坊建筑调查研究》项目组成立，项目计划针对佛山地区明清时期牌坊建筑展开实地调研工作，开展岭南古建筑特定类型建筑的横向研究课题。同年6月，项目列为祖庙博物馆自主实施的横向研究课题。

在佛山市文化广电旅游体育局支持下，项目在2023年下半年内对佛山地区明清牌坊建筑展开了实地调查和测量，完成有关牌坊建筑的保护现状调查与形制类型分析，拟探讨佛山地区牌坊建筑的区域特征、时代特征与保护建议；同时完成了有关牌坊建筑的空间分布与社会功能考察，结合地方历史文献资料，拟讨论佛山地区牌坊建筑与地方社会发展的联系。2023年底，基于调查搜集资料及其间综合的新认识，为更好地摸清佛山地区牌坊古建筑的实际分布、种类数量，以支持完成研究目标，项目组决定在第一期调查工作基础上，扩大项目调查对象的范围，实施第二期调查工作，成立《佛山地区明清时期牌坊建筑调查研究》项目（以下称"本项目"），并向广东省博物馆事业发展基金会提交博物馆科研项目资助申请。2024年4月，本项目通过了广东省博物馆事业发展基金会评审，成为2024年度广东省内唯一获得资助、获批最高资助额5万元的博物馆科研项目。

---

[1]　本文为2024年广东省博物馆事业发展基金会资助项目"佛山地区明清时期牌坊建筑调查研究"的阶段性研究成果。

二　研究概述

（一）研究对象及其学术背景

牌坊，又称"牌楼"，其源流可追溯至原始的"乌头门"。乌头门又称"棂星门"，据说自原始社会的"衡门"演变而来，是在两根木柱上端加固一根横梁形成，门柱超出横梁的柱头部分，往往涂成黑色，故称"乌头"，立于群体社区出入口作为大门使用。唐时，乌头门的门柱发展为豪华的华表柱，成为达官贵族门户的等级标志之一。宋代改称为"棂星门"，发展至明清时期渐渐转变为如今的牌坊、牌楼形式[1]。根据历史上的形制演变，牌坊又可依牌坊间数、外观形式或牌坊上所架楼的多少等因素分为不同种类，如三间四柱牌坊、四柱五牌楼或冲天式牌坊等类别；若按建筑材质区分，常见有木牌坊、石牌坊、木石牌坊或琉璃牌坊等。由于不同地域建筑工匠的工艺传承与建筑认知不一，各地域的牌坊建筑认知不尽相同；在岭南地区，人们对这类建筑习惯称之为"牌坊"，尤以明代建筑最盛，依材质结构论，计有木牌坊、石牌坊和砖牌坊三种[2]。

另一方面，在使用功能上，现存的不同地域牌坊都反映了相近的功能演变过程：从牌坊的雏形所具备的初始实用功能，作为群居庄园、街道社区的标牌性构架，自宋元以来逐渐发展为显示区域标志性的装饰建筑，广泛应用于宅院、街道起讫点、园林、寺庙、陵墓和桥梁，成为旌表忠孝贞节、祝贺高寿与科名的纪念性建筑[3]。这一演变过程发生，与牌坊建筑从古代里坊制度产物走向与封建社会旌表制度结合的历史发展紧密关联，牌坊建筑作为空间分隔的构筑物功能，更多的情况是转向与公共纪念性建筑物的社会教化功能融为一体。

综合梳理学术界近十年（2014～2024）的牌坊研究可知，中外相关研究论文达750多篇，其中古代牌坊建筑研究主题集中在牌坊建筑（36.62%）、牌坊文化（19.88%）、特定地区牌坊群落研究（12.96%）和牌坊装饰艺术（5.88%）等主要命题上，部分研究涉及修缮保护技术问题。其中，牌坊建筑研究方向主要集中在特定区域古代牌坊调查及其社会历史研究，以及建筑形制发展和造型艺术性等问题上，有关研究注意开展区域古牌坊调查，研究牌坊建筑与具体地方社会发展的历史文化关系[4]，但围绕建筑形制演变的讨论往往浅尝辄止，除个别建筑学科背景研究成果外，少有从建筑学角度展开牌坊建筑形制、造型艺术的深入探讨。牌坊文化问题则反映了研究人士普遍关注牌坊的古代社会功能定位及其演变[5]，尤其注意从"国家—社会"的视角探讨纪念性建筑的社会功能，如牌坊对社会榜样的宣扬，具有教化作用，反映了研究者对地方社会文化形成过程的观照。另一方面，也可以注意到不少针对古牌坊建筑保存较为丰富的特

---

〔1〕　田永复.中国古建筑知识手册［M］，中国建筑工业出版社，2013：366.

〔2〕　广东省房地产科技情报网，广州市房地产管理局.岭南古建筑［M］，1991：4.

〔3〕　侯洪德、侯肖琪.图解《营造法原》做法［M］，中国建筑工业出版社，2013：341.

〔4〕　如胡雪《黔中清代牌坊调查研究》（2023），傅亦民《传统石牌坊建筑研究》（2023），甄学军《河南古遗存牌坊建筑调查研究》（2021），张继焦、吴玥《海南牌坊：一种区隔性资本》（2021）和何菁《景德镇英溪古牌坊考察与研究》（2021）。

〔5〕　如席雨言《牌坊：中国传统建筑的文化隐喻》（2023），吕雪梅《传统牌坊的文化内涵与时代价值——以明清褒扬人物类牌坊为例》（2023），张继焦、吴玥《地方性之事视域下的海南牌坊文化》（2021）和牛胜男、王亦凡《从牌坊探究传统纪念性建筑物的文化内涵演变》（2019）。

定地域牌坊文化研究，其讨论问题不仅在于探讨古牌坊建筑与特定地域社会的历史联系、文化联系，更试图从切合现代文化旅游产业建设的需要，探索地区牌坊文化再利用的问题[1]。

然综上所述，可以注意到岭南地区古代牌坊建筑的研究目前关注甚少[2]，这一方面与传统古建筑研究的对象一向侧重在大型古建筑群落或具代表性的特定文物建筑有关，另一方面是鉴于岭南文物古建筑的保存状况，相关研究更倾向于古建筑修缮保护技术问题。在广泛调查的基础上，项目组所掌握的岭南地区古牌坊建筑保存数量（其中佛山地区登记为各级不可移动文物的明清时期牌坊建筑数量，位居大湾区九市之前列），并不比以数量丰富著称的川南地区、徽州地区和鲁西南地区要少，就历史上岭南地区的地理环境变化及社会变迁剧烈程度而言，现存的古牌坊建筑足可反映特定区域的社会发展历史和区域性建筑形制特征。特别是岭南古牌坊的石质用材问题，极具社会考察意义，可洞见明清广东社会变迁之局面。

因此，本项目的研究对象指定为佛山地区明清时期的牌坊建筑。需要说明的是，此处"牌坊建筑"概念下的调查对象选定依据，是基于建筑学上牌坊的空间分隔功能，同时兼顾牌坊建筑的公共纪念性质及社会教化功能。项目调查对象的范围进一步放宽，不仅涵盖传统古建筑认知中的牌坊、牌楼，还考察同样具备公共纪念性建筑物、社会教化功能的门楼建筑；不局限于社区公共空间的牌坊建筑，同时包括特定文物建筑内部、采用牌坊建筑形式的部分构筑物。

（二）研究的必要性、目标与预期功能

综上可知，牌坊建筑的地域特征（包括地方历史联系、建筑形制特征与装饰艺术风格特色）、社会功能演变及当代利用价值，一直以来都是学术界较为关注的研究问题，围绕有关问题涌现了不少地域性观察的研究成果，并可以注意到：

首先，长期以来岭南古建筑研究缺少对牌坊建筑的研究关注，岭南地区牌坊建筑的调查整理、研究与保护工作亟待关注。本项目探讨牌坊建筑发展与佛山地区人文社会发展规律、特征之联系，可侧面实证佛山地方社会发展与岭南文脉传承的历史联系，此研究必要性之一。

其次，岭南古建筑的石材应用具有显著的时代特征与区域特征，但由于古建筑经过历代修缮或人为改建，加之石构件多缺乏明确纪年信息，有关观点长期缺乏实证。古代牌坊建筑是少有的具有明确建造纪年、历史信息丰富的纪念性建筑，遗存至今的岭南地区明清牌坊建筑主要以石材建造，本项目通过对有关牌坊建筑的研究，可支持岭南古建筑石材应用的相关特征讨论，此研究必要性之二。

本项目确定研究目标如下：

（1）配合灵应牌坊修缮保护工程，开展以佛山地区明清时期牌坊建筑为研究对象的特定区域建筑类

---

〔1〕 如徽州古牌坊研究，有辛淑婷、陆峰《传播符号学视域下徽州牌坊媒介特征及传承研究》（2022）和余伶莲、刘珠珠《徽州牌坊的遗存、文化内涵及其活化》（2017）；如川南地区牌坊研究，有张秀梅《隆昌市石牌坊历史文化遗产保护性旅游开发研究》（2017）和张强、彭永馨《四川隆昌牌坊对南北牌坊建筑形式的传承与发展》（2015）；如山东地区牌坊研究，有张萌《泰山中路牌坊景观及其空间特色分析研究》（2021）和苗红磊《山东老石牌坊分布及类型调查》（2014）。

〔2〕 近年岭南地区古牌坊建筑研究主要有任曼宁《佛山祖庙古洛芝兰牌坊修缮技术研究》（2023）和刘奇俊《岭南传统砖石牌坊文物保护技术研究》（2020）、《佛山祖庙之灵应牌坊建筑研究》（2019），集中探讨古牌坊建筑修缮的保护技术问题。吴清、柯月嫦和李细归《西江流域现存牌坊的时空分异及功能演变研究》首次在流域概念下审视两广地区古牌坊分布规律及其功能作用，实属难得的探索性研究。

型研究，纵向拓展佛山市祖庙博物馆在明清岭南古建筑研究领域的新视野。

（2）基于佛山地区明清时期牌坊建筑研究，开展特定区域牌坊建筑历史、保存状态、形制特点与社会风俗演变的记录与调查，横向拓宽佛山人文历史研究领域的新路径。

（3）综合古建筑类型研究与特定区域人文历史研究，探讨牌坊建筑发展与佛山地区人文社会发展规律、特征之联系，侧面实证佛山地方社会发展与岭南文脉传承紧密相连。

通过上述研究，本项目预期完成佛山地区明清牌坊建筑的专门调查与研究，为佛山人文历史科研丰富类型建筑研究与社会史研究，同时针对地区牌坊文物古建筑的保护现状提供参考意见，助力佛山文物古建筑保护工作。

其次，通过田野调查实践，本项目希望培养具有务实科研主张、重视文物价值、扎实调查功夫的文物研究人才，注重科研素养及实践积累，以期推动地方社会人文历史研究工作。

三　佛山地区牌坊建筑概况整理与调查记录

自第一阶段调查工作结束以来，项目组共对31处明清时期牌坊、牌楼和门楼建筑展开实地调查，其中单独登记为不可移动文物或文化遗迹点的25处，作为组成部分登记在不可移动文物的6处。调查中，项目组完成了建筑遗迹测量，核实、补充建筑物有关数据，统一、完善建筑形制、材料及装饰形式的描述，并对其空间分布及社会功能作具体考察，搜集了相关地方历史文献资料，采取人类学访谈法挖掘相关报道人口述资料。本部分对调查概况整理如下：

（一）调查对象

第一阶段调查工作的牌坊建筑对象，具体如下表［主要按现时所属区域及建筑年代先后排序，序号29～31为"建于文物古建筑群内的牌坊（楼）类型建筑"区别排序］：

禅城区（6处）				
序号	名称	年代	现地址	备注
1	灵应牌坊	明景泰二年（1451）	禅城区祖庙街道佛山市祖庙博物馆	全国重点文物保护单位佛山祖庙的组成部分
2	褒宠牌坊	明正德十六年（1521）	禅城区佛山市祖庙博物馆	佛山市文物保护单位。原位于仙涌铺郡马梁祠，佛山郡马梁氏族人梁焯所立功德牌坊迁建于现址。
3	祖庙牌坊	明天启六年（1626）	禅城区佛山市祖庙博物馆	禅城区不可移动文物。原位于栅下铺崇庆里参军李公祠，明代细巷李氏族人李待问所立功德牌坊迁建于现址。迁建后改为"祖庙"牌坊。
4	秀丽湖牌坊	明崇祯十年（1637）	禅城区中山公园	佛山市文物保护单位。原位于栅下铺陇西里参军李公祠，明代细巷李氏族人李舜儒所立功德牌坊改建。迁建后改为"秀丽湖"牌坊。

序号	名称	年代	现地址	备注
5	古洛芷兰牌坊	清康熙后期（约1706~1712年间）	禅城区佛山市祖庙博物馆	禅城区不可移动文物。原位于社亭铺梁氏祠堂，佛山郡马梁氏百岁老人梁持璞所立百岁牌坊迁建于现址。迁建后改为"古洛芷兰"牌坊。
6	节孝流芳牌坊	清乾隆二十五年（1760）	禅城区佛山市祖庙博物馆	禅城区不可移动文物。原位于顺德区龙江镇，该地尹廖氏所立节孝牌坊迁建于现址。

南海区（11处）

序号	名称	年代	现地址	备注
7	山南世家仪门建筑	明嘉靖四十四年（1565）	南海区九江镇万安社区	广东省文物保护单位
8	良二千石牌坊	明万历二十六年（1598）	南海区九江镇下西村	广东省文物保护单位
9	慈悲宫牌坊	明万历年间	南海区九江镇下西村	广东省文物保护单位
10	贞烈牌坊	清康熙年间	南海区丹灶镇苏坑村	佛山市文物保护单位
11	节孝牌坊	清乾隆二十八年（1763）	南海区丹灶镇石桥村	南海区丹灶镇文化遗迹登记点
12	东方百龄人瑞牌楼	清乾隆己酉年（1789）	南海区西樵镇东方村	
13	第式洞天牌坊	清乾隆年间	南海区西樵山白云洞风景区	佛山市文物保护单位
14	旌表节孝牌坊	清道光元年（1821）	南海区九江镇烟南村	佛山市文物保护单位
15	上林樵岭南来第一门牌坊	清咸丰五年（1855）	南海区丹灶镇上林村	
16	海边旌表节孝牌坊	清光绪丁酉年（1897）	南海区西樵镇海边村	
17	西桥文明牌坊	清代	南海区九江镇西桥村	

顺德区（7处）

序号	名称	年代	现地址	备注
18	贞女遗芳牌坊	明嘉靖二十八年（1549）	顺德区龙江镇长路村	广东省文物保护单位贞女桥的组成部分
19	累朝恩宠牌坊	明代	顺德区乐从镇小布村	
20	冯氏贞节坊	清康熙三十七年（1698）	顺德区北滘镇林头村	佛山市文物保护单位
21	百岁坊	清乾隆十七年（1752）	顺德区杏坛镇古朗村	佛山市文物保护单位

续表

序号	名称	年代	现地址	备注
22	节孝坊	清嘉庆三年（1798）	顺德区杏坛镇古朗村	佛山市文物保护单位
23	贞烈可嘉牌坊	清道光十七年（1837）	顺德区容桂街道四基社区	
24	升平人瑞坊	清同治六年（1867）	顺德区杏坛镇上地村	佛山市文物保护单位
三水区（3处）				
序号	名称	年代	现地址	备注
25	仁寿坊	明万历四十二年（1614）	三水区西南街道河口社区	
26	百岁流芳牌坊	清乾隆三年（1738）	三水区乐平镇汉塘村	
27	禹门牌坊	清嘉庆十五年（1810）	三水区芦苞镇芦苞祖庙	广东省文物保护单位胥江祖庙的组成部分
高明区（1处）				
序号	名称	年代	现地址	备注
28	黉宫青云门	明成化十五年（1479）	高明区明城镇明城小学旧址内	高明区文物保护单位
建于文物古建筑群内的牌坊（楼）类型建筑（已调查3处，均在禅城区）				
序号	名称	年代	现地址	备注
29	容台俨若牌楼	清康熙中期	禅城区澜石街道石头村	广东省文物保护单位佛山霍氏宗祠的组成部分
30	祖孙父子兄弟伯侄乡贤牌坊	清光绪八年（1882）	禅城区澜石街道石头村	广东省文物保护单位佛山霍氏宗祠的组成部分
31	忠义节烈之家牌坊	清光绪八年（1882）	禅城区澜石街道石头村	广东省文物保护单位佛山霍氏宗祠的组成部分

（二）建筑概况整理及现状记录

（1）灵应牌坊。 位于禅城区祖庙路21号佛山市祖庙博物馆内，始建于明景泰二年（1451），属于全国重点文物保护单位——佛山祖庙古建筑群的重要组成部分。牌坊现为庑殿顶十二柱三间四楼式牌楼，木石混合结构，主要采用花岗岩石、硬木制作，檐顶装陶塑瓦脊饰件；现址坐北向南，三间面阔10.96m，进深4.91m。牌坊明楼为重檐庑殿顶，次楼为歇山顶，除以木石构建外，又以石湾窑绿釉瓦面、陶塑瓦脊等装饰楼顶，两侧加有砖筑翼门相连。牌坊明间正、背面重檐下分别悬"圣旨""谕祭"额匾，额枋正面题字"灵应"，背面为"圣域"，额枋记录有牌坊历年修缮的信息，如今形制、装饰准确反映了清光绪年大修以来的建筑面貌。

目前牌坊结构现状较好，历史上自建成始，经明清、民国多次修缮，保存至今。2008年，佛山祖庙全面修缮时遵循"最少干预"原则，对灵应牌坊进行了不落架修缮；2020年，祖庙博物馆又启动牌坊修缮专项工程进行维护、修缮，于2023年1月完成竣工。牌坊各部分木、石、陶等结构病害得到了针对性的修复保护处理，效果良好。作为明清时期岭南地区官祀宫庙及其信俗活动的重要见证物，此类题材的牌坊存世甚少，牌坊的进一步资料，详见于本报告外相关专门研究成果。

（2）褒宠牌坊。位于禅城区祖庙路佛山市祖庙博物馆内，始建于明正德十六年（1521），原为仙涌铺（今禅城区市东下路仙涌街）郡马梁祠所属建筑物，1972年迁建于现址。牌坊为歇山顶四柱三间三楼式牌坊，砖石混合结构，主要采用灰沉积岩石制作，斗栱结构及部分装饰构件采用青砖雕制，檐顶采用灰塑装饰，十分少见；现址坐北向南，三间面阔8.11m，进深2.1m。牌坊额枋正面刻"褒宠"二字，背面刻嘉靖皇帝敕封圣旨全文190字，内容为表彰礼部主客清吏司主事梁焯（1483~1528）为政功德，获授承德郎衔。这座佛山郡马梁氏族人梁焯所立的功德牌坊，是目前省内少见的有明代纪年的砖雕牌坊，具较高保存和研究价值，2021年被列入佛山市文物保护单位。

目前牌坊结构现状良好。佛山市祖庙博物馆曾于2019年启动并完成褒宠牌坊修缮工程，对牌坊的檐顶、灰塑、石结构构件、牌坊坐落地面及左右围墙进行了针对性的修复保护处理，修缮效果良好。有关牌坊的历史记录资料有限，原所在环境仙涌铺郡马梁祠已发生较大变化，相关地方人文信息继续调查。

图1 褒宠牌坊

（3）**祖庙牌坊**。位于禅城区祖庙路佛山市祖庙博物馆正门，始建于明天启六年（1626），原为栅下崇庆里"参军李公祠"前的牌坊建筑物，1960年因配合城市建设，牌坊移建于现址。迁建后牌坊主体保存历史原貌，增建两翼，成为庑殿顶四柱三间三楼式牌坊，木石混合结构，主要采用灰沉积岩石、硬木制作，檐顶装陶塑瓦脊饰件；现址坐东向西，三间面阔8.82m，进深2.49m。额枋正面改题为"祖庙"，背面书"古祠艺宫"，乃佛山书法家林君选所题。祖庙牌坊为明代细巷李氏族人李待问所立功德牌坊，现已成为全国重点文物保护单位佛山祖庙的标志、佛山市祖庙博物馆馆徽，同时也是佛山文化旅游的重要标志之一，2012年被佛山市禅城区政府公布为禅城区不可移动文物。

目前牌坊结构现状稳定，但自迁建以来，由于风雨侵蚀和自然老化等原因，牌坊已存在开裂、漏水，构件糟朽、脱榫、位移、油漆风化、剥落等问题，亟待修缮维护。祖庙牌坊自迁建今址后建筑状态虽未发生重大结构安全问题，但综合上述问题的修缮需要，牌坊修缮工程于2023下半年启动。有关牌坊的历史资料有限，原所在环境栅下崇庆里"参军李公祠"已发生较大变化，相关地方人文信息继续调查。

图2　祖庙牌坊

（4）**秀丽湖牌坊**。位于禅城区中山路中山公园，原是佛山栅下铺陇西里（今禅城区忠义居委会辖区）"参军祠"前李氏牌坊，建于明崇祯十年（1637），1959年因配合城市建设，牌坊移建于此。牌坊为庑殿顶四柱三间三楼式牌坊，木石混合结构，主要采用灰沉积岩石、硬木制作，檐顶装陶塑瓦脊饰件；现址坐西北向东南，三间面阔8.6m，进深4.2m。额枋正面改题为"秀丽湖"。秀丽湖牌坊为明代细巷李氏族人李舜儒所立功德牌坊，是佛山现存较为完好的明代牌坊之一，有较高历史研究价值，1991年被列入佛山市文物保护单位。

目前牌坊结构现状稳定，外观所见较突出问题是木质构件漆层开裂、脱落较严重，有待维护。秀丽湖牌坊自迁建今址后建筑状态虽未发生结构安全问题，但因漆面保养需要，保养维护工程于2023年下半年启动。有关牌坊的历史资料有限，原所在环境栅下铺陇西里"参军祠"已发生较大变化，相关地方人文信息继续调查。

（5）古洛芷兰牌坊。位于禅城区祖庙路佛山市祖庙博物馆内，建于清康熙后期（约1706～1712年间），原为社亭铺（今禅城区省元巷）梁氏祠堂所属建筑物，后由佛山市博物馆征集，1981年竖立于现址。牌坊为歇山顶四柱三间三楼式牌坊，全石质结构，构件制作混合使用采用灰沉积岩石和花岗岩石；现址坐西南向东北，三间面阔4.2m，进深1.9m。额枋原题"升平人瑞"，后正、背面分别改题"古洛芷兰""季华留芳"，古洛芷兰牌坊原是为佛山郡马梁氏十七世百岁族人梁持璞而立的百岁坊，后因所迁现址旧属祖庙铺古洛社，历史上佛山又称季华乡，故更现名，2012年被佛山市禅城区政府公布为禅城区不可移动文物。

目前牌坊结构现状较好。佛山市祖庙博物馆曾于2022年启动并完成古洛芷兰牌坊修缮工程，对牌坊各部分石结构病害进行了针对性的修复保护处理，修缮效果良好。有关牌坊的记录资料有限，原所在环境社亭铺梁氏祠堂已发生较大变化，相关地方人文信息继续调查。

（6）节孝流芳牌坊。位于禅城区祖庙路佛山市祖庙博物馆内，建于清乾隆二十五年（1760），1972年由佛山市博物馆征集，1990年易地重立于现址。牌坊为歇山顶四柱三间三楼式牌坊，全石质结构，构件制作混合使用采用灰沉积岩石和花岗岩石；现址坐北向南，三间面阔7.86m，进深1.95m。额枋正面刻"节孝流芳"，牌坊是为旌表顺德区龙江镇尹廖氏节孝而建；该牌坊工艺精巧，有较高历史和艺术价值，2012年被佛山市禅城区政府公布为禅城区不可移动文物。

目前牌坊结构现状较好。佛山市祖庙博物馆曾于2021年至2022年启动并完成节孝流芳牌坊修缮工程，对牌坊各部分石结构病害进行了针对性的修复保护处理，修缮效果良好。有关牌坊的记录资料有限，原所在环境顺德区龙江镇已发生较大变化，相关地方人文信息继续调查。

（7）山南世家仪门建筑。位于南海区九江镇万安社区崔氏大宗祠内，为其仅存的组成部分之一。基于崔氏大宗祠的建筑时间，仪门应同时建于明嘉靖四十四年（1565），其间大宗祠曾经历清乾隆四年（1739）、嘉庆二年（1797）、咸丰七年（1857）和光绪十九年（1893）四次大修。仪门主体部分（两侧墙体未计入）采用歇山顶四柱三间三楼式牌坊的形式，全石质结构，构件制作混合使用灰沉积岩石、花岗岩石和红砂岩石，檐顶等处采用灰塑装饰；现址坐南向北，三间面阔7.65m，进深1.8m。仪门明间额枋正面刻"山南世家"四字，背面刻"缵服扬休"，在崔氏大宗祠的原有建筑格局中发挥重要的空间分隔功能及宣扬家族名望的教化作用。其所在的崔氏大宗祠，现为广东省文物保护单位。

目前牌坊结构现状较稳定，外观所见可发现历史修缮痕迹，反映为中柱、基座垫石及抱鼓石等石构件的更换情况，结合更换构件材质及大宗祠的修缮历史，是宗祠修缮历史的侧面佐证。另一方面，现时基座及底部抱鼓石等石构件的表层受到自然环境污染，存在发黑现象，部分外立面灰塑及石构件存在风化缺损，建议及时开展材质表层的病害检查。牌坊所在的崔氏大宗祠，自民国时期至今对九江沙头地区的地方文化教育影响较大，曾作为沙头小学使用，后来，古建筑群曾作较大的基建改动，仅存今日所见部分。仪门建筑的整体结构及装饰构件皆为明清遗构，为该祠之珍品。

图3　山南世家仪门建筑

（8）**良二千石牌坊**。位于南海区九江镇下西村，始建于明万历二十六年（1598），清乾隆四十三年（1778）重修，2002年曾维修。牌坊为歇山顶四柱三间三楼式牌坊，全石质结构，构件制作主要采用灰沉积岩石和花岗岩石；现址坐东北向西南，三间面阔7.44m，进深1.67m。牌坊正上方刻"恩荣"，下方枋额正面为"良二千石"，枋额下横梁底部刻有"大明万历二十六年戊戌岁鼎建，大清乾隆四十三年戊戌岁重建"，可知牌坊于清代中期曾经倒塌并重建；该牌坊保存完好、装饰精美，多处碑刻保留大量建坊的历史信息，现为广东省文物保护单位。

目前牌坊结构现状稳定，无明显病害，所处环境处于围蔽管理范围，平日稀见人迹。据文物管理方九江镇文化发展中心工作人员介绍，牌坊管理以村民日常维护为主，相关干部作定期巡查，定期清除覆盖植被。牌坊所在位置，过去是自下西村通往翘南村的河涌码头前，故所在位置曾是当地水陆繁忙之处。据实地访谈所知，立坊人朱让不仅是"九江先生"朱次琦的祖上名宦，也是明末"岭南三忠"之一陈子壮的外公，此牌坊对九江文化历史及地方社会人文关系具有特殊意义。

图4　良二千石牌坊

（9）慈悲宫牌坊。位于南海区九江镇下西村，建于明万历年间，1992年曾作修葺。牌坊为歇山顶四柱三间三楼式牌坊，砖石混合结构，主要采用灰沉积岩石制作，斗栱结构及部分装饰构件采用青砖雕制，十分少见；现址坐西北向东南，三间面阔4.3m，进深1.47m。牌坊额枋正面刻有"善应诸方"四字，背面刻"觉地"两字，是慈悲宫建筑空间的构筑部分。该牌坊的砖雕斗栱结构制作精良，具有较高的历史和艺术价值，牌坊现为广东省文物保护单位。

目前牌坊结构现状较稳定，因其处于宫庙室内，较少受到外部风雨的直接影响，存在问题是部分抱鼓石表面风化、剥落情况较突出。牌坊所在宫庙的位置，介于翘南村（明代探花陈子壮家乡）和下西村（清代大儒朱次琦故乡）之间，历史上一直是周边村民从事信俗活动的重要场所，香火鼎盛。

（10）贞烈牌坊。位于南海区丹灶镇苏坑村，建于清康熙丙寅年（1686）。牌坊作登记时已为残缺的历史状态，原有形制结构不明，现存结构为两柱单间牌坊，全石质结构，主要采用灰沉积岩石制作；现址坐南向北，三间面阔3.44m，进深1.5m。牌坊额枋正面刻"贞烈"二字，背面阴刻立坊人事略，是为旌表南海磻溪堡苏坑乡民黄志麟妻梁氏而建；整座牌坊虽形制结构不全，但保留立坊人的信息较为完好，具有佐证地方历史的价值，现为佛山市文物保护单位。

目前牌坊结构现状较稳定，外观所见有露天风化所致的岩层剥落及开裂等情况，建议及时开展材质表层的病害检查。据文物管理方丹灶镇文化发展中心工作人员介绍，牌坊管理以村民日常维护为主，相关干部作定期巡查，定期清除覆盖植被。牌坊所在位置是苏坑村出口的开阔处，过去是民众交通往来必经之地。据实地访谈所知，立坊人梁氏传说是明末三水尧邓乡人，其夫病故后，事媚姑九年如一日，孝节两全，年未三十而卒。然而牌坊背面的立坊人信息，因字迹模糊，较难辨认，建议及时传拓，保存史料。

（11）节孝牌坊。位于南海区丹灶镇石桥村西侧通道处，建于清乾隆二十八年（1763）。牌坊被一棵老榕树所缠绕，导致结构变形、部分构件脱落受损，次间最为严重。从残存可见，推测牌坊原为歇山顶四柱三间牌楼，全石质结构，主要采用花岗岩石制作；现址坐南向北，面阔不详，进深1.4m。牌坊的额枋正面刻"节孝"二字，依稀可见两侧雕刻的天官形象；背面有文字"乾隆二十八年十二月十九日……"等信息，牌坊是为旌表石桥村乡民李姓先人之妻节孝双全而建，相传过去一学士高中举人，得知其师（石桥村人）年轻早逝，师母一直未改嫁，为纪念恩师、表彰师母的贞节，特建此节孝牌坊。

目前牌坊被登记为丹灶镇文化遗迹点，其结构现状欠佳，外观所见有风化侵蚀、结构变形及部分构件脱落受损等情况，建议及早展开针对性的修复保护措施。牌坊的所在位置为石桥村旧村中部的西南侧，是村内居民进出的交通要道，可通往北面河岸的水上码头及南面的内陆墟集。

图5　慈悲宫牌坊

（12）**东方百龄人瑞牌楼**。位于南海区西樵镇东方村，建于清乾隆己酉年（1789）。牌楼为歇山顶三间三楼式牌楼，砖石混合结构，构件制作采用灰沉积岩石和花岗岩石，斗栱结构采用青砖雕制，檐顶采用灰塑装饰，甚为少见；现址坐西向东，三间面阔11.6m，进深不详。牌楼明间以花岗岩石砌筑大门，上置花岗岩石额匾横刻"百龄人瑞"，左右两侧以灰沉积岩石雕福寿双星，上接灰沉积岩石所刻"圣旨"二字；明次间为砖砌斗栱结构承瓦面，其余墙面均为砖砌，与后接的建筑物连成一体，兼具门楼功能。牌楼是为旌表东方村百岁老人陈朗忠所建，据清同治《南海县志》载，陈朗忠享寿102岁，这是南海地区目前保留较完整的寿星牌楼之一。

目前牌坊结构现状稳定，无明显病害。牌坊所在位置是东方村的高地，面向进出村庄的水陆两路交汇位置。

（13）**第弎洞天牌坊**。位于南海区西樵山白云洞风景区的白云故道上，始建于清乾隆年间，咸丰八年（1858）重修。牌坊为两柱单间冲天式牌坊，全石质结构，主要采用花岗岩石制作；现址坐东向西，单间面阔2.94m，进深1.88m。牌坊额枋正面刻"第弎洞天"四字，两柱阴刻黎简所书的"千重云气排丹阙，万古泉声护洞门"联，现为广东省文物保护单位。

目前牌坊结构现状稳定，无明显病害，所处环境是西樵山风景区的主要通道，多有游客登山出入。牌坊所在位置是历史上云泉仙馆的下山主道，是过去上山香客、祭扫祖陵民众和闲游野趣的宦绅们的必经之道。由于作为公共景区开发较早，牌坊周边虽无村民父老就近访问，但从柱身所刻的重修信息（清道光年间新会善信重修）可知，此牌坊反映了西樵山丰富的人文历史，与岭南地区理学传播、信俗社会发展有紧密联系，山上文物遗存及其铭刻信息有待系统整理、研究。

图6　第弎洞天牌坊

（14）**旌表节孝牌坊**。位于南海区九江镇烟南村，建于清道光元年（1821）。牌坊为四柱三间冲天式牌坊，全石质结构，主要采用花岗岩石制作；现址坐西向东，三间面阔6.95m，进深1.7m。牌坊正面枋额刻"旌表节孝""道光元年六月为处士何蕴斯之妻节妇何程氏建"，是为旌表烟南村何蕴斯之妻程氏节孝、由其夫弟清乾隆年间进士何文绮奏请而建；该牌坊反映了地方功名人士领衔的乡村士绅阶层与清代地方社会教化活动的紧密关系，现为佛山市文物保护单位。

目前牌坊结构现状稳定，外观所见个别抱鼓石构件曾在历史的修缮中更换，个别构件局部崩缺有历史的修补痕迹。牌坊所在位置是烟南村的沿河主要干道，处于北面何氏大宗祠与南面何氏某房宗祠之间的通道上，是何氏族人祭祀、文教及生活的必经之路。

（15）上林樵岭南来第一门牌坊。位于南海区丹灶镇上林村，建于清咸丰五年（1855），光绪□□年重修。牌坊为两柱单间牌坊，全石质结构，主要采用花岗岩石制作；现址坐西北向东南，单间面阔3.2m，进深1.2m。牌坊额枋正面刻"樵岭南来第一门"，背刻"春满上林"，为上林村清咸丰年间榜眼林彭年的父亲林岳兴所建，整座牌坊保存较为完好，石刻书法精美。

目前牌坊结构现状稳定，外观所见仅柱顶部有残损，其他无明显病害。牌坊所在位置，过去是西樵方面民众进入上林村的第一个道路标志物，故所谓"樵岭南来第一门"。该路段是历史上丹灶地区与西樵地区的主要陆路交往通道，见证了两地之间农贸经营与人文往来的繁盛，对研究西樵及其与周边人文社会发展关系有重要意义。

（16）海边旌表节孝牌坊。位于南海区西樵镇海边村，建于清光绪丁酉年（1897）。牌坊为四柱三间冲天式牌坊，全石质结构，主要采用花岗岩石制作；现址坐西北向东南，三间面阔6.95m，进深1.7m。牌坊明间两额匾，上为竖刻"圣旨"，下为横刻"旌表节孝"，是为旌表海边村乡民梁有志妻谭氏节孝双全、抚育有为而建，其子即该村光绪年间进士梁志文，反映了建坊旌表是清代官方对民间具有良好道德品质，且在抚育后代方面有成就的女性的表彰形式之一。

目前牌坊结构现状稳定，无明显病害。牌坊所在位置是海边村历史上的进出码头岸边，过去的水上交通十分繁忙。

（17）西桥文明牌坊。位于南海区九江镇西桥村，建于清代。牌坊为四柱三间冲天式牌坊，全石质结构，主要采用花岗岩石制作；现址坐南向北，三间面阔5.06m，进深0.3m。牌坊额枋正面刻"文明"，背面刻"观象通乾"四个大字。牌坊原是九江西桥书院的前牌坊，今仍见保存的二步石级，对研究清代岭南地区书院文化及建筑有一定历史和科学价值。

目前牌坊结构现状稳定，无明显病害。牌坊所在位置是当地居民社区出入路口旁，其北面不远处即内河涌，过去是临近河岸埠头的上岸位置，自此朝南通往书院、民居等地。从柱身的门铰安装部位可知，该牌坊原作坊门使用。据实地观察调查得悉，周边曾有水南书院、西桥书院等书塾院舍集聚，可想象过去九江地区的生活富足程度。

（18）贞女遗芳牌坊。位于顺德区龙江镇贞女桥上，始建于明嘉靖二十八年（1549），属于广东省文物保护单位——贞女桥的重要组成部分。牌坊为两柱单间冲天式牌坊，全石质结构，主要采用灰沉积岩石制作；现址坐东向西，三间面阔2.53m，进深0.43m。牌坊额枋正面刻"贞女遗芳"，背面刻年款信息，柱身刻题字"贞忠义行无能并　古往今来第一人"，并有落款"三部尚书湛甘泉题"。该牌坊建于宋嘉定八年（1215）吴妙静捐建的贞女桥西侧，由明代地方官员及本地名望士绅参与兴建、题款，以为纪念南宋贞女吴妙静而建，曾于康熙二十九年（1690）重修。虽然牌坊形制单一，规模较小，但题刻信息反映了地方官员及士绅的重视，旌表之举有加大宣扬的效果。

目前牌坊结构现状较稳定，除部分构件曾作历史修缮、更换外，外观可见构件表层发黑和风化侵蚀等现象，款识信息因风化严重，逐渐消失。其他无明显病害。牌坊所在位置现为公园，但据地方文史工作者介绍，贞女桥衔接了当地龙山乡与龙江乡两个人口定居大乡，所在位置至十数年前仍是两地间的主要交通要道。贞女桥及其牌坊设置的位置，说明了在南宋时期以后顺德龙江地区的经贸交通需求非常大，两个当地社区的交流十分密切。

图7　贞女遗芳牌坊

（19）**累朝恩宠牌坊**。位于顺德区乐从镇小布村，建于明代。牌坊作登记时已为残缺的历史状态，原有形制结构未能完全反映；正面抱鼓石夹护已基本缺失，仅剩背面抱鼓石，且额枋、柱顶和柱侧装饰均已不存。牌坊现为四柱三间牌坊，全石质结构，主要采用灰沉积岩石制作；现址坐东南向西北，三间面阔9.8m，进深1.38m。牌坊额枋正面刻"累朝恩宠"，是为旌表、纪念小布村何球一家三代多人以举人出仕而建，与常见表彰节孝、百岁高寿等主题不同，有关题材是现今保存较少的明代牌坊种类。

目前牌坊结构现状一般，外观所见有风化侵蚀及开裂等情况，建议及时开展材质表层的病害检查。牌坊的所在位置，过去是小布村及其周边村庄通往佛山，及西至梧州、东至广州大沙头的主要交通码头，是东平河道南北两岸往来的交通要点，十分繁忙。该码头至2000年初才取消使用。

据地方干部反映，牌坊在20世纪七八十年代仍见额枋，后跌落损毁；90年代曾有堆沙场短暂设于此地，时人担心牌坊右侧两柱不稳，故建筑今所见的高台予以加固，后沙场取消，遂如现状至今。牌坊南侧未有堤围时，曾有一专祠祭拜，应与其有关。牌坊为何，具体何人而建至今缺乏资料，当地民众普遍认为与何氏宗族自宋明以来取得的累世功名有关。

（20）**冯氏贞节坊**。位于顺德区北滘镇林头村，建于清康熙三十七年（1698）。牌坊为歇山顶四柱三间三楼式牌楼，全石质结构，主要采用红砂岩石制作；现址坐西向东，三间面阔8.35m，进深2.41m。牌坊明楼中悬"圣旨"牌匾，额枋正、背面阳刻"贞节"，前后装饰构件雕刻内容丰富、精细；牌坊为旌表当地乡民梁林建妻冯氏而建，是顺德现存制作最为精细的明代牌坊，现为佛山市文物保护单位。

目前牌坊结构现状稳定，存在个别雀替构件的历史缺失及建筑构件表层风化侵蚀，无明显病害。牌坊所在位置是旧林头墟通往北侧北滘墟及某姓大族村落的水、陆通道，周边未见清代及更早古建筑。今所见位置是林头村冯氏村民（冯氏的所属家族后人）生活区域，其坐落位置或与彰显梁姓荣耀、照顾冯氏家族有关。

图 8　累朝恩宠牌坊

（21）**百岁坊**。位于顺德区杏坛镇古朗村，建于清乾隆十七年（1752）。牌坊为歇山顶四柱三间三楼式牌楼，现为红砂岩石、灰沉积岩石和花岗岩石混合结构，全石质结构，构件制作主要使用红砂岩石、灰沉积岩石和花岗岩石；现址坐北向南，三间面阔 4.17m，进深 1.4m。原为红砂岩和灰沉积岩质，历史上重修时加入花岗岩。牌坊正面悬"圣旨"牌匾，匾下额枋刻"贞寿之门""百岁坊"；背面置"恩荣"牌匾，匾下额枋刻梁氏生卒和赏赐情况。牌坊为古朗伍氏家族伍得觉妻梁氏 101 岁寿终而建，有较高的民俗研究价值，现为佛山市文物保护单位。

目前牌坊结构现状稳定，红砂岩构件风化侵蚀现象相对明显，开间楼顶及红砂岩石质构件表层发黑较为突出。牌坊所在位置处于古朗村内主要交通水道的东北岸，该水道为三岔水口，是村内梁氏家族（梁氏的所属家族）、伍氏家族之间重要的水路交通交汇处，能充分地彰显两家族的荣耀，发挥旌表节孝之宣传作用。

另一方面，牌坊因修筑时采用不同的石质，可清晰分辨其原状与历史修缮的区别，主要反映为后世对牌坊梁柱构件的更换替补，并采用了另一种石材。这种修缮方式在目前佛山地区遗存牌坊内并不多见。此外，梁氏生平等内容的阴刻文字较浅且不规整，是否为后人补刻仍待考证；但其信息翔实、款识清晰，具有较高的史料价值。

（22）节孝坊。位于顺德区杏坛镇古朗村。建于清嘉庆三年（1798）。牌坊为歇山顶四柱三间三楼式牌楼，全石质结构，主要采用花岗岩石制作；现址坐西北向东南，三间面阔4.11m，进深1.6m。牌坊明间正反两面檐下分别置"圣旨""恩荣"石匾，额枋正面刻"节孝"，背面刻"奕世流芳"。牌坊为古朗村伍氏家族族人节妇林氏而建，是顺德保存较好的石牌坊，现为佛山市文物保护单位。

目前牌坊结构现状稳定，存在历史修补痕迹，无其他明显病害。牌坊所在位置处于古朗村内主要交通水道的西南岸，该水道为三岔水口，是村内梁氏家族（梁氏的所属家族）、伍氏家族之间重要的水路交通交汇处，作用与21号百岁坊相似。

（23）贞烈可嘉牌坊。位于顺德区容桂街道四基社区，建于清道光十七年（1837）。牌坊为四柱三间冲天式牌坊，全石质结构，主要采用花岗岩石制作；现址坐西向东，三间面阔5.3m，进深1.48m。牌坊明间中置"圣旨"石匾，额枋正面刻"贞烈可嘉"，明间柱上刻"张源盛造"款。牌坊为纪念未婚死节的烈女即乡民林信文之女而建，后原有林烈女墓，现存花岗岩石碑，上刻"钦旌林烈女坟"，立坊人事迹在清咸丰、民国版《顺德县志》中有详细记载。

目前牌坊结构现状较稳定，因历史原因，牌坊的雀替、抱鼓石等稳定结构件基本缺失，建议加强防倾倒措施。牌坊所在位置处于一山岗北面东侧边沿，距离该位置的西北侧不远处，过去是四基地区周边村落居民联络外部、进出贸易的水上交通码头，牌坊位置正处在村落通往码头的主要通道旁。

（24）升平人瑞坊。位于顺德区杏坛镇上地村，建于清同治六年（1867）。为旌表何大宽百寿而立。牌坊为四柱三间冲天式牌坊，全石质结构，主要采用花岗岩石制作；现址坐西北向东南，三间面阔4.53m，进深1.49m。牌坊明楼中悬"圣旨"石匾，正面额枋刻"升平人瑞"。牌坊为旌表上地村何氏家族族人、文林郎何大宽百寿而建，形制基本完整、风格简约，现为佛山市文物保护单位。

目前牌坊结构现状稳定，存在历史修补痕迹，无其他明显病害。牌坊所在位置，处于上地村何氏族人前往杏坛地区大墟的主要水道的北岸码头旁，同时是周边居民前往其东侧上地村何氏宗祠前草市圩集的必经之处。过去，牌坊北侧建有何氏族人家祠建筑，以纪念何大宽，1949年以后作为学校使用，后拆毁。

（25）仁寿坊。位于三水区西南街道河口社区，建于明万历四十二年（1614），重建于清光绪十五年（1889）。牌坊为四柱三间冲天式牌坊，全石质结构，主要采用花岗岩石制作；现址坐西北向东南，三间面阔7.4m，进深1.37m。牌坊额枋正面刻"仁寿坊"，两侧刻有立坊记事。明万历年间三水知县闵之闻，经本地父老、名流推荐，上报已故百岁老人李开，为其报请旌表建坊，为之作"李开仁寿坊记"。后原坊塌毁，李开后人于清光绪十五年重建。

目前牌坊结构现状稳定，近年牌坊左侧曾被汽车撞击，导致左次间受损严重，部分构件重新更换。虽存在构件历史损伤及风化侵蚀，无明显病害。牌坊所在位置，历史上是三水故县城南北主要干道交汇处，来往人口稠密、交通繁忙，西侧是故县衙旧址所在。但如今原有建筑环境已不存，位置仍为乡镇道路交汇处，往来车辆较多，存在一定的安全隐患。

（26）百岁流芳牌坊。位于三水区乐平镇汉塘村，建于乾隆三年（1738），道光十年（1830）重修。牌坊为四柱三间冲天式牌坊，全石质结构，主要采用花岗岩石制作；现址坐西向东，三间面阔7.8m，进深1.5m。牌坊明间正面中悬"圣旨"额匾，额枋正面刻"百岁流芳"，背面刻"九重宠眷"；牌坊为旌表汉塘村刘氏家族百岁老人刘洪德而建，是三水地区百岁寿庆牌坊类型中的代表。

目前牌坊结构现状稳定，无明显病害。牌坊原址在汉塘村东北侧进出通道上，后或因历史上修筑新的刘氏大宗祠的缘故，牌坊迁移至现址（旧大宗祠前），其间牌坊上的"圣旨"石额曾因此丢失。近十数年刘氏族人在牌坊前水塘填土时发现"圣旨"石额，遂以水泥重装，维持至今。

（27）**禹门牌坊**。现位于三水区芦苞镇刘寨村，建于清嘉庆十五年（1810）。牌坊为四柱三间冲天式牌坊，全石质结构，主要采用花岗岩石制作；现址坐东南向西北，三间面阔6.97m，进深1.83m。牌坊明间额枋正面刻"禹门"，背面刻"万派朝宗"，立柱作华表形态，造型精美、装饰精致。该牌坊原是芦苞社学所属牌坊，用以社学建筑范围的空间分隔，同时是具有纪念性意义的建筑单体；其形制保存完好，造型精美，现为广东省文物保护单位胥江祖庙的重要组成部分。

目前牌坊结构现状较稳定，外观可见构件表层发黑和风化侵蚀等现象，其他无明显病害。20世纪80年代起因沿北江河岸居民搬迁，牌坊迁建至芦苞祖庙池塘前重立，之后从未经过修缮。2023年初，三水地区两次地震，牌坊右侧两柱抱鼓石出现松脱，局部结构状态不稳定，建议及早展开针对性处理。牌坊所在位置，原在芦苞镇水角头的旧芦苞社学前，即在芦苞祖庙西南侧、北江大堤外的故武当码头旁，当冲于芦苞旧圩与码头的主道上，是三水地区书院文化、社学建筑的组成部分之一。

图9 禹门牌坊

（28）**黉宫青云门**。位于高明区明城镇明城小学（旧址）内，建于明成化十五年（1479）。牌楼作登记时已为残缺的历史状态，原有形制结构未能完全反映；正背面抱鼓石夹护已基本缺失，柱顶、雀替和柱侧装饰均已不存。牌楼为四柱三间牌楼，全石质结构（具体石质有待进一步研究）；现址坐东南向西北，三间面宽5.88m，进深0.32m。牌楼额枋正面刻"青云"二字，牌楼实为明代高明学宫"黉宫"的东侧门楼，古称"礼门"。清康熙年间学宫修葺扩展，礼门遂改为"青云门"。原正门东西两侧各有一牌楼，1940年8月黉宫遭日本飞机轰炸，1948年又遭火灾，黉宫建筑群现已不存，西侧牌楼也遭毁坏，今余东侧的青云门。历史上，黉宫建置后共修葺十四次，明末清初曾毁于战乱，清顺治八年（1651）重修。结合青云门结构现状，初步判断如今遗构应是清初康熙年间的结构框架。

目前牌楼结构现状稳定，虽存在构件历史缺失及建筑构件表层风化侵蚀，无明显病害。牌楼现时所在位置逼仄，原有建筑环境已不存，未能体现其功能属性；但从柱身的门铰安装部位可知，该牌坊原作坊门使用。现场观察所见，额枋石质与立柱等不同，应为后期修缮所补，柱顶装饰、抱鼓石、雀替等构件基本无存。

（三）发现：建于文物古建筑群内的牌坊（楼）类型建筑

第一阶段调查中，项目组偶然注意到调查计划外、附属于文物古建筑内的牌坊（楼）类型建筑的存在，以下是对禅城区霍氏古祠堂建筑群内牌坊类型建筑的调查整理。

霍氏古祠堂建筑群位于佛山市禅城区澜石街道石头村，是一组四座祠堂并排分布的古建筑群，从南至北依次为"霍勉斋公家庙""椿林霍公祠""石头霍氏家庙"和"霍文敏公家庙"（即石头书院）。古建筑群最早始建于明嘉靖四年（1525），清嘉庆年间重修，是佛山市现存规模较大、保存较好的祠堂建筑，具有较高的历史研究价值和艺术价值，现为广东省文物保护单位。

上述四座祠堂内，共保留了3座牌坊（楼）建筑，这是项目组在第一阶段调查中的意外发现，并未在调查考察预期内。经进一步调查，这类附属于古建筑内的牌坊类型，在佛山地区宗族祠堂内并不少见，属于一定历史时期的常见做法，目前至少尚有20多处，附属于《佛山市不可移动文物名录》登记的文物古建筑内。为了更全面地考察佛山地区明清时期牌坊建筑的种类、形制与功能，以下补充3座牌坊（楼）的信息如下：

（29）容台俨若牌楼。位于广东省文物保护单位霍文敏公家庙内，始建于清康熙中期，重修于清嘉庆年间。牌楼为歇山顶三间三楼式牌楼，砖石混合结构，主体以青砖砌成，正背面额枋以花岗岩石制作，檐顶及部分装饰构件采用灰塑装饰；现址坐西向东，三间面阔2.54m，进深0.5m。额枋正面刻"容台俨若"，背面刻"宗伯流芳"。

该牌楼竖立于霍文敏公家庙内，起空间分隔作用，结合额枋文字信息看，是为纪念明代霍氏家族身居内阁、领衔礼部、力主朝廷礼仪的宗族名人霍韬而建。据额枋的年款信息，石额枋分别完成于清康熙甲子年（二十三年，即1684年）和康熙丁亥年（四十六年，即1707年）。石额原属建筑是否为传统认知的石牌坊，或即今所见的砖石牌楼，已不可知；但家庙虽始建于明嘉靖四年（1525），却历经数次重修，牌楼可能以砖石结构重建于清嘉庆年间的家庙重修。目前，牌坊保存状况良好。

牌楼所在霍文敏公家庙，明代一度改为石头书院，是明清时期佛山地区较为有名的教育场所。现场不仅保留题有"石头书院"的石额，相关文献记载十分丰富。石头书院始建于明嘉靖四年（1525），是霍韬为其乡族人教育建立的设施，后祀霍韬的专祠未建成，遂以此书院为其祠。

图10 容台俨若牌楼

（30）祖孙父子兄弟伯侄乡贤牌坊。位于广东省文物保护单位椿林霍公祠内，应建于清光绪八年（1882）（该祠始建于同年）。牌坊为四柱三间冲天式牌坊，全石质结构，主要采用花岗岩石制作；现址坐西向东，三间面阔宽7.06m，进深1.88m。牌坊额枋正面刻"祖孙　父子　兄弟　伯侄　乡贤"，背面刻"文章经济"，枋下均有小巧的浮雕雀替。

该牌坊树立于椿林霍公祠内，一定程度上起到空间分隔作用，但结合额枋文字信息看，牌坊实为旌表家族子弟所取得的科甲功名与荣誉，同时是在特定建筑单位内，对特定人群发挥鼓励文教、宣扬榜样作用的标志性建筑。目前，牌坊保存状况良好。

图11 祖孙父子兄弟伯侄乡贤牌坊

（31）**忠义节烈之家牌坊**。位于广东省文物保护单位石头霍氏家庙内，可能建于清光绪八年（1882）前后。牌坊为四柱三间冲天式牌坊，全石质结构，主要采用花岗岩石制作；现址坐西向东，三间面阔宽8.41m，进深1.83m。牌坊额枋正面刻"忠义节烈之家"，背面刻"硕辅名儒"，其形制、用材等多方面，与祖孙父子兄弟伯侄乡贤牌坊基本相同。

该牌坊竖立于石头霍氏家庙内，同样起空间分隔作用，但结合额枋文字信息看，牌坊是为纪念清初康熙年间，霍氏家族中一位前明遗官霍某与合家九人坚持死节（其墓在家庙后山岗上）的事迹而建。家庙虽始建于明嘉靖四年（1525），但在清康熙、乾隆、嘉庆和光绪年间均历经重修，结合牌坊与祖孙父子兄弟伯侄乡贤牌坊的高度相似性，牌坊所立年代或与祖孙父子兄弟伯侄乡贤牌坊相当。目前，牌坊保存状况良好。

以上3座牌坊（楼）虽然采用了牌坊或牌楼的单体建筑形制，但同时又与宗祠建筑紧密相连，成为其建筑空间的重要组成部分，在特定空间内面向特定人群（某姓宗族成员）起到纪念、教化与宣扬的社会功能。三座牌坊（楼）的题材内容往往具有家族纪念性质，倾向于宣扬宗族先辈荣耀，或起鼓励家族后学之意，与公共空间的牌坊建筑的主题有明显分野。同样需要注意的是，构筑在城乡社区公共建筑物或公共祭祀场所内的牌坊（楼）类型建筑，也会因其所在机构的社会功能，而产生不同的题材内容差别。因此，从建筑学作用和社会功能的影响范围看，这些牌坊（楼）类型建筑都明显区别于构筑在城乡社区公共空间的牌坊、牌楼，应该补充为调查研究中的重要调查对象。

得益于附属在特定社会组织（如华南宗族）的功能性建筑物内，上述牌坊（楼）类型建筑显然得到了更好的维护与管理。根据与霍氏家族后人访谈所知，"霍文敏公家庙"东北侧距离不足100m的村内公共通道上，曾有一处规模宏大、雕琢精美的石牌坊，但由于历史原因，20世纪六七十年代已被推倒毁坏；相比之下，由于以上三座牌坊（楼）处于特殊的宗祠建筑内，族人保护意识亦更强一些。事实上，第一阶段调查中，项目组了解到仅少数岭南古牌坊被整体迁建至博物馆，得到妥善保护，城乡公共空间里竖立的多数牌坊，或损于天灾，或毁于人祸。根据补充统计，附属于不可移动文物内、尚未进行实地调查的佛山地区明清时期牌坊（楼）类型建筑仍有20多处。

四　阶段性小结

通过2023年6月至7月共6次外出实地调查，项目组圆满完成了研究课题的第一阶段调查，对31处明清牌坊建筑完成了基本建筑测量及保护现状考察，结合社区访谈和历史文献查询，对佛山地区明清时期牌坊建筑的保存与保护概况形成了基本认识。必须注意到，在利用前次不可移动文物普查资料时，因第三次不可移动文物普查已时隔10年多了，有关牌坊建筑的保存环境和本体现状，普遍较10年前多有变化，加之当年各区普查团队对文物的认知不一，关于牌坊建筑的结构、形制、尺寸记录和装饰技艺等记录与描述上，时有用词、定义不一和必要描述不足的情况。这并不利于项目组对佛山地区明清时期牌坊建筑概况构建系统的认知，直接关系到后续衍生研究的一致性与延续性要求。

本报告在第三部分"佛山地区牌坊建筑概况整理与调查记录"中，系统梳理了第一阶段调查对象之基本信息，并对保存现状做必要的观察记录。通过有关工作，项目组对佛山地区明清时期牌坊建筑的结构、形制、装饰艺术、社会功能及保护利用构建系统认识，并调整表达差异、划一描述，为开展后续研究奠定了基础。更重要的是，基于第一阶段调查搜集的资料及其间综合的新认识，为更好地摸清佛山地区明清牌坊建筑的实际分布、种类数量，进一步探讨特定地区牌坊建筑反映的规律问题，项目组计划扩大项目调查对象的范围，把附属于文物古建筑内的牌坊（楼）类型建筑纳入第二期调查工作。接下来的调查工作，项目组计划对佛山地区20多处明清时期牌坊（楼）类型建筑继续完成实地调查，本次研究课题的明清牌坊建筑调查对象数量，将达至50多处。

因此，第一阶段调查总结的新认识，是加强后续阶段调查工作深度和广度的重要依据，有助于指明研究课题的主要成果方向。综上建筑调查概况及现状记录（详见本报告后附表——佛山地区明清时期牌坊建筑调查信息表），本项目第一阶段调查总结以下三个新认识。

（一）有必要完善牌坊保存保护现状调查，及时提出保护利用建议

1. 认识情况。第一阶段调查发现，31处列入不可移动文物名录或被登记为文物遗迹的明清时期牌坊建筑，保存保护现状普遍良好，能得到各级地方文物管理单位的妥善保护。部分保存环境有必要继续改进，应针对文物本体现状及时介入，展开如病害分析调查等工作，以期做好预防性的文物保护工作。

应注意牌坊数据的分布情况：

（1）从牌坊修建的年代属性而言，登记为明代牌坊建筑11处，其中登记具体修建年代者10处，63%（7处）集中在1549年以后，明中后期修建；登记为清代牌坊建筑20处，其中登记具体修建年代者19处，95%（19处）集中在清康熙时期后修建，建于18世纪的（9处，45%）与建于19世纪的（8处，40%）数量接近。明代牌坊的保存数量虽与地方历史上的人类生活生产紧密相关，但结合岭南地区古建筑遗存反映的结构用材特征（从土木利用到砖石流行），不难想象遗存至今的牌坊建筑何以集中在明中后期。进而窥见，清代牌坊修建诚属盛行之举。

（2）基于现时行政地域考察牌坊的历史分布，调查现存牌坊建筑以南海区数量最多，共11处（35%），其余为禅城区8处（26%）、顺德区8处（26%）[1]、三水区3处（10%）和高明区1处（3%）。这一保存现状，侧面反映了历史上佛山地区各区县的人口与社区发展状况。纵观南北两地的古牌坊建筑保存丰富的地域，

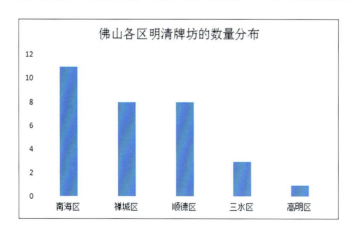

图12　佛山市各区明清牌坊的数量分布

牌坊建筑的修建数量，一定程度上与当地社会的城镇化程度（社会富裕水平与公共事务的复杂性）、宗族社区的礼教发展程度（儒教礼仪与文化的发展）及地方科举文化事业的繁盛（科举功名人物鹊起辈出）存在正比例的关系。有关分布数据也反映了历史上佛山各地区的社会文化发展面貌，牵涉到其发展中遭遇的社会事件影响。

下一阶段工作需要完善对牌坊（楼）类别建筑的保存保护现状调查，以期综合整理、及时提出牌坊建筑的保护利用建议。

[1]　其1处"节孝流芳牌坊"历史上修建于今顺德区龙江镇，1975年迁建至禅城区的佛山市祖庙博物馆内。本着尊重历史的原则，此处统计纳入顺德地域。

明代牌坊建筑
清代牌坊建筑

图13　佛山地区明清时期牌坊建筑的地域分布

2.工作意义。其一，开展以佛山地区明清时期牌坊建筑为研究对象的特定区域建筑类型研究，有助于纵向拓展明清岭南古建筑研究领域的新视野。其二，界定佛山地区明清时期牌坊建筑为研究案例，理念统一地综述其结构、形制、装饰艺术、社会功能及保护利用情况，是构建其研究体系的基础工作，关系到后续衍生研究的一致性与延续性要求。其三，完成专门调查之余，需要及时地反映文物保存环境的变化，针对保护现状提供参考意见，助力佛山文物古建筑保护工作。

3.具体措施。补充完成对附属于文物古建筑内的牌坊（楼）类型建筑的保护现状调查，尤应注意文物古建筑修建时间、修缮重建时间与内部单体建筑修建时间的差别，结合调查搜集信息及第一阶段调查整理结果，统一梳理佛山地区明清时期牌坊建筑的基本文物信息，更新保存环境的考察意见，及时提出保护利用建议，需形成专题报告一份。

（二）有必要理清牌坊建筑的区域性特征，拓展人文历史研究维度

1.认识情况。第一阶段调查发现，31处明清时期牌坊建筑在建筑形制、空间尺寸和材质属性等基本信息上，存在划定标准不一、文物认知差异和界定性质参差不齐等现象，因此项目组在利用既有的文物普查资料时，保持谨慎考辨之态度，结合实地调查核实前人描述之准确性，继而在整理中统一界定牌坊建筑形制、尺寸与材质的陈述。

此过程中，现存牌坊建筑在建筑形制与材质应用方面的时代特征、地域特征突出。

一，特定建筑形制分布的时代特征与地域特征。现存牌坊建筑的建筑形制大致可分为牌楼式与牌坊式两种。牌楼式如庑殿顶四柱三间三楼式牌楼、歇山顶四柱三间三楼式牌楼，牌坊式集中表现为四柱三间冲天式牌坊，两者的最大差别在于开间有无楼式结构。

其中，牌楼式建筑为16处（占比约52%，包括如今原有形制结构残损或不明，但遗存可反映为牌楼者），明清两代各占8处，达81%，集中分布在明嘉靖至清乾隆时期；空间上主要分布在今禅城（7处）、南海（5处）与顺德（4处）。牌坊式建筑为15处（占比约48%，包括如今原有形制结构残损或不明，但遗存可反映为牌坊者），明代3处、清代12处，清代部分中58%集中分布在清中后期（道光以后）；空间上主要分布在今南海（6处）、顺德（4处）、三水（3处）。

表1　牌楼式建筑与牌坊式建筑的地域分布

总数量（31处）	禅城（8处）	南海（11处）	顺德（8处）	三水（3处）	高明（1处）
牌楼式建筑（16处）	6	5	4	0	1
牌坊式建筑（15处）	2	6	4	3	0

以上初期数据肯定了项目组在实地调查中形成的感性认识，即明清时期牌坊建筑的特定形制分布具有明显的时代特征与地域特征，如牌楼式形制集中存在于明后期至清中期之间，清代流行的牌坊式形制集中分布在南海、顺德与三水等地。有关认识需要整合第二阶段调查信息，置于动态的历史时空内审视所凝结的社会变迁与人文变化。

　　　　　　　　　　　　　　　　　　　　　　　　　　🏠 明代牌坊建筑
　　　　　　　　　　　　　　　　　　　　　　　　　　🏠 清代牌坊建筑

图14　南海西樵、九江及顺德龙江、杏坛等地是目前佛山古牌坊遗存较集中区域

二，结构材质分布的时代特征。现存牌坊建筑以石牌坊为主，其材质结构可分为单一石质结构与混合材质结构两种。单一石质结构如灰沉积岩石结构、花岗岩石结构，混合材质结构又分多种岩石质混合结构和跨材质混合结构，如灰沉积岩石与青砖混合结构，花岗岩石、木和陶塑混合结构。个别牌坊（楼）存在灰塑装饰，此处仅对之作为装饰工艺观察，并未纳入构筑物材质结构主要组成物的考察范围内。

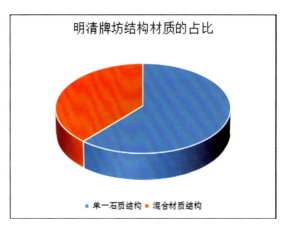

图15 明清牌坊结构材质的占比

其中，单一石质结构为19处（占比约61%），明代4处、清代15处，约79%分布在清代，其中以单一花岗石结构数量最多，计13处，集中分布在清乾隆三年（1738）至光绪丁酉年（1897）。混合材质结构为12处（占比约39%），明代7处、清代5处，约41%集中在明后期（嘉靖、万历与崇祯时期），范围分布在明后期至清中期（最晚至清乾隆己酉年）之间；另一方面，多种岩石质混合结构约占41%，跨材质混合结构约占58%，其空间分布与具体所在地点的水陆交通条件、人口迁徙历史及周边建材产业规模有着紧密联系，需要以考察个案作进一步说明。

表2 牌坊建筑材质组合结构的年代分布

牌坊总数量（31处）	明代	清代
单一石质结构（19处）	4	15
混合材质结构（12处）	7	5

以上初期数据同样肯定了项目组在实地调查中形成的感性认识，即明清时期牌坊建筑的结构材质分布具有明显的时代特征，如混合材质结构的牌坊建筑，集中分布在明后期至清中期之间。有关认识同样需要整合第二阶段调查信息，注意从牌坊建筑的功能构件用材上综合分析形制与材质变化的关系与时代规律，分析发生原因并考辨历史的修缮与重建行为对认识混合材质结构牌坊的影响，讨论特定结构的牌坊建筑之空间分布与周边社会的联系。

2. 工作意义。其一，基于佛山地区明清时期牌坊建筑研究，开展特定区域牌坊建筑历史、保存状态、形制特点与社会风俗演变的记录与调查，是横向拓宽佛山人文历史研究领域的新路径。其二，古代牌坊建筑是少有的具备明确建造纪年、历史信息丰富的纪念性建筑，遗存至今的岭南地区明清牌坊建筑主要用石材建造，通过明清牌坊建筑研究，可支持岭南古建筑石材应用的相关特征讨论。其三，通过有关石材应用特征研究，进而探讨特征变化与岭南佛山社会的人口迁徙、区域治理与产业发展的互动联系。

3. 具体措施。作为上述认识的基础，31处考察对象的样本量略显不足，故第二阶段补充的调查对象，诚可消除考察样本量不足之弊。其后基于建筑构件用材变化的个案分析及有关岩相分析，对比研究佛山地区明清时期牌坊建筑的年代属性、形制类型与材质组合结构的变化关系，探讨有关区域、时代等特征变化与岭南佛山社会发展的互动机制，需形成专题报告一份。

（三）有必要考察牌坊建筑的分布与功能，探讨岭南地方社会发展

1. 认识情况。第一阶段调查发现，31处明清时期牌坊建筑的具体空间分布有着共同的规律，而社会功能却因所处公共空间的社会关系不同而不同。有关认识及察觉的历史变化趋势，项目组相信与"牌坊建筑作为空间分隔的构筑物功能，更多的情况是转向与公共纪念性建筑物的社会教化功能融为一体"的学界认知是一致的。

一，牌坊建筑的空间分布问题应兼顾具体坐落空间与地方社会的关系。牌坊建筑的空间分布一般要关注广义的、当下的地理上的数量分布问题，因不同地域的牌坊建筑分布地点与数量之关系，往往同样反映了历史上有关地域的社会发育程度、富裕水平与文化繁荣状况，所谓"仓廪实而知礼节"矣。基于调查所建立的认识，立足于相关牌坊建筑分布区域的古今文献信息分析，更可拓展对特定区域的地方社会历史发展的时空认知，可尝试以个案模式讨论佛山地区明清时期牌坊建筑的数量演变与空间分布问题。

另一方面，更应注意牌坊建筑所坐落的具体地域空间，考察其所在位置与当地社会生活生产的关系。这一观点，直接关系到牌坊的社会功能定位：它是作何用，面向什么人群用，宣扬/纪念/教化什么内容。其具体地域空间分布与地方社会的联系，需要基于系列个案考察再做进一步统计、分析及说明。

二，基于地方经验讨论牌坊建筑的社会功能问题。充分认识牌坊建筑与当地社会生活生产的关系之背景下，可尝试以个案模式讨论牌坊建筑的社会功能问题，即其功能作用的空间、受众层级及预期效果。有关内容不仅因公共空间的社会关系不同而不同，同样受地域社会的文化特征所影响。

在第一阶段调查对象的功能定位上，按照牌坊主题内容及功能用途，分为妇女节孝旌表（9处，29%）、建筑空间标志（6处，19%）、百岁高寿旌奖（6处，19%）、贤士功德纪念（6处，19%）、地域空间标志（2处，7%）和家族功名宣扬（2处，7%），共六个类别。功能种类的数量占比，固然说明了历史的社会选择性方向，但如何解读"何以如此"的问题，有关研究需要对特定种类的牌坊建筑的地理分布、坐落空间环境及年代、形制的特点作综合分析，结合人文访谈搜集的历史线索、文献记录，方可条理分明地构建起"何以如此"背后的历史现象分析系统。

2. 工作意义。其一，综合古建筑类型研究与特定区域人文历史研究，探讨牌坊建筑发展与佛山地区人文社会发展规律、特征之联系，侧面实证佛山地方社会发展与岭南文脉传承紧密相连。其二，借由社会史视角拓展岭南古建筑相关研究，为佛山人文历史科研丰富类型建筑研究的横向课题，增强地方社会史研究之当代价值。

3. 具体措施。立足于相关牌坊建筑分布区域的古今文献信息分析，以个案模式讨论佛山地区明清时期牌坊建筑的数量演变与空间分布问题，并结合对牌坊主题属性差别的研究，完成佛山地区明清牌坊建筑的空间分布与社会功能考察，讨论佛山地区牌坊建筑与岭南地方社会发展的联系，需形成专题报告一份。

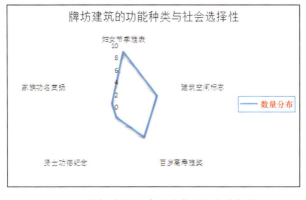

图16 牌坊建筑的功能种类与社会选择性

附表 佛山地区明清时期牌坊建筑调查信息表

（按发现时所属区域及建筑年代先后排序）

[序号29～31为"建于文物古建筑群内的牌坊（楼）类型建筑"区别排序]

序号	名称	时代	地址	建筑形式	材质组合结构	尺寸信息	功能种类
1	灵应牌坊	明景泰二年（1451）	禅城区祖庙街道佛山市祖庙博物馆	庑殿顶十二柱三间四楼式牌楼	花岗岩石、木和陶塑混合结构	面阔10.96m，深4.91m	建筑空间标志
2	褒宠牌坊	明正德十六年（1521）	禅城区佛山市祖庙博物馆	歇山顶四柱三间三楼式牌楼	灰沉积岩石与青砖混合结构	面阔8.11m，进深2.1m	贤士功德纪念（宗族）
3	祖庙牌坊	明天启六年（1626）	禅城区佛山市祖庙博物馆	庑殿顶四柱三间三楼式牌楼	灰沉积岩石与木混合结构	面阔8.82m，深2.49m	贤士功德纪念（宗族）
4	秀丽湖牌坊	明崇祯十年（1637）	禅城区中山公园	庑殿顶四柱三间三楼式牌楼	灰沉积岩石与木混合结构	面阔8.6m，深4.2m	贤士功德纪念（宗族）
5	古洛芷兰牌坊	清康熙后期（约1706—1712年间）	禅城区佛山市祖庙博物馆	歇山顶四柱三间三楼式牌楼	花岗岩石与灰沉积岩石混合结构	面阔4.2m，深1.9m	百岁高寿褒奖
6	节孝流芳牌坊	清乾隆二十五年（1760）	禅城区佛山市祖庙博物馆	歇山顶四柱三间三楼式牌楼	花岗岩石与灰沉积岩石混合结构	面阔7.86m，深1.95m	妇女节孝旌表
7	山南世家仪门建筑	明嘉靖四十四年（1565）	南海区九江镇万安社区	歇山顶四柱三间三楼式牌楼	花岗岩石、红砂岩石混合结构	面阔7.65m，深1.8m	建筑空间标志
8	良二千石牌坊	明万历二十六年（1598）	南海区九江镇下西村	歇山顶四柱三间三楼式牌楼	花岗岩石与灰沉积岩石混合结构	面阔7.44m，深1.67m	贤士功德纪念（宗族）
9	慈悲宫牌坊	明万历年间	南海区九江镇下西村	歇山顶四柱三间三楼式牌楼	灰沉积岩石与青砖混合结构	面阔4.3m，深1.47m	建筑空间标志
10	贞烈牌坊	清康熙年间	南海区丹灶镇苏坑村	原有形制结构不明，现存两柱单间牌坊	灰沉积岩石结构	面阔3.44m，深1.5m	妇女节孝旌表
11	节孝牌坊	清乾隆二十八年（1763）	南海区丹灶镇石桥村	原有形制结构残损，可见为歇山顶四柱三间三楼式牌楼	花岗岩石结构	面阔不详，深1.4m	妇女节孝旌表

续表

序号	名称	时代	地址	建筑形式	材质组合结构	尺寸信息	功能种类
12	东方百龄人瑞牌楼	清乾隆己酉年（1789）	南海区西樵镇东方村	歇山顶三间三楼式牌楼	灰沉积岩石与青砖混合结构	面阔11.6m，进深不详	百岁高寿旌奖
13	第一洞天牌坊	清乾隆年间	南海区西樵山白云洞风景区	两柱单间冲天式牌坊	花岗岩石结构	面阔2.94m，深1.88m	地域空间标志
14	旌表节孝牌坊	清道光元年（1821）	南海区九江镇烟南村	四柱三间冲天式牌坊	花岗岩石结构	面阔6.95m，深1.7m	妇女节孝旌表
15	上林樵岭南来第一门牌坊	清咸丰五年（1855）	南海区丹灶镇上林村	两柱单间牌坊	花岗岩石结构	面阔3.2m，深1.2m	地域空间标志
16	海边旌表节孝牌坊	清光绪丁酉年（1897）	南海区西樵镇海边村	四柱三间冲天式牌坊	花岗岩石结构	面阔6.95m，深1.7m	妇女节孝旌表
17	西桥文明牌坊	清代	南海区九江镇西桥村	四柱三间冲天式牌坊	花岗岩石结构	面阔5.06m，深0.3m	建筑空间标志
18	贞女遗芳牌坊	明嘉靖二十八年（1549）	顺德区龙江镇长路村	两柱单间冲天式牌坊	灰沉积岩石结构	面阔2.53m，深0.43m	妇女节孝旌表
19	累朝恩宠牌坊	明代	顺德区乐从镇小布村	原有形制结构不明，现存四柱三间牌坊	灰沉积岩石结构	面阔9.8m，进深1.38m	家族功名宣扬
20	冯氏贞节坊	清康熙三十七年（1698）	顺德区北滘镇林头村	歇山顶四柱三间三楼式牌楼	红砂岩石结构	面阔8.35m，深2.41m	妇女节孝旌表
21	百岁坊	清乾隆十七年（1752）	顺德区杏坛镇古朗村	歇山顶四柱三间三楼式牌楼	红砂岩石与灰沉积岩石混合结构，重修时加入花岗岩石构件	面阔4.17m，深1.4m	百岁高寿旌奖
22	节孝坊	清嘉庆三年（1798）	顺德区杏坛镇古朗村	歇山顶四柱三间三楼式牌楼	花岗岩石结构	面阔4.11m，深1.6m	妇女节孝旌表
23	贞烈可嘉牌坊	清道光十七年（1837）	顺德区容桂街道四基社区	四柱三间冲天式牌坊	花岗岩石结构	面阔5.3m，进深1.48m	妇女节孝旌表
24	升平人瑞坊	清同治六年（1867）	顺德区杏坛镇上地村	四柱三间冲天式牌坊	花岗岩石结构	面阔4.53m，进深1.49m	百岁高寿旌奖

续表

序号	名称	时代	地址	建筑形式	材质组合结构	尺寸信息	功能种类
25	仁寿坊	明万历四十二年（1614）	三水区西南街道河口社区	四柱三间冲天式牌坊	花岗岩石结构	面阔7.4m，深1.37m	百岁高寿旌奖
26	百岁流芳牌坊	清乾隆三年（1738）	三水区乐平镇汉塘村	四柱三间冲天式牌坊	花岗岩石结构	面阔7.8m，深1.5m	百岁高寿旌奖
27	禹门牌坊	清嘉庆十五年（1810）	三水区芦苞镇水角头的芦苞社学	四柱三间冲天式牌坊	花岗岩石结构	面阔6.97m，深1.83m	建筑空间标志
28	黉宫青云门	明成化十五年（1479）	高明区明城镇明城小学旧址内	原有形制结构不明，现存四柱三间牌楼	岩石材质待定，疑似灰沉积岩	面阔5.88m，深0.32m	建筑空间标志
29	咨台俨若牌楼	清康熙中期	禅城区澜石街道石头村	歇山顶三间三楼式牌楼	花岗岩石与青砖混合结构	面阔2.54m，深0.5m	贤士功德纪念（宗族）
30	祖孙父子兄弟伯侄乡贤牌坊	清光绪八年（1882）	禅城区澜石街道石头村	四柱三间冲天式牌坊	花岗岩石结构	面阔7.06m，深1.88m	家族功名宣场
31	忠义节烈之家牌坊	清光绪八年（1882）	禅城区澜石街道石头村	四柱三间冲天式牌坊	花岗岩石结构	面阔8.41m，深1.83m	贤士功德纪念（宗族）

基于PBL模式"灵应牌坊修缮保护"馆校合作教学设计与实践探索

侯夏娜　徐炳进

一　引言

随着教学改革的深入推进,《全民科学素质行动计划纲要实施方案》着重强调,整合校内外教育资源,建立校内外教学活动场所与学校课程相衔接的有效机制。博物馆已经不仅仅是传统意义上的文物收藏、保存、研究的专业机构,也是提供展示、教育、开放服务的公共文化教学和活动场所。中小学、高职和本科院校在不同层面结合专业课程特点与博物馆等教科研机构开展形式多样的教、学、研活动。"馆校合作"协同育人能有效结合校外博物馆资源,为学生提供更先进和更广阔的学习环境与空间,在多个环节锻炼学生综合能力,落实"知行合一"的教育理念。

在馆校合作开展丰富多样博物馆教育活动的同时也普遍存在一些现实问题:(1)馆校合作中,馆方仅作为场地提供和服务辅助角色,优势特色未充分展现。(2)馆校合作课程教学目标不清晰,学生以被动式听讲为主,缺乏主动性探究。(3)馆校合作课程与学校固有专业课程衔接不够紧密,博物馆资源未充分吸收作为必要的教育形式纳入教学活动。(4)馆学课程成果评估处于基础汇报阶段,有待加强与学校重要级别赛事的关联度作升华。如何更有效利用馆学资源服务于校本课程,如何在馆校课程、企业合作和专业赛事之间找到更紧密的契合点提升馆学课程的质量,这是馆学课程教学设计中的重点和难点所在。

基于此,笔者所在的广州城市职业学院古建筑工程技术专业立足本土地域资源,致力于"以学校为本位的课程"的校本课程建设,积极探索教育资源合作机制。借佛山市祖庙博物馆于2023年灵应牌坊修缮的契机,该院校的古建专业师生与馆方深入合作,进行了一场卓有成效的PBL教学模式实践。学生以古建筑修缮课程为教学基础,引入灵应牌坊实际修缮项目任务为载体,在真实的工作内容与环境下切切实实地感受新时代古建修缮师的技术需求与使命担当。值得一提的是,该课程以"斗栱修缮古法新做"环节参加2023年全国职业院校教学能力比赛,荣获"2023年全国职业院校教学能力比赛一等奖"的佳绩。在职教领域最高级别、最高难度的赛事中取得如此优异的成绩,从另一个侧面肯定了"以馆立校、以赛促教"PBL项目化教学模式的可取之处。本文以此对该教学模式作出回顾和浅析,以期对馆学合作协同育人的教学模式作出有益探索。

二　基于PBL模式（Problem-Based Learning）馆校合作课程的开发

PBL（Problem-Based Learning，项目化学习）是一种强调实践和体验的教学模式，它通过设计和实施一个完整的项目来驱动学习过程，让学生在真实或模拟的情境中应用知识、技能，并发展关键能力。项目化教学强调教学内容与现实生活紧密相连，在实际真实的情境下解决实际问题，学生作为过程的主体，主导项目的进展，教师扮演指导者和支持者的角色。同时，鼓励学生跨学科整合知识和技能，促进知识的融会贯通，并通常以小组形式进行，锻炼沟通协作和团队建设能力。与传统教学方式相比，项目式学习内容具有真实性，更易激发学生的主观能动性和成就感，强调发现问题解决问题的综合实际能力，关注学生在整个项目过程中的成长变化。项目式学习是一种高阶的深度学习，是促进学生核心素养形成的重要途径。

广州城市职业学院古建筑工程技术专业一直致力于让古建教学在当下具备更多现实可行性，其中的"古建筑修缮"作为专业核心课程，强调传承古法修缮的技巧同时融入数智新技术，以培养新时代古建修缮综合人才为主要教学目标。笔者长期一线教学发现，学生往往存在"能学而理不明、能察而法不通、能修而技不精"的问题。究其原因，传统建筑和修缮技能与现当代学生的学习、生活在时空上存在一定隔阂，学生对修缮的具体情境缺乏真切的体验，对传统建筑的认知多停留在理论层面，没有现场的融入，学习动力不足。针对学情分析反馈，笔者积极挖掘本土教学资源，寻找当下社会需求和地域性建筑发生关联的可能。

图1　佛山祖庙灵应牌坊

佛山市祖庙博物馆作为国家级重点文物保护单位、国家一级博物馆、广东省中华文化传承基地，辖区包括灵应牌坊、黄飞鸿纪念馆、叶问堂、佛山祖庙等一系列古建筑群体和展陈藏品，具有丰富的岭南传统建筑、岭南传统民间艺术和民俗文化资源。佛山市祖庙博物馆于2020年启动灵应牌坊修缮工程。灵应牌坊建于明景泰二年（1451），采用岭南少见的大木作形式，斗栱梁架多样，是广东现存最雄伟壮观的木石结构牌坊之一，也是目前广东省内现存年代最早的三间十二柱四楼牌坊和国内现存年代较早的进深为两间的立体式牌坊（如图1所示）。无论从建筑等级规模、地方特色还是建筑技术而言，该修缮项目对于古建筑课程都是难能可贵的教学资源。

广州城市建筑学院古建专业师生围绕这次修缮项目，与佛山市祖庙博物馆进行多方探讨，对各种资源调度整合，最终确定以PBL模式将修缮项目引入到教学环节设计教学流程。在教学过程中，以古建筑"古法新做"为主线，将课程内容重构为"感""测""析""修""承"五个模块，将项目分解为"调研测绘—病损判断—修缮方案—理念提炼—成果汇报"，通过每个环节的实践练习，引导学生切实理解和运用古建筑修缮理论知识和专业技能，为馆校合作协同育人作有益尝试。

三 "古建筑修缮"馆校合作PBL课程的实施

课程坚持"学生为中心"，以古建筑修缮技能提级为显性行动载体，采用行动导向构建"工地课堂"实施教学活动。学生跟随学校教师、企业导师、木匠名师、馆方工作人员全程参与到整个项目，将任务细化为"感、测、析、修、承"不同阶段，从而达至"古法新修"教学目的。

图2 课程设计流程图

（一）组建项目团队和教师团队

在师资构成上，改变传统技能单一的师徒相授模式，本项目以传统营造技艺亟须传承创新为契机，聚"校、师、企、馆"四方合力，以学校教师、工匠名师、企业工程师和馆方人员共同打造组成较为全面的师资队伍。其中，校内教师推进教学进度以理论讲授为主；企业工程师拓展教学广度，融合项目案例结合新修缮技术，落实到现场施工过程；名匠大师挖掘教学深度，突出传统技能的示范传承。在这次教学实践中，馆方人员改变以往纯粹作为配合者的角色，既作为案例项目的甲方，对修缮提出具体的要求，同时又作为教学的合作方提供案例完整资料，以满足学生获取不同维度的专业知识需求。科学合理的师资配合，确保了中国特色学徒制的培养。

图3　三维扫描测绘牌坊得到云数据模型

（二）项目导入与激发

"感"：作为 PBL 案例引入到教学中的修缮项目的灵应牌坊，在明代是祖庙大门，是"敕封"灵应祠的标志，在祖庙建筑群中占有非常重要的地位，其斗栱梁架多样，具有极高的历史价值和艺术价值。由于年久失修，牌坊出现了不同程度的破损，尤其是斗栱构件糟朽、脱榫、位移、油漆风化、剥落等问题尤为严重。在前期，为了让学生对项目现状先有感性认识，课程组建立 VR 虚拟仿真模型，通过引领学生在课堂内的 VR 导赏，激发学生的参与热情。通过教师对项目的引导介绍，学生不仅加深了对古建营造智慧的认知，也增强了历史建筑保护和修缮的职业使命和责任。

图4　项目现场用三维扫描仪作测绘

"测"：前期测绘是修缮的必要环节。在进行测绘之前，校内教师分析修缮的工单任务，讲解修缮理念、法则、准则。馆方人员以甲方的身份向学生详细梳理历次修缮的背景，介绍项目的历史价值、艺术价值和科学价值，并提出修缮具体要求。学生明确项目要领后，开始在现场的"工地课堂"对项目案例作测绘。在企业工程师的指导下，学生使用现代三维激光扫描仪并配合无人机，对牌坊整个建筑尤其是斗栱构件，进行全方位的扫描。根据扫描的数字结果，教师引导学生完成灵应牌坊的三维扫描数字采集工作，并实时上传扫描成果。测绘加深了对项目的具象化了解，为后期的修缮做好理论准备。

（三）项目实施与深化

"析"：回到课堂，对测绘采集的数据作分析：一方面，主要聚焦于斗栱构件，教师、企业工程师共同指导学生在项目现场，利用三维扫描仪、木材应力波检测等技术检查斗栱病损情况，分别就开裂、糟朽、油漆脱落、脱榫等受损情况，由表及里，分析具体的病害成因。另一方面，学生根据采集的数据在课堂上绘制测绘现状图，并对相应的构件进行BIM建模还原，以确保后期修缮的科学性、完整性和真实性。

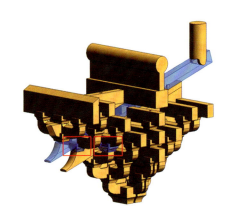

图5　学生斗栱BIM建模成图

"修"：在实际修缮的环节，注重新技术新仪器和传统技能的有机融合，体现"古法新修"教学理念。根据学生的BIM模型，企业工程师用3D打印出修缮效果，指出改进的细节。在构件开裂的修缮中，企业工程师通过木材阻抗检测仪器检测构件糟朽中空的深度，判断开裂的程度，从而确定相应的补裂措施。木匠大师根据开裂的宽度，分别带领练习补裂、嵌木等传统修缮技能。另一方面，通过VR平台搭建虚拟的"工地课堂"，学生可以实时了解更全面的修缮材料和工艺，随时观看木作名师的修缮视频。从现实的"工地课堂"，到虚拟的"课堂工地"，构建了典型有效的教学模式。

图6　学生跟随木匠名师、企业工程师进行传统修缮技能实训

（四）项目成果与复盘

"承"：学生汇总每个阶段的成果，以设计团队的身份对修缮方案文本作小组汇报展示。企业工程师和名匠大师以专家身份作点评，馆方人员以甲方身份向设计团队发问，小组之间互相提问，在汇报和点

评的互动中构成多维的评价元素。这一环节是学生对于整个修缮知识和技能的综合运用，强化了在修缮尺度、修缮材料和技术方面对"原形制、原结构、原材料、原工艺"四原则的理解，回应前期的理论知识，升华了"匠心传承"的课程思政主线，形成完整的教学闭环。

图 7　VR 虚拟平台搭建"工地课堂"

四　总结反思

（一）"古建筑修缮"PBL 课程创新点

（1）"工地课堂"融合数智化新技术，构建 PBL 项目教学典型模式。教学团队探索古法传承与数智化新技术应用融合教学模式，通过"工地课堂"教学组织模式，将数智化新技术应用融入古建筑修缮实践过程，让学生在古建筑病理诊断、分析过程中学习了三维扫描仪应用、BIM 建模技术应用、木材阻抗检测等技术，解决了古建筑病理难明晰的教学难点，同时有效衔接了认证赛事标准，构建项目教学典型模式。PBL 模式激发了学生修缮传统古建的动力，增强了学生对岭南建筑的热爱，让家国情怀的根系深植心中，同时也夯实了保护和传承古建文化的职业使命感。

（2）课程为古建修缮技能型人才培养提供了馆校合作新模式。学校古建教师与博物馆研究者在"古建修缮"PBL 课程实施过程中充分调动各种教育资源，深度合作、密切配合，为学生提供了权威专业的知识引导与资源支撑。博物馆在 PBL 模式中以项目验收方的角色参与，增强了项目的真实性，也更为充分地调动挖掘了项目资源，在测绘、检测等环节中为课程提供强大的技术支持。企业工程师向学生普及了修缮中新仪器、新技术、新材料的使用方法，木匠名师传承了传统的修缮技能。专业人士从不同维度专业能力实现了有效互补。

（3）课程以赛促教以赛促学，形成持续发展，良性循环。古建修缮 PBL 教学以"斗栱修缮古法新作"模块参加 2023 年教能赛，打磨深化教学课程，获得 2023 年全国职业院校技能大赛教学能力比赛国赛一等奖，课题组以此为基础进行古建筑修缮课程改革，融入更多数智化资源，"三教改革"成效显著，学生学习增值效果明显。

（二）存在问题与思考

（1）课程转化为常态教学课程受现实因素影响较大。课程各环节实施过程中，实地调研受外界影响因素较多，包括天气、游客、工地管理等。而且由于所调研的案例项目是文物建筑，既要确保学生测绘的规范化不对文物造成影响，又要保障学生的安全，不接近建筑受损严重部位。针对这一类问题，馆校合作双方可以联合开发线上课程资源及材料包，如虚拟仿真检测、网络课程、VR漫游、数字博物馆等，以信息技术手段为载体普及和推广博物馆资源。

（2）引导学生构建更为科学合理的分工协作关系。在项目实施过程中，任务主要以小组方式组合完成，存在部分同学承担任务较重、个别同学"无所事事"的情况，需建立团队协作与激励制度，引导学生积极参与到课程任务中。

图8 《斗栱修缮古法新做》获2023年全国职业院校教学能力比赛一等奖

（3）课程评估还有待进一步完善。PBL学习评价对于课程实施具有重要指导意义。"古建筑修缮"PBL课程实施过程中，最后学生的修缮方案由教师、馆方人员、企业工程师、木匠名师以及学生共同完成，评估维度还不够全面，需要建立更加立体、科学的课程评价体系。既要评价结果，又要评价过程，做到定量评价和定性评价、形成性评价和终结性评价、对个人评价和对小组评价、自我评价和他人评价之间的良好结合。

五　结语

不同的学习环境为教育提供了不同的给养，博物馆为学校教师提供了另一种可能性，教育设计者对给养作出识别和善加利用，能够使得师生有更多的受益。以佛山市祖庙博物馆的灵应牌坊修缮项目为契机，广州城市职业学院与佛山市祖庙博物馆对"古建筑修缮"PBL课程所作的一系列教学探索与实践，打造理、虚、实三位一体的多维"工地课堂"，实施数智化教学改革与创新，实现了传统技艺、创新技术、家国情怀、职业素养的融合，在此基础上提炼打磨教学模式、教学特色，参加相关教学能力比赛，体现了以馆立学、以赛促教，馆校双方的优势资源互补，夯实了课程的可持续良性发展，启发了博物馆资源利用的新思路。应该说，基于馆校合作背景的项目化学习开发与实践新样态能积极地凝聚馆校合力，无论对博物馆自身的发展、推广，以及对学校教育的完善，还是对馆校教育服务专业力量的能力提升都具有重要意义。

参考文献

［1］刘芳芳，李光.博物馆教育中嵌入项目式学习的意义及策略［J］.博物院，2021（01）：86-93.

［2］相博文.国内外博物馆课程研究的现状、特征与启示［J］.自然科学博物馆研究，2023，8（02）：5-14.

［3］陶轶敏.馆校合作背景下项目化学习的开展［J］.教学与管理，2022（35）：17-19.

［4］刘杰.馆校合作课程的意义：基于学校的立场［D］.华东师范大学，2022.

［5］蒋悦.基于项目化学习的馆校合作教学行动研究［D］.上海师范大学，2022.

［6］孙玉霞.基于PBL项目式学习的馆校合作校本课程实践探究——以南汉二陵博物馆"广州革命史迹研学"为例［J］.东方收藏，2021（19）：105-108.

［7］吴嫣，李芝慧，顾丽娟.双减政策下PBL研学模式在馆校合作中的应用价值［J］.科学教育与博物馆，2023，9（03）：21-25.

［8］鲍贤清、杨艳艳：《课堂、家庭与博物馆学习环境的整合——纽约"城市优势项目"分析与启示》［J］.《全球教育展望》，2023（01）.

修缮篇

第一章 工程勘察

第一节 安全鉴定

2021年5月，广州市致准房屋鉴定有限公司按照《古建筑木结构维护与加固技术标准》（GB/T50165—2020）对灵应牌坊进行详细勘察并编制《全国重点文物保护单位佛山祖庙之灵应牌坊构筑物安全性鉴定报告》。

一 主要检查情况

1. 周边环境

灵应牌坊位于广东省佛山市禅城区祖庙路21号，其地理位置位于佛山市市区内，四面围绕现代住宅和商业建筑，周边未发现有大型建筑建设工程或基坑工地。

2. 结构体系分析

根据现场查勘，对该牌坊建筑结构体系分解分析：

（1）前后共八条石柱、四条木中柱，共三排、四列柱，结合上部穿斗梁枋形成相对稳定的主体基础框架；

（2）其次为斗栱，结构上为屋顶与柱之间的荷载传递作用，上部屋面及出挑屋面荷载通过斗栱直接传递到柱或间接纳至梁枋再传到柱上；

（3）中顶部上重明楼屋面借斗栱四面出挑，荷载通过斗栱传递至两条转换木柱，再由木柱传至明间梁枋（穿越两层梁枋），再由梁枋传递至中柱。因此明间结构梁枋的安全稳定性将直接影响上重明楼的安全稳定性。

3. 地基基础

（1）建筑物首层柱垂直度检测

现场采用吊锤及电子经纬仪对祖庙—灵应牌坊进行局部垂直度测量。测量结果表明，个别柱构件垂直度偏大，柱构件的侧向偏移最大为0.667%，各构件的倾斜方向有一定的整体趋向性，但大部分在规范允许范围偏差，具体测量结果如下表所示。

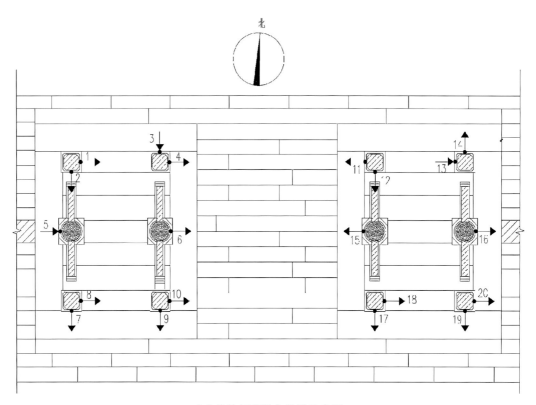

建筑物柱倾斜测点位置示意图

建筑物柱垂直度测量结果

测点	上测点（mm）	下测点（mm）	相对偏差（mm）	测高（m）	倾斜方向	倾斜度（%）
1	100	113	13	2.7	东向	0.481%
2	100	103	3	2.7	南向	0.111%
3	100	99	1	2.7	南向	0.037%
4	100	107	7	2.7	东向	0.259%
5	100	96	4	2.7	东向	0.148%
6	100	116	16	2.7	东向	0.593%
7	100	105	5	2.7	南向	0.185%
8	100	114	14	2.7	东向	0.582%
9	100	106	6	2.7	南向	0.222%
10	100	118	18	2.7	东向	0.667%
11	100	106	6	2.7	西向	0.222%
12	100	115	15	2.7	南向	0.556%
13	100	100	0	2.7	----	0.000%
14	100	101	1	2.7	北向	0.037%

测点	上测点（mm）	下测点（mm）	相对偏差（mm）	测高（m）	倾斜方向	倾斜度（%）
15	100	107	7	2.7	西向	0.259%
16	100	117	17	2.7	东向	0.630%
17	100	102	2	2.7	南向	0.074%
18	100	115	15	2.7	东向	0.556%
19	100	102	2	2.7	南向	0.074%
20	100	112	12	2.7	东向	0.444%

注：以上所测偏差量包含原构件与装饰面的施工偏差

（2）上部主体变形情况（二层）

位置/轴号	示意说明图
明楼（二层）	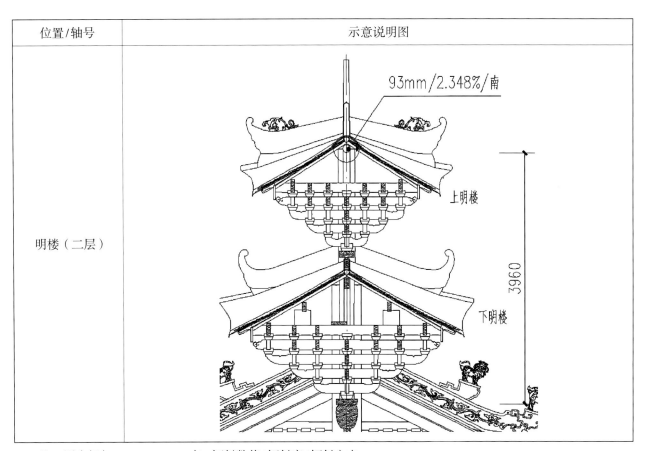

注：图中标如93mm/2.348%/南 = 倾斜数值/倾斜率/倾斜方向

　　根据上述首层主体垂直度检测结果分析，主体首层框架构架变形基本处于允许范围，但结合上重明楼的变形状态分析，发现上部构造已出现一定变形，有向南倾斜迹象。

　　根据现场实测结合三维扫描切片图，自牌匾向上相对于中柱中轴线向南偏移，明楼上重脊檩中心线向南偏移103.5mm。

　　根据受力体系评估，柱顶糟朽及明间上梁枋的局部糟朽引起承载能力不足，节点糟朽压迫变形偏移等，是造成上重明楼偏移的原因，风压作用及构件变形也是其中原因。同时根据该构筑物结构受力、连接体系，结合台基地面标高等因素，判断上重明楼偏移变形会引起下部构架跟随变形。

　　（3）地基基础检查综述

　　根据现场检查，未发现有因地基基础不均匀沉降引起的柱脚台基变形、开裂滑移等损害情况且根据主体结构整体倾斜测量结果，建筑物倾斜方向有一定整体的趋向性，虽然存在个别柱倾斜值偏大，但未超过《危险房屋鉴定标准》JGJ125-2016第5.3.3条第6点"单片墙或柱产生相对于房屋整体的局部倾斜变形大于0.7%，或相邻构件连接处断裂成通缝的情况"。结合周边环境（建筑）发展趋势观察，周边环境（建筑）发展过程中，针对会造成水土流失、地表沉降等影响本次鉴定建筑稳定因素的工程作业，现场调查发现周边发展过程中未采用这类工程作业形式或者采用这类工程作业形式的建筑工程距本次鉴定的构筑物之间的施工距离大，基本未影响到本次鉴定建筑物，同时根据该建筑台基等高差情况检测结果，说明目前该建筑地基基础工作基本正常。但为确保安全，后期应注意加强监测。

　　4.上部结构检测分析

　　（1）构件检测

　　结合该建筑主体结构的受力体系分析，分别对各主体受力构件进行详细探查检测，以更好评估主体结构的安全性。

　　为能更好地保护文物，现场首先采用基本检测方法包括目视观测、敲击法等无（微）损检测方法对灵应牌坊进行外观质量检测，检测过程中为能更好地了解和分析灵应牌坊，针对灵应牌坊分为五大部分，其中包括①柱，②木梁、木枋、木檩，③斗栱，④屋面和⑤台基；具体详细情况如下。

木柱		
位置示意图	说明描述	照片
	西次间西起第一根柱（B×1）东侧存在空洞迹象，内部可见填充物	

木柱		
位置示意图	说明描述	照片
	西起第二根柱（2×B）上部存在空洞，且表皮层局部存在糟朽	
	西起第二根柱（2×B）底部存在空洞	
	东次间东起第二根柱（3×B）底部东西两侧存在空洞痕迹	

木柱		
位置示意图	说明描述	照片
	东起第一根柱（4×B）顶部存在糟朽空洞痕迹，糟朽中空直径达280mm	
微孔探测情况	对东西一侧［B×（1-4）］木柱排空鼓位置进行微孔探测，根据探针情况，柱体外围不小于10cm厚度为硬实结构，但柱脚局部糟朽相对严重。其柱底部内部空腔深度60~210mm。同时，底部一块为后期嵌补板块，嵌补厚度约2.5cm。敲击已出现空鼓	

木柱损害分析：根据以上检测结果汇总分析，结合历史调查，目前木柱可见损害已发现多处老化、腐朽和空洞现象，经敲击检测，声音略显沉闷，判断所有柱内部大概率已出现糟朽损害，即结构意义上的中空，但经微孔探测大部分残余厚度10cm以上，且经探测外壳原木材料仍具备较高强度。另发现局部镶嵌木板及灌注环氧树脂的修补痕迹。

木梁、木枋、木檩		
位置示意图	说明描述	照片
	东侧间次楼上横梁［（3-4）×B］出现爆裂（两条东西向横向裂缝），缝长0.7~1.1m，缝宽0.5~2.0mm且表面有（渗漏）流水痕迹	

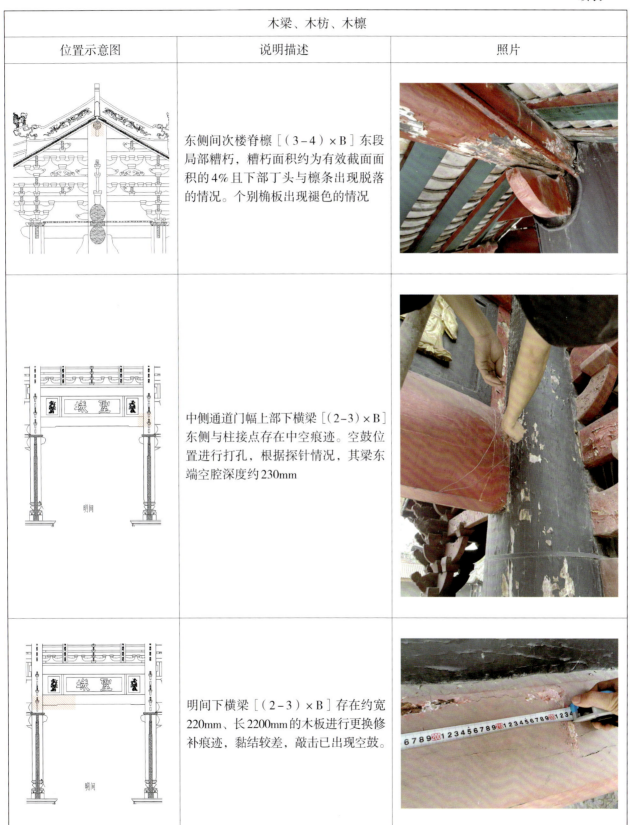

木梁、木枋、木檩		
位置示意图	说明描述	照片
	东侧间次楼脊檩［（3-4）×B］东段局部糟朽，糟朽面积约为有效截面面积的4%且下部丁头与檩条出现脱落的情况。个别栿板出现褪色的情况	
	中侧通道门幅上部下横梁［（2-3）×B］东侧与柱接点存在中空痕迹。空鼓位置进行打孔，根据探针情况，其梁东端空腔深度约230mm	
	明间下横梁［（2-3）×B］存在约宽220mm、长2200mm的木板进行更换修补痕迹，黏结较差，敲击已出现空鼓。	

木梁、木枋、木檩		
位置示意图	说明描述	照片
明间	中侧通道门幅上部上横梁 [(2-3)×B] 东侧与柱接点存在中空痕迹	
明间	明间上横梁 [(2-3)×B] 存在约宽190mm、长1200mm的木板更换修补痕迹，黏结较差，敲击已出现空鼓	
明间	对明间 [(2-3)×(A-C)] 牌幅上端梁空鼓位置进行打孔，根据探针情况，其梁东端空腔深度约300mm	
柱与梁、枋、檩连接情况	梁、枋都能准确入柱榫，大多数接点位置处未见有明显糟朽、开裂变形的情况，但存在个别填塞物松动	

木梁枋损害分析：根据以上检测结果汇总分析，结合历史调查，目前大部分梁枋保存尚好，但部分涉及主框架的木额枋已发现局部老化、腐朽和端部空洞现象，经敲击检测，声音略显沉闷。另发现局部镶嵌木板及灌注环氧树脂的修补痕迹。判断部分木梁枋已有一定老化情况。明间 [(2-3)×(A-C)] 牌幅上下横梁与东起二柱的连接处存在空洞。

（2）白蚁害虫情况

现场未发现有活白蚁啃噬木构件的新痕迹，同时根据业主提供的场外信息，因有白蚁防治公司定期对灵应牌坊进行检查，自2015年至今未发现有活的白蚁和新的白蚁痕迹。

（3）材料性能检测

根据现场实际，主体木架组成构件均为硬木，因已出现局部明显糟朽老化情况，根据同样环境特点，其余虽仍具备强度，但亦不排除有一定老化现象，影响承载能力。受条件限制，暂无技术条件进行原位测定材质特性及截取木材送检。

二　安全性鉴定意见及结论

根据上述检查、检测情况，按照《古建筑木结构维护与加固技术标准》（GB/T50165—2020）对祖庙—灵应牌坊的安全性等级作如下评定：

1. 周边环境

祖庙—灵应牌坊地属佛山市区内，周边围绕现代建筑，现状周围未发现有对土体进行深层次开挖的土层作业工程。瓦屋面排水和现代排水技艺结合，排水系统较为完善成熟，无树荫遮蔽及根系蔓延，建筑主体周边环境较有利。

2. 地基基础

根据现场检查，未发现有因地基基础不均匀沉降引起的柱脚台基变形、开裂滑移等损害情况且根据主体结构整体倾斜测量结果，建筑物倾斜方向有一定整体的趋向性，虽然存在个别柱倾斜值偏大，但未超过《危险房屋鉴定标准》JGJ125–2016第5.3.3条第6点"单片墙或柱产生相对于房屋整体的局部倾斜变形大于0.7%，或相邻构件连接处断裂成通缝"的情况。结合周边环境（建筑）发展趋势观察，周边环境（建筑）发展过程中，针对会造成水土流失、地表沉降等影响本次鉴定建筑稳定因素的工程作业，现场调查发现周边发展过程中未采用这类工程作业形式或者采用这类工程作业形式的建筑工程距本次鉴定的构筑物之间的施工距离大，基本未影响到本次鉴定建筑物，同时根据该建筑台基等高差情况检测结果，说明目前该建筑地基基础工作基本正常。但为确保安全，后期应注意加强监测。

3. 上部结构

根据建筑物现状情况分析，其上部结构主要出现的损坏有：少数木构件存在糟朽、空洞的现象且多数木构件表面层爆裂、起皮脱落；局部木构件出现受潮、发霉的情况；个别斗栱存在榫卯脱离、松动的情况；垂脊受潮发黑；屋面少部分存在渗漏情况；台基有向外拱裂等损害情况，但上部结构主要是由石材和木材构成，其石材未见有明显的崩缺、残损的情况，现状木材未见有活白蚁啃噬痕迹。

根据具体损害特点及结合结构体系分析，下部主体基本可维持稳定状态，但由于明间上部主框架梁枋及梁枋连接的柱端均出现糟朽及空洞情况，而中部上梁枋直接支撑上重明楼整体，一旦超过变形或应力极限则会造成上部倒塌。因目前上部已发现倾斜变形，严重影响安全，应尽快进行修缮处理。

根据《古建筑木结构维护与加固技术标准》（GB/T50165—2020），该建筑残损点较多，且个别残损点已影响主体结构的安全，故上部承重结构安全等级应评为C级，安全性不符合本标准对A级的要求，显著影响整体承载，应采取措施，且可能有极少数构件必须立即采取措施进行处理。

三 鉴定意见

综合目前检测鉴定情况，根据评估结论，该建筑安全性不符合本标准对 A 级的要求，显著影响整体承载，应采取措施，且可能有极少数构件必须立即采取措施进行处理。因此，应尽快对残损构件进行处理，结合残损情况进行整体修缮或局部加固。

祖庙灵应牌坊作为文物保护单位，历史悠久，文化底蕴深厚，具有较高的文物价值，为充分保护利用，体现价值，应综合考虑文物保护要求，确保文物安全，应采取修缮措施对灵应牌坊进行修缮处理。同时，为确保文物的长久安全，营造良好的结构环境对于祖庙灵应牌坊的保护更为有利。

四 处理建议

根据检查该建筑的损坏情况，结合所了解的相关损坏原因，建议对该建筑局部损坏的构件等做相应的修缮处理。此次检测受场地等内外因素控制，具体木构件构造和细节的具体情况有所限制，考虑目前已出现糟朽等损害情况及材料（尤其木材）等长期受环境侵蚀影响出现老化及长期应力状态情况，可在后续修缮过程中（揭瓦等完整暴露出整体木构件结构形式），对祖庙—灵应牌坊做进一步木构件材质力学性能检测，验证老化程度。现初步建议处理方案如下：

1. 建议对糟朽、空鼓严重的木柱构件进行加固或更换处理，结合现状探测的糟朽情况，部分构件为局部糟朽，可后续补充力学性能检测数据后，根据残余受力情况作加固处理；对涉及直接联系上部明楼安全且出现糟朽的梁枋构件，建议应进行更换或加固处理。

2. 对因受外界侵蚀的灰塑或其余工艺构件而出现的脏污、受潮发黑等应进行修复处理。

3. 后续应加强对灵应牌坊的沉降监测。

4. 该建筑为文物建筑，修缮过程中应尽量避免对文物本体的干预。同时，维修加固设计施工应委托有文物修缮设计资质及施工资质的单位进行。

第二节 设计勘察

2021年6月，华南理工大学建筑设计研究院有限公司对灵应牌坊进行了详细勘察并编制完成勘察报告。

一 文物概况

佛山祖庙为1996年国务院公布的第四批全国重点文物保护单位，编号152，分类号74，地址位于广东省佛山市禅城区祖庙路21号。

灵应牌坊建于明景泰二年（1451），在明代是佛山祖庙的大门，是"敕封"灵应祠的标志，在祖庙建筑群中占有非常重要的地位。该牌坊采用岭南少见的大木作形式，斗栱梁架多样，体态壮美庄重，是广东省内现存年代最早的三间十二柱四楼牌坊，也是广东现存最雄伟壮观的木石结构牌坊之一。

灵应牌坊面阔三间9.26m，进深两间3.16m，建筑高度11.53m（从牌坊北侧地面 −0.03m 标高算至明楼正脊上皮），占地面积115.18m²，建筑面积88.24m²。平面图及立柱编号图如下：

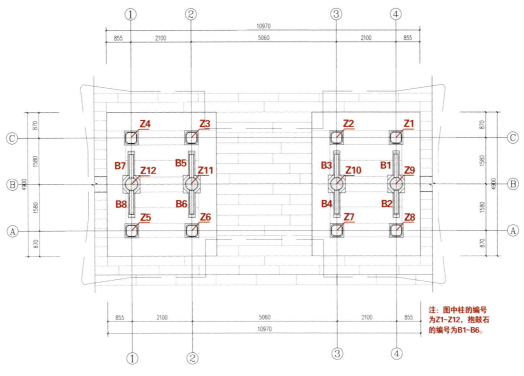

现状平面图

二 结构安全问题

1. 木构件糟朽空洞情况

佛山市祖庙博物馆灵应牌坊
病害问题的初步勘查意见

　　2015 年 9 月 14 日，应佛山市祖庙博物馆邀请，我们对馆内文物古建筑灵应牌坊病害情况进行了现场勘查，经会议研究，提出以下建议：

　　1. 牌坊东次间中柱早期有白蚁蛀蚀并存在较为严重的蛀蚀，造成柱中空；

　　2. 东次间山柱上部有渗水现象，中空问题尤为严重，应尽快维护；

　　3. 东西次间上额枋接入椽部位有中空现象；

　　4. 初步判定，牌坊结构构件存在一定安全隐患，但整体结构目前尚在安全范围之内；

　　5. 建议委托病虫害研究所对病虫害的类型及危害原因进行鉴定分析，并提出防治措施；

　　6. 建议委托专业评估单位对牌坊结构进行结构安全详细评估，在此基础上，提出修缮方案，再行论证。

专家签名：

2015 年 9 月 14 日

祖庙灵应牌坊白蚁危害情况报告

　　2015 年，我司工作人员对祖庙灵应牌坊进行白蚁检查时，第一次发现灵应牌坊木柱受白蚁危害的痕迹，柱内堆积物已极为陈旧，并无新的白蚁危害排泄物，未发现活白蚁。

　　据检查发现，东侧台基上两根木柱及部分牵拉方曾受白蚁危害，东侧边木柱基部（石基座上）内部已成空洞，探针可穿入柱基内，深达 25 厘米。柱两侧石悬接触部位多处可以穿透到木柱内部。木柱承托斗栱已蛀废跌落，接口直通木柱心部，木柱内部已被白蚁蛀食形成巨大的空洞，柱内空洞直径达 27cm。斗栱以上有较大空洞，以上空洞是否达到顶部未明。东侧内柱柱基部已废，内已成空洞，柱内空腔直径约 20cm。仅在根基部探测到柱内空洞，柱内损毁情况未明。

　　灵应牌匾与东侧木柱相接，有受白蚁危害机会，但外观未见白蚁危害痕迹，未能探查内部情况。西侧二根主木柱外表无明显白蚁为害痕迹，但柱基可发现内有空洞，成因待进一步调查。

　　2015 年至今，定期对灵应牌坊进行白蚁检测，未发现活的白蚁及新的白蚁为害的痕迹。

佛山力锋白蚁有害生物防控科技有限公司

2021 年 2 月 26 日

灵应牌坊病害问题的初步勘察意见　　　　　　灵应牌坊白蚁危害情况报告

　　根据2015年白蚁防治部门提供的"祖庙灵应牌坊白蚁危害情况报告"，灵应牌坊曾受蚁害，现状无活白蚁。四根硬木中柱内部均有糟朽中空，其中空可能为白蚁造成，也可能为年久木材自然糟朽内部中空。木柱柱径为440mm，东起第一根柱（Z9）底部空洞深达250mm，柱顶部空洞，直径达270mm，东侧第二根柱（Z11）内有空洞，柱底部空洞直径达200mm，西侧二木柱柱底存在空洞。

　　本次现状勘察，采用古建筑木结构无（微）损检测技术对四根硬木柱中下部柱身进行检测，柱上部可采用探针探得空洞数据。

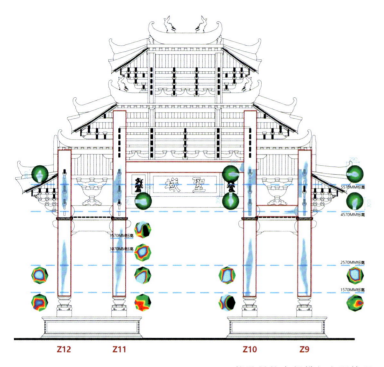

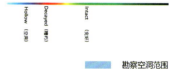

4570mm标高及以上的糟朽空洞为直接采用铁丝探测，3570mm标高及以下的糟朽空洞采用无（微）损检测仪器进行探测分析。

工作原理
采用声波传递的原理探测树木中的空洞和糟朽：
　　将8个传感器钉入木材周围，锤击每个传感器以得到其余7个中的声波传播时间数据，由于声波在不同木质及空洞中的传播速度不同，分析数据得到木材截面中心空洞或糟朽的大致范围。

柱及梁枋内部糟朽空洞情况

东起第一根硬木柱（Z9）	

顶部西侧有一列榫孔，榫孔内壁向内糟朽，糟朽直径达270mm	柱底部探针探查糟朽深度自柱础以上达250mm

东起第二根硬木柱（Z10）	

柱顶部东侧斗栱间表皮剥落轻微糟朽	柱底部探针探查的内部空腔直径达200mm

东起第三根硬木柱（Z11）		

顶部西侧有一列类似榫孔，内壁向内糟朽，糟朽直径约400mm，糟朽处现状为木屑土状填充物		柱底部内部出现空腔

东起第四根硬木柱（Z12）	

顶部斗栱入榫处糟朽，内有鸟类筑巢	柱底部内部出现空腔

综合分析测得数据，木柱内空洞比例较大且连续，但由于无（微）损检测技术存在误差，检测结果可参考性有限。因此另委托专业单位进行结构安全鉴定，详见安全鉴定章节。

结论：四硬木圆柱中空由自然糟朽导致，现状无活白蚁，木柱内糟朽空洞情况趋于稳定。要求修缮后对灵应牌坊木构件进行定期白蚁监测。

根据《房屋安全性鉴定报告》中的分析结论，Z11、Z9两根柱内部糟朽中空较为严重，但外层仍存在6～10cm未腐化木材，建议更换或重点加固。

2. 木构件的糟朽、缺失、松动情况

根据《房屋安全性鉴定报告》中的分析结论，明间上额枋、明间下额枋东端与柱连接处均出现中空现象，有后期修补的痕迹；东次楼脊檩东端糟朽，建议更换；东次间驼峰上横枋、驼峰下部上横梁东端有糟朽、裂缝现象，建议加固。

其余木构件存在少数糟朽、缺失、松动等情况，但此类残损对整体结构稳定性影响较小。

东侧次楼内部梁东端入榫处附近梁枋糟朽开裂，糟朽深度约50mm	东侧次楼脊檩东端底面糟朽，其下部丁头栱糟朽，丁头栱与脊檩脱开

东起第一根硬木柱（Z9）南侧枋入柱榫头糟朽，但整枋完好且稳定	东侧次楼驼峰斗栱上部枋东侧榫头轻微糟朽

东起第一根硬木柱（Z9）柱顶处梁枋、枋与斗栱榫头有不同程度糟朽，通过后加垫木固定，部分垫木脱落

| 东起第一根柱（Z9）南侧最下云纹丁头栱、斗栱缺失 | 东侧次楼内部驼峰斗栱构件松动 |

3. 灵应牌坊上下轴线偏移

明楼自铺作层向上，轴线向南偏移约108mm。

根据三维扫描切片图，佛山祖庙灵应牌坊自牌匾向上相对于底部中柱中轴线逐层向南偏移，次楼脊檩中心线向南偏移30mm，明楼下重脊檩中心线向南偏移73.5mm，明楼上重脊檩中心线向南偏移108.5mm。

由三维扫描切片图分析，无明显构件变形移位的痕迹。

上下轴线偏移原因分析：1. 由于工程构造设计原因；2. 由于施工误差导致；3. 由于额匾与上下两额枋之间榫口设计不合理，热胀冷缩导致木构件变形。

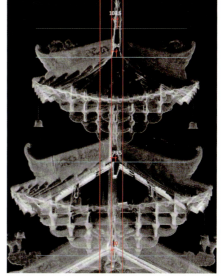

灵应牌坊柱倾斜图

4. 柱的倾斜

本次现状勘察采用磁性线坠测量灵应牌坊各柱的倾斜值，"灵应牌坊柱倾斜图"中偏移量数值为柱偏移角度（测量段墙体表面与铅垂线的夹角）的正切值×1000。

根据《危险房屋鉴定标准》JGJ125-2016第5.3.3条第6点"单片墙或柱产生相对于房屋整体的局部倾斜变形大于7‰，或相邻构件连接处断裂成通缝"。

现状描述：灵应牌坊的柱Z2、Z4、Z5、Z6、Z7、Z8、Z9、Z11稍有倾斜，倾斜的方向多数为东，倾斜率在5‰~6‰。

成因分析：（1）台基轻微变形导致；（2）风向影响。

结论：共有8根柱倾斜，倾斜率在5‰~6‰，倾斜率小于7‰，未造成结构安全问题，但接近临界值，要求经本次修缮后定期检测各柱的倾斜情况。

5. 台基石板变形

台基各处顶部花岗石板有不同程度下沉或起翘。

现状描述：东侧台基西北角、北侧下沉约8mm，西南角下沉约15mm，台基中部下沉约18mm。

西侧台基东北角翘起约5mm，东侧、西南角下沉约5mm，台基中部下沉约10mm。

两台基顶面，两次间的花岗石条石铺地均由两侧向明间向下倾斜，高度差为10~25mm。

成因分析：雨水侵蚀导致花岗石顶板之间灰缝脱落，雨水侵入带走台基内部填充沙土。

结论：台基由于雨水侵蚀、内部填充土流失等原因造成台基轻微变形，顶面花岗石起翘和下沉。应重新填充沙土，归安台基石板，白灰砂浆修补缝隙。

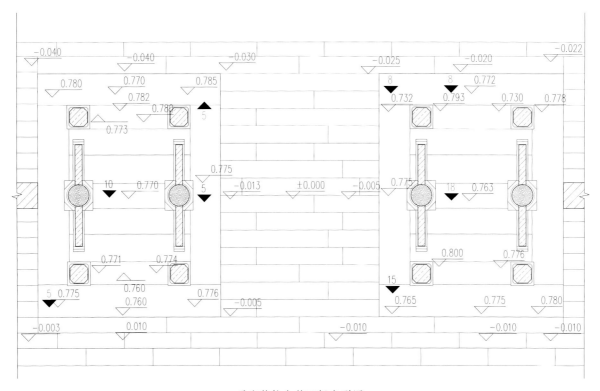

灵应牌坊台基石板变形图

三 常规病害残损

1.屋顶

位置	损伤及病害	原因分析
屋脊	釉面腐蚀、泛白； 表面沉积、降尘侵入釉面； 明楼下重西北向琉璃垂脊交接处脱开 	雨水侵蚀，自然风化引起
屋面	屋面受潮，板瓦发霉； 琉璃瓦釉面脱落； 釉面腐蚀、泛白； 表面沉积、降尘侵入釉面； 东侧次楼靠外侧处屋面漏雨，陶瓦受潮发霉； 西侧次楼靠明间处板瓦发霉 	雨水侵蚀，自然风化引起
飞子	末端轻微受潮发霉，封檐板部分受潮褪色	雨水侵蚀、受潮，年久失修，糟朽引起
椽板和檩条	东侧次楼靠外侧处屋面漏雨，椽板、檩条部分受潮发霉、褪色，脊檩底面受潮局部糟朽； 次楼内侧悬山屋面边沿受潮发霉	雨水侵蚀、受潮，年久失修，糟朽引起

2. 梁枋及铺作层

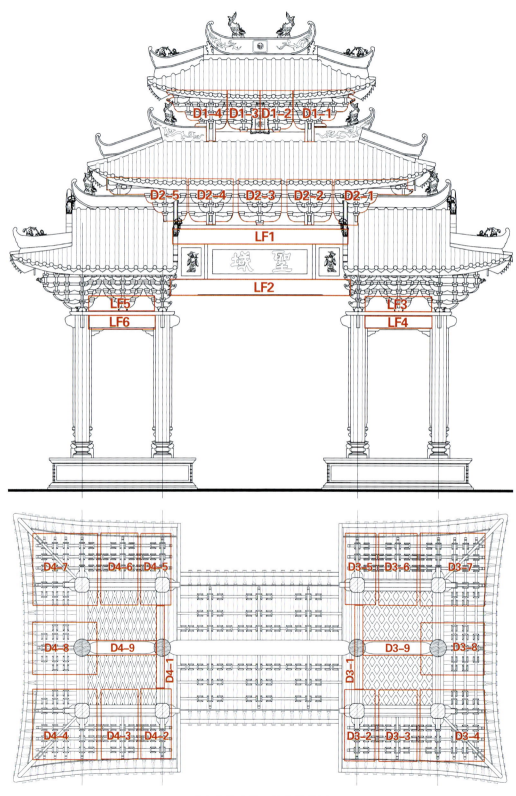

灵应牌坊斗栱、梁枋编号图

位置	损伤及病害	原因分析
所有梁枋	表面油漆残损	自然风化引起
明间额匾上下梁枋	LF1油漆爆裂剥落严重； LF2灰尘堆积、轻微褪色	雨水侵蚀，年久失修引起
次间梁枋	LF3东端内部轻微糟朽空洞，裂缝，梁枋裂缝最宽处约15mm； LF3、LF4受潮裂缝、灰尘堆积； LF5、LF6灰尘堆积 	雨水侵蚀，受潮、暴晒引起
所有斗栱	表面油漆残损（详见本部分"油漆工程"）； 由于多次维修，斗及升的规格做法大小不一；一些斗、升、翘、昂移位、脱榫	雨水侵蚀，受潮、暴晒引起
明楼上重斗栱	明楼上重斗栱受潮褪色（详见本部分"油漆工程"）； 斗栱构件整攒偏移	雨水侵蚀，受潮、暴晒引起；风向影响下，整攒斗栱的轴心方向整体偏移
明楼下重斗栱	明楼下重斗栱受潮、烟熏污渍（详见本部分"油漆工程"）； 部分斗栱构件变形、错位偏移	雨水侵蚀，受潮、暴晒引起
次楼铺作层	表面油漆残损（详见本部分"油漆工程"）； 东侧次楼东起第一根硬木柱（Z9）南侧缺失斗栱及云纹丁头栱，北侧最下斗栱糟朽； 西侧次楼东起第三根硬木金柱（Z11）南侧云纹丁头栱脱榫； 次楼斗栱下沉、偏移变形，屋面下三角形垫板松动； 各柱头铺作、补间铺作、转角铺作轻微褪色、轻微烟熏污渍 	雨水侵蚀，受潮、暴晒引起；屋面重力作用下
次楼内部隔架斗栱	东侧次楼天花内部驼峰斗栱受潮轻微糟朽； 两侧次楼内部驼峰斗栱松动	雨水侵蚀，受潮、暴晒引起

3. 柱础

位置	损伤及病害	原因分析
檐柱柱础	花岗石柱础不同程度风化侵蚀； 柱Z1、柱Z6的柱础风化、崩缺，柱Z6、柱Z7、柱Z8的柱础崩缺，柱Z5的柱础有修补崩缺痕迹 	雨水侵蚀，自然风化引起
中柱柱础	中柱花岗石柱础风化，Z11、Z12柱础风化崩缺 	雨水侵蚀，自然风化引起

4. 抱鼓石

位置	损伤及病害	原因分析
东侧台基上抱鼓石	抱鼓石保存较好，轻微风化破损，抱鼓石与中柱之间的灰缝局部被拉开，产生缝隙，缝宽约30mm。北侧抱鼓石底部与地面分离； 抱鼓石上部木制构件破损掉漆	台基顶部花岗石板稍有下沉，导致抱鼓石与柱脱开
西侧台基上抱鼓石	抱鼓石保存较好，轻微风化破损，抱鼓石与中柱之间的灰缝局部被拉开，产生缝隙，缝宽约30mm； 抱鼓石上部木制构件破损掉漆	台基顶部花岗石板稍有下沉，导致抱鼓石与柱脱开

北侧抱鼓石（左）底部与地面分离悬空

5. 次楼天花

两侧次楼天花为绿色菱形，但两侧天花菱形的角度不同，未知后期改建的时期及两侧不对称的原因。天花局部破损，灰尘堆积。

东侧次楼天花

西侧次楼天花

6. 台基

西侧台基内侧花岗石顶板翘起，各石板间产生缝隙，缝宽约10mm。东侧台基西北角、北侧下沉约8mm，西南角下沉约15mm，台基中部下沉约18mm。西侧台基东北角翘起约5mm，东侧、西南角下沉约5mm，台基中部下沉约10mm。两台基顶面，两次间的花岗石条石铺地均由两侧向明间向下倾斜，高度差为10～25mm。

位置	损伤及病害	原因分析
两侧台基	花岗石板缝隙灰缝脱落； 东次间西北角石板轻微移位； 西次间东南角石板轻微翘起 	台基部分花岗石板有下沉或上翘现象，灰缝中浸入雨水，冲刷内部填充的沙土致使部分流失导致台基内部不充实

7. 地面铺装

地面采用花岗石铺地，花岗石条石宽度约为350mm。部分条石断裂。

8. 其他装饰构件

位置	损伤及病害	原因分析
明间额匾	额匾油漆爆裂、剥落严重； 北侧民国时期上款被遮盖，不清晰； "谕祭"牌匾灰尘堆积、轻微褪色	雨水侵蚀，年久失修引起
灰塑	灰塑吻兽、歇山博风处灰塑风化褪色、局部开裂严重 	雨水侵蚀，自然风化引起

9. 油漆工程

明楼上重斗栱褪色、油漆开裂局部剥落；明楼下重斗栱轻微开裂，构件表面有烟熏导致的污渍；两侧次楼靠明间的柱头铺作表面油漆开裂严重，其余斗栱轻微开裂，次楼一周绿色天花枋开裂，鸟类粪便对于两次楼内部斗栱表面造成一定腐蚀；两个内侧木柱（Z10、Z11）受雨水侵蚀，油漆剥落严重；"灵应""圣域"两额匾及其上部大额枋开裂、油漆剥落严重。

明楼上重桷板、飞子褪色，其余桷板飞子保存较好；次楼朝向明间方向屋面博风板油漆剥落严重。

灵应牌坊各部位木构件表面油漆残损情况

灵应牌坊油漆残损呈现一定的规律：开裂多集中在额匾、额匾上大梁、次楼中靠明间两侧的斗栱、次楼靠明间的柱、明楼上重的斗栱及飞子等；烟熏痕迹多集中于次楼的补间铺作、转角铺作，以及明楼下重的斗栱；鸟类粪便腐蚀集中在两侧次楼内部的斗栱；雨水侵蚀集中在东侧次楼的脊檩、部分桷板、东侧柱等处。

四　勘察结论

1. 建筑形制

原建筑形制保存较好。

2. 地基基础

地基基础工作正常。

3. 结构安全问题

四根硬木柱中空较为严重，但结构承载力尚符合要求。花岗石檐柱 Z4、Z5、Z6、Z7、Z8、Z9、Z11（位置如现状平面图）向东倾斜，倾斜率 5‰~6‰，建议后续采用专业设备持续监测。

东次间台基西南侧下沉约 15mm，西次间台基西南角下沉 5mm，两台基中部下沉 10~18mm。

4. 屋面

琉璃脊、琉璃筒瓦、琉璃勾头滴水、琉璃脊饰釉面腐蚀、泛白，表面沉积。陶板瓦受潮发霉。各封檐板局部受潮褪色。

东侧次楼屋面漏雨，脊檩及脊檩下丁头栱雨水侵蚀、受潮发霉，轻微糟朽。

5. 铺作层

明楼上下重斗栱暴晒、受潮，油漆剥落，构件褪色。明楼下重个别斗栱构件偏移、错位。

明楼自铺作层向上的竖向轴线，相对下部硬木圆柱的竖向轴线向南偏移115mm。

次楼个别斗栱构件变形、偏移、错位，天花内部两驼峰隔架斗栱均有松动。东侧第一根柱上两个丁头栱构件糟朽，西次间东侧木柱上云纹丁头栱构件脱榫。两次楼内部梁枋及斗栱鸟类粪便侵蚀。东次楼内部斗栱及梁枋雨水侵蚀褪色、开裂，裂缝约15mm宽。

6. 柱及柱础

花岗石柱、花岗石柱础轻微风化，方形花岗石柱础5处风化、崩缺。

硬木柱雨水侵蚀、有白色水痕，硬木柱上方天花内侧受潮发霉。四根硬木柱有不同程度的糟朽中空，东起第一根与第三根硬木柱中空严重，空洞直径达270mm左右（柱径480mm）。

7. 抱鼓石

抱鼓石轻微受潮发霉，明间两缝抱鼓石与相连的硬木中柱灰缝脱开约30mm。

8. 地面及台基

两次间台基顶部花岗石板局部缝隙较大，约为10mm，灰缝缺失。西侧台基西南角处花岗石盖板、东侧台基的西南角处花岗石盖板轻微下沉，下沉5～15mm；东侧台基东南角花岗石盖板有上翘，上翘约5mm。两侧台基中部花岗石盖板下沉10～17mm。

地面花岗石条石铺地多处断裂。

9. 额匾、牌匾及其他装饰

"灵应""圣域"额匾与上下额枋之间热胀冷缩变形，额匾底板表面油漆爆裂剥落，民国落款被遮盖。"圣旨""谕祭"两牌匾受潮轻微褪色。脊兽、鳌鱼等琉璃构件受潮泛白，灰塑吻兽、歇山博风处灰塑风化褪色、局部开裂严重。

综上所述，佛山祖庙灵应牌坊文物保存状况一般，拟采取修缮措施。根据《文物保护工程管理办法》（2003年5月）第五条，本项目文物保护工程的类别定为"修缮工程"。

第三节　施工勘察

2022年4月，施工单位广东省六建工程总承包有限公司分别在施工脚手架搭建完成后、屋面揭瓦后对灵应牌坊进行施工前勘察，结论如下：

一　台基

台基高低相差10mm，属于自然沉降。

二　石柱

石柱倾斜情况与设计勘察基本一致。

三　屋顶

各楼屋顶均存在不同程度的倾斜。

1. 东西次楼

屋顶4个仔角梁端部水平高度相差30～50mm，4个屋角挑檐枋交接点水平高度相差10～50mm，角科第3跳角栱内外水平高度相差55～90mm。

2. 下重明楼

屋顶4个仔角梁端部水平高度相差20～70mm，4个屋角挑檐枋交接点水平高度相差25～70mm，东西侧悬挑长枋变形严重。

3. 上重明楼

屋顶4个仔角梁端部水平高度相差15～45mm，4个屋角挑檐枋交接点水平高度相差20～60mm。

具体测量数据详见下图：

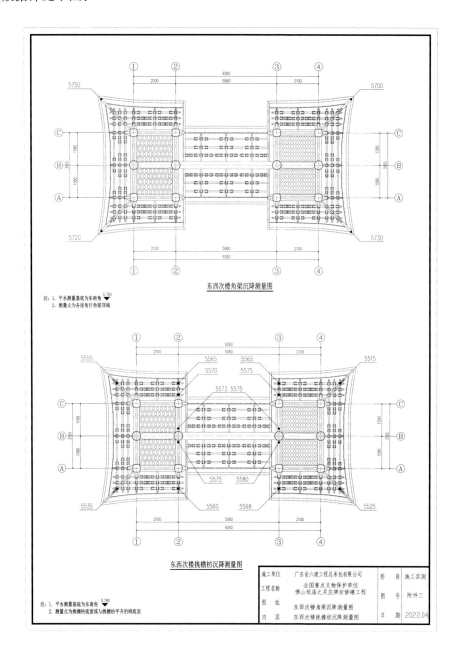

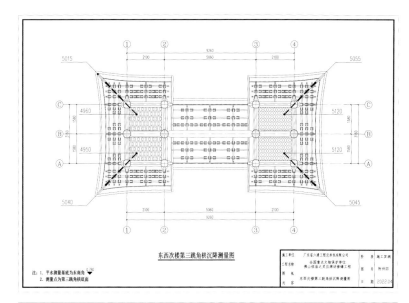

东西次楼第三跳角栱沉降测量图

注：1. 平水测量基底为东南角 ▼0.780
    2. 测量点为第三跳角栱底面

施工单位	广东省六建工程总承包有限公司	阶 段	施工实测
工程名称	全国重点文物保护单位 佛山祖庙之灵应牌坊修缮工程	图 号	附件四
图 纸 内 容	东西次楼第三跳角栱沉降测量图	日 期	2022.04

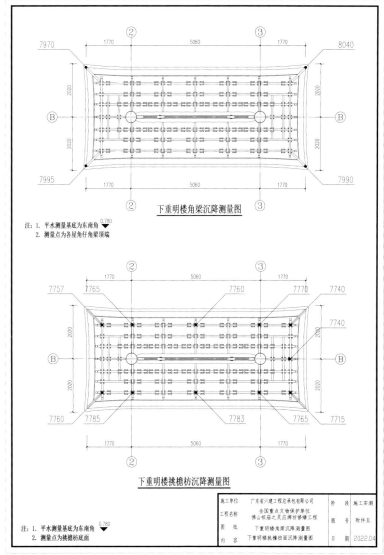

下重明楼角梁沉降测量图

注：1. 平水测量基底为东南角 ▼0.780
    2. 测量点为各屋角仔角梁顶端

下重明楼挑檐枋沉降测量图

注：1. 平水测量基底为东南角 ▼0.780
    2. 测量点为挑檐枋底面

施工单位	广东省六建工程总承包有限公司	阶 段	施工实测
工程名称	全国重点文物保护单位 佛山祖庙之灵应牌坊修缮工程	图 号	附件五
图 纸 内 容	下重明楼角梁沉降测量图 下重明楼挑檐枋面沉降测量图	日 期	2022.04

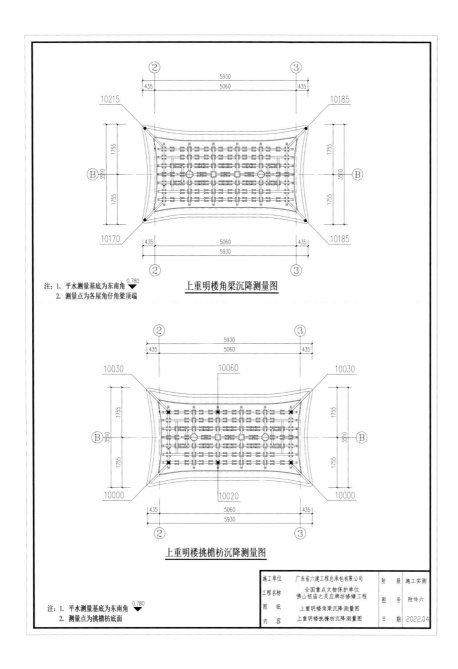

上重明楼角梁沉降测量图

注：1. 平水测量基底为东南角 ▼ 0.780
    2. 测量点为各屋角仔角梁顶端

上重明楼挑檐枋沉降测量图

注：1. 平水测量基底为东南角 ▼ 0.780
    2. 测量点为挑檐枋底面

施工单位	广东省六建工程总承包有限公司	阶 段	施工实测
工程名称	全国重点文物保护单位 佛山祖庙之灵应牌坊修缮工程	图 号	附件六
图 纸	上重明楼角梁沉降测量图		
内 容	上重明楼挑檐枋沉降测量图	日 期	2022.04

四 脊檩

西次楼脊檩由两条木块拼接而成，拼接处槽朽。

西次楼脊檩拼接

五 角梁

12组角梁腐朽残损严重，其中下重明楼西北侧仔角梁断裂。

角梁腐朽、断裂

六　木柱

1. 木柱倾斜

明间中木柱及上重明楼短柱向南倾斜，倾斜率详见下表：

木柱倾斜率

木柱编号	高度（m）	倾斜方向	倾斜率
木柱1	5.400	南	0.19%
木柱2	6.860	南	1.02%
木柱3	6.860	南	0.73%
木柱4	5.400	南	0.19%
短柱1	3.900	南	1.33%

2. 木柱残损

构件名称	西起第四根中柱
残损情况	1. 木柱直径460mm，高5260mm。木柱表面多处裂纹，柱心中空，中空部位自上而下贯通整条柱，环壁厚度10~50mm不等。 2. 木柱底部残损非常严重，柱与柱础交接处环壁厚度约1cm，并存在大量裂缝。 3. 清理出大量木渣，主要呈粉末状，少量块状，块状木渣有白蚁侵蚀旧痕。
照片	

构件名称	西起第三根中柱
残损情况	1. 木柱直径530mm，高7010mm。木柱底部较多裂纹，表面多处木块填补痕迹，柱心中空，中空部位自上而下贯通整条柱，底部北侧出现约100mm宽裂口，环壁已不完整。 2. 木柱底部残损非常严重，柱与柱础交接处环壁厚度约1cm并存在大量裂缝。 3. 清理出大量木渣，主要呈粉末状，少量块状，块状木渣有白蚁侵蚀旧痕。
照片	

构件名称	西起第二根木柱
残损情况	1. 木柱直径530mm，高7010mm。木柱南侧发现较大裂纹，裂缝长度自柱底至穿插枋下，裂缝深度40mm，宽度20mm。 2. 柱心中空，中空部位已填充环氧砂浆，但环氧浆体底部悬空，浆体与木柱已分离，浆体周边木料腐朽严重，目前条件下木柱环壁厚度无法全面勘察。 3. 木柱底部残损严重，柱与柱础交接处环壁厚度约1cm，且交接处约1/4已悬空。 4. 清理出大量木渣，主要呈粉末状，少量块状。
照片	

构件名称	西起第一根中柱
残损情况	1. 木柱直径460mm，高5260mm。柱心中空，中空部位自上而下贯通，环壁厚度10～100mm不等。 2. 木柱底部残损严重，环壁厚度1～3cm。 3. 清理出大量木渣，主要呈粉末状，少量块状。
照片	
构件名称	明间额枋上西侧木柱
残损情况	1. 木柱直径240mm，高3960mm。木柱横截面为八边形。 2. 木柱与下重明楼脊檩为串枋连接，且该脊檩为木柱主要固定构件。木柱与柱枋交接处存在较大缺口，缺口深度约3cm。木柱与枋交接处，木柱北侧横截面仅剩4cm。 3. 明楼八边形柱水平方向由脊檩固定支撑，脊檩由明间木柱固定。但明间木柱柱头糟朽，榫口过大，脊檩与木柱之间加塞硬木块，榫头轻度腐朽。
照片	

七 斗栱

东次楼东北角角科比其他三组角科多一组45度斜栱。

根据施工勘察结果，施工单位建议将修缮措施改为"落架"修缮，对隐藏病害进行全面勘察，解决结构安全隐患，确保施工质量和文物安全。

第四节 结构隐患

综合安全鉴定、设计勘察及施工勘察结论，灵应牌坊存在重大结构安全隐患，主要内容如下：

一 立柱倾斜

四根中柱南倾，最大倾斜率1.02%；明楼八边形短柱南倾，最大倾斜率1.33%。根据《危险房屋鉴定标准》（JGJ125−2016）5.3.3第6条"单片墙或柱产生相对于房屋整体的局部倾斜变形大于0.7%"应评定为危险点。灵应牌坊立柱倾斜超过安全限值，为危险点。

二 木柱中空残损

四根中木柱中空，中空部位自上而下贯穿整根木柱。柱脚残损缺失，残余环壁厚度不足10mm。根据《古建筑木结构维护与加固技术标准》，柱脚在柱础上的承压面积与柱脚处柱的原截面面积之比小于3/5则为残损点。灵应牌坊四根木柱柱脚为重度残损点。

明间中柱柱头腐朽残损，下重明楼脊檩与中柱交接处连接薄弱。根据《古建筑木结构维护与加固技术标准》，纵向梁、枋及其连接构件已残损或松动则结构整体牢固性等级判定为C级。

三 屋角下沉

各层屋角均存在不同程度的下沉。

次楼屋角下沉，经测量，转角斗栱第三跳45度角栱最外端点与最内端点高差相差55～90mm。

下重明楼东西侧屋顶下沉压碎下方陶塑瓦脊。经测量，下重明楼东西侧出跳枋出跳1200mm，外端下沉20mm，构件受弯挠度为1.6%。根据《古建筑木结构维护与加固技术标准》，斗栱中受弯构件相对挠度超过1/120（0.8%）应视为残损点。

四 角梁断裂

灵应牌坊12组角梁均腐朽残损严重，其中下重明楼西北角仔角梁断裂，造成其上方陶塑瓦脊分离脱落。

五 脊檩腐朽残损

西次楼脊檩受雨水侵蚀腐朽严重，腐朽所占面积与整截面面积之比大于1/8，为中度残损。

东次楼脊檩由2块圆木拼接而成，接口为巴掌榫，接口处存在腐朽残缺。

六 明间小额枋残损

明间小额枋内部大面积中空，中空部位历史修缮中填充一根钢管和环氧树脂。钢管由2根管焊接而成，两端未入榫。中空空隙填充碎木块、木渣与环氧树脂混合物。

明楼八边形短柱立于明间大额枋上，大额枋为主要承重构件。大额枋下为额匾，额匾下方为小额枋。小额枋虽未直接承重，但对于加强大额枋受力性能具有重要作用。因此小额枋中空可判定为残损点。

七 人员密集场所

灵应牌坊位于佛山市祖庙博物馆核心区域，博物馆每年接待游客超200万人次，属于人群密集场所。

根据《古建筑木结构维护与加固技术标准》，当残损构件存在于人群密集场所时，结构安全性等级宜降级。

第五节 残损登记

一 更换构件登记表

灵应牌坊部分构件残损腐朽严重，经各参建单位现场复核，并组织专家评审，更换构件清单如下：

灵应牌坊更换构件登记表

序号	位置	构件名称	尺寸（mm）	残损情况
1	明楼	西侧八边形短柱	3985×260×115	腐烂
2	上重明楼	斗栱长枋	4931×60×140	腐烂
3	上重明楼	华栱	700×60×140	开裂
4	上重明楼	斗	200×200×100	腐烂
5	所有	角梁	截面最大90×145，12个	腐烂
6	所有	生头木	24块	腐烂
7	下重明楼	拉枋	7940×160×60	榫口处断开，断裂处位于受力点，无法加固
8	下重明楼	拉枋	7940×160×60	
9	下重明楼	拉枋	7940×160×60	
10	下重明楼	斗栱串枋3个	7940×160×60，3个	枋中部榫接
11	下重明楼	华栱	1090×160×60	开裂
12	下重明楼	华栱	1820×160×60	开裂
13	下重明楼	斗26个	140×140×120，26个	腐烂
14	下重明楼	拉枋	1290×140×45	材质为杉木，腐烂
15	东西次楼	脊檩2个	1860+一侧榫头，直径200，2个	腐烂（榫接）

序号	位置	构件名称	尺寸（mm）	残损情况
16	东西次楼	中柱连接枋2个	1620+两侧榫头，60×140，2个	腐烂
17	东次楼	平板枋	1685×300×100	糟朽位置在榫头及榫口处，糟朽严重无法加固
18	东次楼	平板枋	1685×300×100	
19	东次楼	石柱侧拉枋	4030×285×85	两端榫卯连接处均糟朽严重，由于糟朽处为受力支点，局部剔补无法保证构件强度
20	东次楼	斗栱枋	2370×160×55	糟朽位置在榫口处，糟朽严重无法加固
21	东次楼	斗栱枋	980×150×60	构件局部出现裂痕，糟朽严重无法加固
22	东次楼	斗栱枋	1035×160×60	榫口处开裂，开裂处位于受力点，无法加固
23	东次楼	斗栱枋	735×160×65	榫口处断开，断裂处位于受力点，无法加固
24	东次楼	斗栱枋	1225×160×60	有两处后开榫口，檐口处下挠严重
25	东次楼	栱	610×235×45	材质为杉木，腐烂、开裂
26	东次楼	栱	1030×160×30	
27	东次楼	驼峰	750×210×100	
28	东次楼	栱	350×130×48，2个	腐烂
29	明间	小额枋	4890×380×430	腐烂
30	西次楼	南侧纵向额枋	1155+两侧榫头，80×300	腐烂
31	西次楼	拉枋	1230×150×55	构件多处糟朽严重，且布满裂痕，加固无法解决结构隐患
32	西次楼	拉枋	1200×165×45	糟朽位置在榫口处，糟朽严重无法加固
33	西次楼	拉枋	1480×155×55	裂缝由榫卯口延伸出，完全断裂且贯穿构件约1/2长
34	西次楼	拉枋	955×155×60	裂缝由榫卯口延伸出，且完全断裂，结构隐患无法通过加固解决
35	西次楼	拉枋	765×150×55	裂缝由榫卯口延伸出，且裂缝贯通一侧，结构隐患无法通过加固解决
36	西次楼	石柱侧拉枋	4030×285×85	糟朽位置在榫口处，且榫口断裂，加固无法解决结构隐患
37	西次楼	石柱顶板	1685×300×100	糟朽位置在榫头及榫口处，糟朽严重无法加固
38	次楼	栱	340×135×60	腐烂

序号	位置	构件名称	尺寸（mm）	残损情况
39	次楼	栌斗5个	250×250×125，5个	材质为杉木，腐烂
40	次楼	大斗1个	240×240×140	腐烂
41	次楼	斗25个	160×160×100，25个	腐烂
42	次楼	斗15个	130×130×100，15个	腐烂
43	次楼	斗16个	200×200×100，16个	腐烂
44	其他	斗325个	200×200×100，325个	腐烂

二 维修的构件登记表

灵应牌坊部分构件残损腐朽严重，需修复加固，清单如下：

灵应牌坊维修构件登记表

序号	位置	构件名称	尺寸（mm）	残损情况
1	明楼	东侧八边形短柱	3985×260×115	腐烂
2	上重明楼	拉枋	2340×160×55	断裂
3	下重明楼	拉枋	1760×170×55	开裂
4	下重明楼	拉枋	1760×170×55	开裂
5	下重明楼	拉枋	1760×170×55	开裂
6	东次楼	斗栱枋	2380×150×60	开裂
7	东次楼	斗栱枋	1040×160×65	腐烂
8	东次楼	斗栱枋	750×160×63	腐烂
9	东次楼	斗栱枋	1260×160×55	开裂
10	东次楼	斗栱枋	740×160×60	开裂
11	东次楼	斗栱枋	580×160×65	腐烂
12	东次楼	斗栱枋	690×150×60	开裂
13	东次楼	斗栱枋	1450×155×50	开裂
14	东次楼	斗栱枋	750×160×65	腐烂
15	东次楼	斗栱枋	2450×155×60	开裂
16	东次楼	斗栱枋	570×160×60	开裂
17	东次楼	斗栱枋	1680×160×55	开裂
18	东次楼	拉枋	1230×155×55	开裂

序号	位置	构件名称	尺寸（mm）	残损情况
19	东次楼	拉枋	2700×200×65	榫头腐烂
20	东次楼	拉枋	2680×200×70	榫头腐烂
21	东次楼	拉枋	3670×150×55	断裂
22	东次楼	拉枋	3670×160×60	开裂
23	东次楼	斗栱拉枋	1470×155×60	开裂
24	东次楼	石柱前拉枋	3040×290×140	腐烂
25	东次楼	拱	1010×160×55	断裂
26	西次楼	石柱顶板	1780×375×95	腐烂
27	西次楼	拉枋	1350×140×55	腐烂
28	西次楼	拉枋	1400×160×50	开裂
29	西次楼	拉枋	1190×160×50	开裂腐烂
30	西次楼	拉枋	1240×160×50	开裂
31	西次楼	拉枋	5520×160×50	开裂腐烂
32	西次楼	拉枋	3680×165×53	腐烂
33	西次楼	拉枋	1010×160×55	腐烂
34	西次楼	拉枋	1420×155×50	接驳（修补）
35	西次楼	拉枋	2700×200×70	腐烂
36	西次楼	拉枋	3680×170×60	腐烂
37	西次楼	拉枋	5530×160×50	断裂
38	西次楼	拉枋	3040×290×140	腐烂
39	明间	上额枋	5800×400×350	腐烂
40		圆木柱	7000φ540	腐烂
41		圆木柱	5260φ500	腐烂
42		圆木柱	7000φ540	腐烂
43		圆木柱	5260φ500	腐烂

第二章　设计方案

第一节　设计方案

根据勘察及安全鉴定结果，华南理工大学建筑设计研究院有限公司编制完成修缮设计方案。

一　设计原则和指导思想

1. 遵守《中华人民共和国文物保护法》规定的"不改变文物原状"的原则。

2. 遵守文物建筑修缮的"四保存"原则：保存原形制、原结构、原材料、原工艺。

3. 遵守《中国文物古迹保护准则》（2015年修订）中的保护原则：不改变原状、真实性、完整性、最低限度干预、保护文化传统、使用恰当的保护技术、防灾减灾。

二　工程性质

根据《文物保护工程管理办法》（2003年5月）第五条，本项目文物保护工程的类别定为"修缮工程"。

三　工程范围、规模及主要内容

本次修缮工程的文物本体为佛山祖庙灵应牌坊，包括：灵应牌坊本身及其周边铺地（不包括两侧"长春""延秋"门）。佛山祖庙灵应牌坊面阔三间9.26m，进深两间3.16m，建筑高度11.53m（从牌坊北侧地面−0.03m标高算至明楼正脊上皮）。占地面积115.18m²，建筑面积88.24m²。

本次修缮的主要内容有：

（一）结构安全：

1. 加固措施：搭设脚手架，加固牌坊。

2. 归安花岗石台基：修复、归安台基表面条石，清洗、采用白灰砂浆补缝。

3. 加固硬木柱、梁枋：拆卸"灵应"额匾，修复上下额枋，将"灵应"额匾与梁交接的榫口适度放大，将变形的额匾归位。

4. 对倾斜柱进行纠偏扶正，修缮完成后，邀请专业单位定期（1~3个月/次）监测柱的倾斜情况。

（二）常规修缮内容：

1. 屋脊：清洗修复琉璃正脊、垂脊、戗脊、脊兽，纸筋灰补缝。

2. 瓦作：东侧次楼屋面检修局部漏雨，替换损坏严重的瓦件。清洗其余屋面瓦件，底瓦重新扫白灰水。

3. 木作：更换东侧次楼脊檩，采用坤甸木，受潮糟朽桷板清理打磨、嵌补后刷饰油漆。桷板、檩条、飞子、连檐件等木构件打磨，再刷饰油漆。

复原东侧次楼天花上部缺失的一个斗栱、一个云纹丁头栱；更换东侧次楼糟朽的一个斗栱、东侧次楼一根枋入木柱内的榫头。错位、变形的斗栱归安。

东侧次楼天花上额枋、明间上额枋清理糟朽处，填补内部糟朽空洞，嵌补轻微糟朽处，打磨。其余梁架清理，防腐防虫处理，补缝打磨。

保留的梁架、斗栱等无雕刻纹样的木构件清理打磨，查杀白蚁，清除霉斑，做防腐防虫处理。封檐板、雕刻云纹的斗栱、驼峰斗栱、梁枋下雀替等有装饰纹样的木构件清理、不打磨，查杀白蚁，清除霉斑，做防腐防虫处理。

打磨修复硬木柱风化剥落的木构件表皮，修复硬木柱，做防腐防虫处理。

天花及天花枋：清理修复，打磨、重漆为绿色。

牌匾："灵应""圣域"所在额匾打磨、做防腐防虫处理、重漆为红色，注意保护"灵应"的三处上下款，有落款处不可打磨。清理金箔文字。"圣旨""谕祭"两牌匾清洁修复，做防腐防虫处理。

4. 石作：台基、花岗石檐柱、抱鼓石、柱础等花岗石构件，清洗复位，白灰砂浆补缝。

5. 地面工程：清洗花岗石铺地，白灰砂浆补缝。

6. 油漆刷饰：木构件打磨清洗（有雕刻纹样的木构件清洗、不打磨）后，统一重新刷油漆。檩条、斗栱、额枋、雀替、牌匾底板刷红色油漆；桷板侧面上红色油漆，底面上深绿色油漆；天花、天花枋上绿色油漆；柱、牌匾两侧金人像底板上黑色油漆。

7. 灰塑、琉璃件装饰：次楼内侧灰塑吻兽修复补色，次楼山花板灰塑修复、补色。各琉璃脊兽清洗。

四 修缮措施

（一）结构安全问题

1. 加固措施：搭设脚手架对灵应牌坊上部进行支撑，以便进行后续台基归安与柱归安等作业。施工前，施工方需制定详细的脚手架搭设方案，脚手架搭设需经过建设单位、设计单位、监理单位认可后方可进行搭设。

2. 归安花岗石台基：西侧台基西南角处下沉约15mm、东侧台基的西南角处下沉约5mm，西侧台基东北角上翘约5mm，石板之间存在缝隙。两侧台基中部的石板都有下沉，下沉10~17mm。打开台基，填入河沙以垫起台基，盖回表层花岗石后采用白灰砂浆补缝。

打开台基之前，先采取加固措施，固定12根柱及上部结构，打开台基时选取现有缝隙的花岗石盖板开始拆卸，拆卸时及时采用防撞材料保护花岗石盖板，并妥善保存，拆卸中应采取措施避免盖板掉落或磕碰到建筑的柱、花岗石等。台基修复之后先确保灵应牌坊整体安全稳定后再撤去临时加固构件。

3. 加固硬木柱、梁枋：对明楼、东西次楼采取揭瓦重铺的修缮措施，揭瓦后自顶部修复四根硬木柱，对正脊加固顶升，更换东次楼脊檩。

拆卸"灵应"额匾，修复上下额枋，将"灵应"额匾与梁交接的榫口适度放大，将变形的额匾归位。

其余木构件均不拆卸，在原位置进行清理、修缮。

木构件修复方法：剔除硬木柱、硬木梁枋内糟朽的部分、清理其他填充物，采用硬木块填充空洞，用木屑填补空隙，再用环氧树脂灌注空洞，加固空洞处。

灌注环氧树脂前应做好榫口处防护处理，防止环氧树脂溢出榫口，造成各榫卯处产生刚性连接。

要求后续对灵应牌坊的白蚁等生物状况进行持续监测。

4. 纠偏扶正柱：南侧4根花岗石檐柱及西北侧2根花岗石檐柱向东倾斜5‰~6‰，东起第一根及第三根硬木中柱向东倾斜6‰。各柱倾斜率不超过7‰。

台基石板归安后可对柱进行纠偏矫正：柱子扶正采用柔索与钢管组合矫正技术，施工工艺流程：测量变形量→设置支座→设置钢管限位系统→设置拉索矫正系统→矫正柱子→拆除矫正系统→柱子加固修复完毕。柱子扶正过程中需保证梁架结构安全。在施工前，施工单位需先做出柱子扶正的施工方案，经相关单位审核后方可进行施工。

要求本次修缮之后，采用专业仪器对灵应牌坊进行定期监测，以控制柱倾斜发展情况。

（二）常规修缮内容

1. 屋脊

用清水清洗四个屋面的所有琉璃正脊、垂脊、戗脊；剔除脊交接处缝内杂质，纸筋灰修复脊之间的灰缝。清洗琉璃构件。

2. 瓦作

明楼上重屋面检修局部漏雨，剔补残损严重的瓦件。东次楼屋面揭瓦重铺。琉璃构件清洗。

所有屋面清洗灰缝霉斑，剔补残损严重的瓦件。檩、枋、椽板、飞子等检修是否白蚁蛀蚀或风化受潮糟朽。底瓦重刷白灰水。

注：屋脊、脊饰、瓦件等琉璃构件，在本次修缮过程中清洗，不做修复、封护等处理。

3. 木作

（1）檩条

东侧次楼脊檩及承托脊檩的丁头栱表面受潮糟朽，采用坤甸木更换，做防腐防虫处理。更换时，采用弹性材料包裹正脊以免损坏，用固定于脚手架的支撑构件夹住正脊提升，更换后归安修复正脊。施工单位需针对正脊制定详细的保护支撑方案，经过建设单位、设计单位、监理单位认可后方可进行施工。

所有檩条修补，清理打磨。部分檩条受潮严重、糟朽，施工时必须对木构件进行详细勘验。施工过程中，施工单位如新发现檩条存在以下情况，需进行更换：开裂、糟朽或虫蛀严重，已失去承载能力。如必须更换，要采用坤甸木，并依原构件尺寸。

（2）椽板、飞子、连檐件、封檐板

东侧次楼的部分椽板雨水侵蚀，表面受潮轻微糟朽，更换糟朽椽板，做防腐防虫处理。

由于前期勘察中脚手架搭设受限，未勘察到明楼上重屋面的具体情况，采取动态设计，施工过程中，检查明楼上重屋面的椽板、飞子等构件保存情况，如发现糟朽、褪色等情况需修补打磨，糟朽严重需更换构件。

所有硬木椽板、飞子、连檐件，修复，做防腐防虫处理，打磨清洁。

所有封檐板的修复：用毛扫扫除表面浮尘、清理，修复开裂、风化破损的封檐板，做防腐防虫处理。两侧次楼靠明间侧博风板，打磨，做防腐防虫处理。

所有飞子的修复：用毛扫扫除表面浮尘，修复受潮发霉的飞子，打磨，做防虫防腐处理。

（3）斗栱

东侧次楼东起第一根柱南侧缺失最下的云纹丁头栱及一处丁头栱，根据建筑形制的对称性，复原缺失的云纹丁头栱和斗栱构件；东起第一根木柱北侧最下的云纹丁头栱糟朽，采用坤甸木更换糟朽构件。东侧次楼东起第一根木柱南侧的一根枋入木柱内的榫头糟朽，采用坤甸木更换此处木枋。

西侧次楼靠明间硬木柱南侧最下云纹丁头栱脱榫，重新固定。

所有出现偏移、变形、错位现象的斗栱构件，将错位变形的构件归安。

（4）梁架

东侧次楼天花上部额枋开裂、轻微糟朽，打磨，嵌补额枋，做防腐防虫处理；木枋及驼峰斗栱、发霉、轻微糟朽，打磨，修补裂缝，做防腐防虫处理。

所有梁架、斗栱、枋等无雕刻纹样的木构件打磨清理，查杀白蚁，清除霉斑，做防腐防虫处理。封檐板、雕刻云纹的斗栱构件、驼峰斗栱、梁枋下雀替等有雕刻纹样的木构件清理，不打磨，查杀白蚁，清除霉斑，做防腐防虫处理。

（5）天花及天花枋

修复两侧次楼绿色天花及天花枋，清洁、打磨、做防腐防虫处理。两天花历次修缮记录不明，无明确的复原依据，因此保留现有不对称天花。

（6）硬木柱

中缝4根硬木圆柱，打磨清理，做防腐防虫处理。

（7）"圣域""灵应"所在额匾

打磨硬木板。清理修复金箔文字。"谕祭""圣旨"两块牌匾，采用软毛刷清洁灰尘。

所有木构件进行清理、修复后再刷饰油漆。

4.石作

（1）前后檐花岗石柱及各花岗石柱础修复：用清水进行清洗。

清洗四个中柱的花岗石柱础。

（2）待台基修复完成后归安抱鼓石，使抱鼓石夹紧硬木中柱，清理干净抱鼓石与中柱之间的粘接材料，采用白灰砂浆填补抱鼓石与硬木柱之间的缝隙。

（3）台基归安后清洗，白灰砂浆补缝。

5.地面工程

地面清洗修复，疏通周边排水。

6.桐油作

所有木构件经过打磨清理脱漆、修复构件、白灰腻子补缝、防腐防虫处理等木作修复工程后，刷饰掺入矿物颜料的油漆。

所有檩条、飞子表面打磨清理脱漆、修复构件，做防腐防虫处理后，刷红色油漆。所有桷板打磨清理脱漆，做防腐防虫处理，侧面刷红色油漆，底面刷深绿色油漆。封檐板清理脱漆，做防腐防虫处理，刷黑色油漆。两次楼的四处博风板打磨清理脱漆，做防腐防虫处理，刷黑色油漆。

所有无雕刻纹样的斗栱及梁架打磨清理脱漆，做防腐防虫处理，刷红色油漆。所有雕刻纹样的斗栱部分、驼峰斗栱、梁枋下雀替等清理脱漆，做防腐防虫处理，刷红色油漆。

两侧次楼绿色天花及天花枋打磨清理脱漆，做防腐防虫处理，刷绿色油漆。硬木圆柱打磨清理脱漆、清理修复表面裂缝，做防腐防虫处理，刷黑色油漆。

"圣域""灵应"所在额匾打磨清理脱漆，做防腐防虫处理，刷红色油漆，注意保护额匾上的金箔字、落款及阴刻落款。

7. 灰塑、琉璃件装饰、金属装饰

用清水清洗四个屋面的琉璃脊兽、琉璃水浪纹、琉璃鳌鱼，剔除装饰与脊交接处缝内杂质。

两次楼内侧的四个灰塑吻兽、两次楼外侧山花板两处灰塑，采用传统工艺修复，纸筋灰修复灰缝，根据现存色彩补色。

对金属铃铎做防锈处理。

五 材料和工艺要求

1. 瓦件、桷板尺寸

硬木桷板尺寸105mm×40mm，桷板间距为240mm，素胎陶板瓦尺寸为240mm×230（直边）mm，绿琉璃筒瓦直径为105mm。

2. 木材要求

（1）木材的含水率应符合《木结构设计标准》（GB50005-2017）中第3.1.12、3.1.13条的规定：板材、规格材和工厂加工的方木不应大于19%。方木、原木受拉构件的连接板不应大于18%。作为连接件，不应大于15%。现场制作的方木或原木构件的木材含水率不应大于25%。

（2）木构件油漆工程做法

底层处理：木构件脱漆，无雕刻纹样的木构件可打磨脱漆，有雕刻纹样的斗栱构件、封檐板、驼峰斗栱等木构件清理脱漆。将被涂物表面灰尘掸扫干净，物面砂磨光滑并清除磨屑。

补缝：大木构架采用青石子填缝，再将大漆涂料填满裂隙。小型木构架（如斗栱等）开裂，直接用大漆涂料填充缝隙。

底漆：涂刷于平整面，避开有纹样的部分，构件平整面使用铲刀上漆，弧面用橡胶片上漆。第一道大漆横向涂抹，第二道大漆横向涂抹。

刷饰掺入大漆、矿物颜料的熟桐油三道。有雕刻纹样的小型木构架不刷饰底漆；在大型木构架底漆表面刷有色漆两道，第一道采用带漆毛刷横向涂抹，再用不带漆毛刷竖向涂抹，第二、三道采用不带漆毛刷竖向涂抹，再用不带漆毛刷横向涂抹。

（3）木构件修复做法

①从下至上。适用于柱、梁架、无雕花斗栱等：刷饰油漆（掺入红色、绿色、黑色矿物颜料，具体使用颜色依据现状构件色彩）。裂缝处腻子（猪料灰）补缝磨光。木基层处理打磨、清理。所有木材须

做防腐防潮防白蚁和防火阻燃处理。采用铜胺（氨）季铵盐（ACQ）防腐剂喷涂四遍（和水稀释比例为
1∶6）。

②从下至上。适用于雕花封檐板、雕花梁架、雕花斗栱等的修复：刷饰油漆（掺入红色、黑色矿物
颜料，具体使用颜色依据现状构件色彩）。清理木基层。所有木材须做防腐防潮防白蚁和防火阻燃处理。
采用铜胺（氨）季铵盐（ACQ）防腐剂喷涂四遍（和水稀释比例为1∶6）。

3. 灰浆要求

（1）沤制：将稻草切成每段约一寸长（3cm），加入石灰膏反复搅拌，并沤制一段时间。草筋灰要提
前浸泡，施工前需准备好材料。

（2）灰浆配比：白灰砂浆配比（重量比）：白灰∶中砂＝1∶3，用于石作、地面铺地等砌筑砂浆。纸
筋灰配比（重量比）：白灰∶纸筋（掺入矿物颜料）＝100∶10，用于局部瓦作，灰塑山花板、灰塑吻兽。
草筋灰配比（重量比）：白灰∶草筋∶中砂＝100∶6∶200，用于筒瓦、板瓦铺砌，屋脊等抹灰层的修复，
灰塑山花板、灰塑吻兽的修复。

（3）涂料配比

施工涂料配比：过滤的大漆、石膏粉和水，重量比5∶10∶1，因天然漆中掺有水分，因此石膏粉投
放比例应根据实际情况而定。

有色漆配制：大漆、桐油、矿物颜料，其配比依据天气情况而定，雨天10∶10∶3，晴天10∶6∶3。
原料配完后呈颗粒状，不能直接使用，需充分搅拌均匀，然后密封保存，静置20天到30天。静置后有色
漆呈黏稠状，将作为木构架最外层装饰涂料。

六　注意事项

1. 本工程所使用的全部建筑材料及装修材料，必须符合《民用建筑工程室内环境污染控制规范》
GB50325–2010（2013年修订版）设计说明及有关要求，检验合格方可使用。凡属古建筑所使用的特定材
料，应先由施工单位提供材料样板（包括颜色样板和材质样板），再经设计单位、委托单位和文物专家三
方选定并签认后，方可全面采购、进料、使用该种材料。

2. 施工保护

拆卸修缮构件（额匾、瓦件等）存放：在甲方指定场地，根据搬运材料性质、数量等认真规划，妥
善安置材料，不得随意堆砌，以免造成材料损坏。拆解构件应集中存放于室内，拆解构件中木构件易产
生受潮糟朽、白蚁等病害情况，因此禁止材料日晒雨淋，做好防潮、防虫等保护措施。经过检查后，各
构件拆卸时，应对各构件进行分类、编号，不得随意堆放。瓦件、琉璃件等构件应分类堆放在平整地面
上，木构件应架空存放，如需叠层堆放需在地面或构件间铺放枋木支垫，檩、枋木在间距0.8～1.0m间均
匀排放。防止垫木过疏而折断损伤构件。拆解构件中有瓦件等易产生磕碰、崩缺、断裂的构件，因此保
存时注意采用防震材料包装，禁止叠压放置。现场配备必要灭火器等，加强管理、定点巡查。做好防火、
防盗措施。

3. 油漆彻底干燥需三个月，其间防止灰尘堆积即可。

4. 揭瓦修缮时注意对牌坊构件的支撑与保护，避免磕碰构件，维修时如发现其他损坏问题，应与设

计方及时沟通。

5.为保证施工质量，施工单位须取得相应等级的《文物保护工程施工资质证书》，方可承担本工程。

6.施工过程中，施工单位需注意施工安全，采用施工围挡进行围蔽施工，保障人员和财物安全。

第二节 设计变更方案一

本项目正在施工过程中，新发现了主要受力木构件隐蔽部位的病害和损坏情况，同时也新揭示了历次修缮过程中对其建筑形制进行过局部修改的痕迹。针对这些情况，华南理工大学建筑设计研究院有限公司对文物本体进行深入的详细勘察，补充勘察记录，并在此基础上给出调整修缮方案的相关建议。

一 落架修缮的必要性分析

1.四根中柱

四根中柱柱脚糟朽严重，如落架维修，可保持外皮、内部填充整块木料作为承重支撑；如不落架维修，柱脚则需要进行墩接，对文物的干预也较大且影响外观风貌。落架与否，对文物均有较大干预，但落架修缮能更大程度保留其历史原貌与艺术价值，因此宜落架。

西起第二根柱内部灌注砂浆难以取出，如落架维修，可逐步打碎，从柱身现有糟朽缺口及上下端取出；如不落架维修，西起第二根柱的砂浆处理实际操作存在风险，悬空浆体易滑脱、挤压柱身爆裂，且只能从侧面糟朽处开口取出。

四根中柱均有内部糟朽中空，如落架维修，可清理干净所有柱内糟朽木质层，采用整块木料填塞，并通过内部填充木料起到支撑作用，填充木料分几段置入、从何处置入、采用什么方法置入可通过多次实验进行操作；如不落架维修，四根柱内部糟朽的木质难以清理干净，糟朽易继续发展，且内部空腔难以采用整料填补，填充木料不能起到支撑作用。对比落架与否，落架干预较大，但处理较为彻底，可排除安全隐患，确保较长时间内不再修缮，因此宜落架。

2.需更换明间小额枋

明间小额枋糟朽中空较为严重，现状空腔内采用钢筋加固，环氧树脂灌注，为排除安全隐患，应更换。如不采取落架修缮，明间小额枋拆卸与安装均存在实际操作难度，由于小额枋两端通过直榫与柱相插接，重新安装时需挪动柱以留出空间，柱上部均由穿斗式连接的斗栱层固定，无法挪动，如需挪动亦需要拆除穿柱的斗栱及枋等构件，与落架修缮对文物产生的干预相接近。因此，更换明间小额枋的施工方法，更适宜采用落架修缮。

3.榫头糟朽，需要加固的构件

东次楼大、小额枋，西次楼大、小额枋，均出现端部榫头糟朽的情况，需要对榫头进行处理，排除安全隐患。如不采取落架修缮，则只能通过外加碳纤维布（CFRP）或外加钢箍的方式对整个榫卯节点进行修缮，虽此种加固方式具有可逆性，但处于室外环境其加固保证的年限较短，且对灵应牌坊外立面艺术价值的影响较大，因此不宜采用此种加固措施。如进行落架修缮，则可通过榫接的方式修补各构件糟朽的榫头部分，再采用附加膨胀螺栓等辅助加固，对牌坊外立面影响较小，并可排除安全隐患，维持较长年限。

4.总结

综上所述，统计灵应牌坊现状勘察安全隐患的主要存在部位和类型，对比落架与否对其处理措施及干预度的影响，落架修缮实际操作性更强，对安全隐患的处理更彻底，能够确保此次修缮的作用维持更长年限，因此，本次修缮工程采取落架修缮的方式。

二 落架修缮

1.落架修缮的要求

根据《中国文物古迹保护准则》（2015年修订）第26条，"对传统木结构文物古迹应慎重使用全部解体的修复方法。经解体后修复的文物古迹应全面消除隐患。修复工程应尽量保存各个时期有价值的结构、构件和痕迹。修复要有充分依据"。

因此，此次采取落架修缮。

（1）要求全面消除安全隐患，确保在较长时间内不再修缮。对四根硬木中柱进行彻底处理；对糟朽开裂严重和承载力降低且艺术价值较低的构件进行更换；对榫头糟朽、艺术价值较高的原状构件制定有针对性、可操作的修缮措施，从榫卯本身解决安全问题；对明楼下檐本身结构受力缺陷进行有效处理。

（2）允许增添加固构件、使用补强材料、更换残损构件。新增添的结构应置于隐蔽部位。更换的构件必须采用灵应牌坊原状木材种类、原尺寸形制进行制作，更换构件应有年代标志。

（3）灵应牌坊中现状留存的各时期的结构、构件和痕迹均价值较高，应予以保留。

2.落架修缮方法

将灵应牌坊各构件进行编号、拍照后，小心拆下，待各构件的保护措施施工完成后，再将各构件安装复原。尽量整体拆卸明楼上下檐斗栱层、东次楼斗栱层、西次楼斗栱层，斗栱层内需更换的构件不多，且都处于斗栱层顶部或底部，可局部拆解更换，因此这三个部分拆卸时尽量整体拆卸、存放。具体修缮内容如下：

硬木柱：拆解后取出西起第二根木柱内的砂浆；清理四根木柱内的糟朽部分；采用坤甸木整料填塞内部空洞，使其作为木柱的承重体系；安装主要梁柱构件，柱竖起后灌注环氧树脂填补内部木料与原状木柱外皮的空隙，注意防止浆体溢出榫孔。

八边形木柱：对明楼下檐脊檩位置上下进行加固。安装后纠偏两根木柱。

额枋：明间小额枋更换；明间大额枋挖补处理；东西次楼大小额枋挖补糟朽的榫头，并采取加固措施。

斗栱层构件：更换枋，西次楼3条，明楼下重3条，明楼上重1条；更换开裂严重的华栱3个；修复、归安其余构件。

加建木板：拆除。

脊檩、角梁及生头木：修复明间上下重脊檩，更换东西次楼两根脊檩。更换12处老角梁、仔角梁及生头木。

明楼下檐斗栱出挑过远：对出挑过远的斗栱层进行加固处理。

具体施工顺序：

由上至下拆卸明楼上檐各檩、明楼下檐除脊檩外的各檩、东西次楼各檩→明楼上、下檐斗栱层尽量整体拆卸→东次楼斗栱层、西次楼斗栱层尽量整体拆卸→拆卸结构构架→清除四根中柱内部填充物，采用整块木材填补空腔，对柱子采取相应加固措施；对额枋等构件的榫头进行挖补处理和加固；制作更换构件→对八边形柱进行加固处理→安装牌坊台基及主要柱、枋等结构构架→对四根硬木柱填补空隙灌注环氧树脂→组装整组拆卸的斗栱层→组装拆解的斗栱、枋等构件→安装各脊檩。

3. 拆解工程流程

拆解明楼上下檐斗栱层各构件，按保护性拆解、材料搬运和存放、安装三个步骤进行。施工单位应制定详细的拆解、搬运和存放、安装的施工方案，施工方案经业主、设计和监理三方认可后方可进行施工作业。

拆解施工方案包括各构件的编号及标记方式、详细拆解方式、材料分类方式、现场记录方式等。搬运和存放施工方案需明确运输方式、运输计划、材料存放场地、材料存放分类等。安装施工方案包括原有材料的利用率、可利用材料或构件的确认和复核、新旧构件安装方式等内容。施工方案还应有业主、设计和监理三方到场的重要工程环节等内容。

拆解前应补充木构件榫卯等部位的勘察，重新对文物本体进行测量，查验尺寸、做法、工艺、材料等，补充隐蔽部位的勘察，如发现实际情况与设计图纸不符，应及时通知设计单位。

4. 拆解、搬运及存放的技术要求

（1）拆解前需对檩条、木枋、斗栱及八边形柱等所有构件进行编号。

（2）拆解工程全程采用人工精细拆解，严禁采用机械破坏性拆解。拆解时严禁随意锤打、掀翻放倒等有损构件的行为，各构件拆解时做好支护措施，保障拆解的顺利进行和拆解构件的完整性。木构件采用"退榫法"退出榫头，保持构件完整。严禁采用锯断、拉拽、脱敲等不当方式。

（3）拆解过程中，所有构件应保存，如无法保存，会同监理、设计确认，拆解前按原物拍照，记录材料、形式、色彩，并按原物绘制详细的样式花纹图。

（4）拆解的构件临时存放做好保护，装运前做好整理、清点、记录。登记详细清单，以便验收交接时使用。

（5）搬运时木材构件宜适当捆扎，以能手搬肩扛或两人抬运为准。长的木构件如木枋、木柱，放倒后必须在榫口附近加绑扎木条进行加固。

（6）根据材料存放要求，结合场地使用情况，选取合适场地集中存放材料，存放场地尽可能靠近迁移新址，需为室内场地，避免日晒雨淋，有良好的通风、采光条件。

（7）根据搬运材料性质、数量等认真规划、妥善安置材料，做好分类及标记，不得随意堆砌、任意叠加等，造成材料的意外损坏。木构件不宜直接放置于地面。

（8）材料存放须做好防潮、防虫防蚁等保护措施。现场配备必要的灭火器等，加强管理、定点巡查，特别是夜间有守夜人员或安全监管，做好防火、防盗措施。

（9）施工前，施工单位须制定详细材料搬迁和存放方案，明确搬迁细则和材料存放场地、材料分类方式等，提供场地影像资料，施工方案报相关文物部门审批后方可施工。

三　修缮措施

1. 四根中柱

（1）落架修缮柱。

（2）清除四根中柱内部填充物，对柱子整体做防腐防虫处理，对空洞处进行挖补处理。榫孔糟朽导致榫孔扩大处，亦进行挖补处理，恢复原有榫孔大小。

（3）挖补处理：柱身空洞填补尽量从柱底、柱两侧面靠抱鼓石处进行处理，明间两根中柱，在抱鼓石相贴的裂缝处剔补处理。将糟朽空洞处，用凿子或扁铲剔成几何形状，以能保证没有糟朽的部分最大限度地保留为好。将洞边铲直，为保证填补密实程度，洞壁要稍微向里倾斜，即洞里比洞口稍大。用整根坤甸木块制作成已凿出的补洞形状，将木块楔紧实，用环氧树脂胶粘接，待胶干后，用刨子加工，做成符合原柱身的形状。

（4）四根中柱在上中下设置三处钢圈进行加固。

（5）重新安装后对木柱修复的空隙进行灌注环氧树脂处理。

2. 八边形木柱

（1）八边形柱承载力计算如下：

①明楼上重檐口及以上自重

瓦屋面：$5.5 \times 1.7 \times 1.5 \times 2 \approx 28kN$　　陶塑：$1.0 \times 3.4 + 1.5 \times 2.7 \approx 8kN$

明楼上重檐口及以上活荷载　瓦屋面：$5.5 \times 1.7 \times 0.7 \times 2 \approx 13$

②9.78m以下梁枋

梁枋：$0.2 \times 6 \times 7 + 0.2 \times 3.5 \times 8 \approx 14kN$

③明楼下重檐口及上、下屋面自重

瓦屋面：$4.1 \times 8.8 \times 1.5 + 6.8 \times 4 \times 1.5 \times 2 \approx 136kN$　　明楼下重檐口及上、下屋面活荷载

瓦屋面：$4.1 \times 8.8 \times 0.7 + 6.8 \times 4 \times 0.7 \times 2 \approx 64kN$　　陶塑：8kN

④木立柱自重：$5 \times 2 = 10kN$

共计1.2恒载+1.4活载 = $1.2 \times 205 + 1.4 \times 77 \approx 354$

现有木立柱共有两个，均分荷载则为177kN/柱。

按现有截面尺寸240mm，扣除榫口的面积后实际截面积为22000mm²。

则木材计算强度 = $177000/22000 \approx 8.05N/mm^2$，考虑木材已经使用近100年，材料老化严重，按规范强度值需进行折减，木材强度暂时按最低值TC11等级10Mpa考虑，强度按设计值的85%考虑，折合强度值为8.5Mpa，接近折算强度，所以木柱处于危险状态，应进行加固处理。

（2）根据八边形柱承载力计算，木材抗压强度满足要求，因此，修复需用八边形柱。

（3）八边形木柱明楼上下重之间，明楼下重脊檩穿过处较为薄弱，采用钢板在南北侧进行加固，上下用螺栓对拉。八边形柱顶部存在竖向裂缝，采用宽30mm的钢箍加固。

3. 下重明楼出挑过远的结构缺陷

采用钢绞线斜拉的方式加固出挑过远的斗栱层，柱顶端设置3mm厚50mm宽铁箍，枋南北设置两处

3mm厚30mm宽铁箍，用以固定钢绞线。

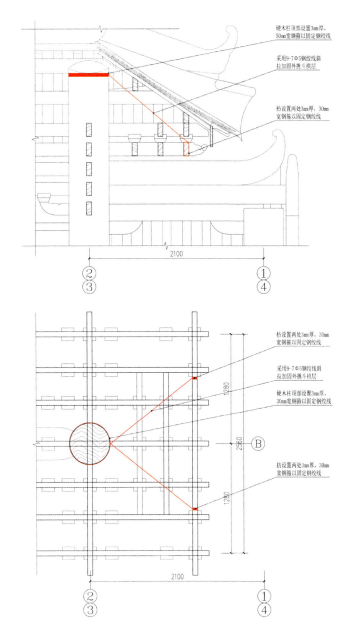

下重明楼悬挑屋顶加固大样图

4.常规残损处理

（1）灰塑

次楼山花灰塑，按传统工艺进行修复。具体灰塑修复步骤如下：

①在合适的湿度下包裹养护。

②上彩。

③铺色灰，对灰塑进行最后修正和定型。

④纸筋灰批面，灰塑基本定型。

⑤草筋灰批底，修复裂缝。

注：上彩必须在完成色灰步骤后紧接进行，一般程序是"先里后外、先大后小、先浅后深"。

（2）陶塑

破损较为严重的15件陶塑，由专业传统陶塑技艺传承人提供修缮维护方案，清洗后采用环氧树脂黏结剂进行黏合。

5. 其他

关于木构件的做法

（1）刷三遍熟桐油（掺入红褐色矿物颜料）。

（2）裂缝处刮腻子（油灰）磨光。

（3）木基层处理打磨（适用于表面无雕花部分）。

（4）用清水清洗（适用于表面有雕花部分）。

（5）做防虫防腐处理。

注：在安装前必须进行防虫防腐处理，隐蔽部位的防虫木材防腐应特别注意。埋入墙体的木构件表面进行防虫防腐处理后再涂刷沥青方可安装，用量为$5\sim6kg/m^3$。木材防腐剂选用铜胺（氨）季铵盐（ACQ）防腐剂（和水稀释比例为1∶6），可采用浸泡或喷涂的做法：

浸泡：以水面完全覆盖木材为标准，浸泡处理时间为24小时。

喷涂：防腐剂喷涂四遍。

新做木构件防虫防腐处理：木材开料去荒成型后，进行烘干处理，要求烘干后木材含水率在20%以下。烘干完成后，做防虫防腐化学处理。

续用的木构件防虫防腐处理：屋面揭瓦后，检查现存木构件的残损情况，对于符合修补标准续用的木构件，采用喷涂法进行现场防腐处理。

第三节　设计变更方案二

本项目落架修缮过程中，新发现枋、柱、斗栱构件榫头卯口位置等隐蔽部位的损伤病害情况，补充勘察记录，并在此基础上调整了修缮方案，增加了部分需更换的构件。落架后详细勘察四根中空较为严重的硬木金柱，并针对四根金柱制定进一步清洗修复措施。落架后发现西起第二根柱的柱础残损碎裂，根据其破坏情况制定修缮措施。拆卸两根八边形木柱后进一步勘察，西侧柱槽朽中空严重，底部榫头已朽烂缺失，且中部槽朽砍凿处残损点存在安全隐患，因此定修缮措施为更换此柱，具体内容如下。

一　硬木中柱

1. 清理干净西侧第二根柱内砂浆，清洗干净柱内槽朽。

2. 内部喷涂或浸泡防腐传统材料，形成保护层。

木柱虽中空槽朽，但仍能完全荷重，清理槽朽部分，规整内部边缘。做防腐防虫处理。内表面采用耐久的传统材料浸泡或喷涂，做防腐防虫处理，内壁形成保护层。

3. 空腔采用传统材料灌浆，填充至榫孔以下。

　　木柱虽中空糟朽，但仍能完全荷重，清理糟朽部分，规整内部边缘，防腐防虫处理后，仅需在榫孔下部范围内采用传统材料填补空洞，无需增加整段木条或钢材等增加木柱承载力。采用环氧树脂、锯木粉1：1混合，掺入碎木块作为骨料，进行填补，具体配比根据施工现场实验确定。填补范围为榫孔以下。

　　4. 柱脚糟朽，墩接300mm；柱顶部糟朽，修补固定。

　　（1）墩接柱脚：墩接四根中柱的柱脚。

　　①采用坤甸木墩接。柱脚下部墩接高度不小于300mm，榫头高度不小于500mm，具体尺寸根据柱的糟朽程度和榫口位置确定。

　　②墩接榫头的形状大小，根据柱内部糟朽的实际情况确定。

　　③柱脚有卷杀，形状及尺寸均按现状制作。

　　④柱脚墩接外露的榫口设置于抱鼓石处，即南北方向。墩接后采用两根钢箍加固，钢箍高度70mm，厚度3mm，上下钢箍位于榫接缝处。钢箍采用明箍，防止损伤木柱。

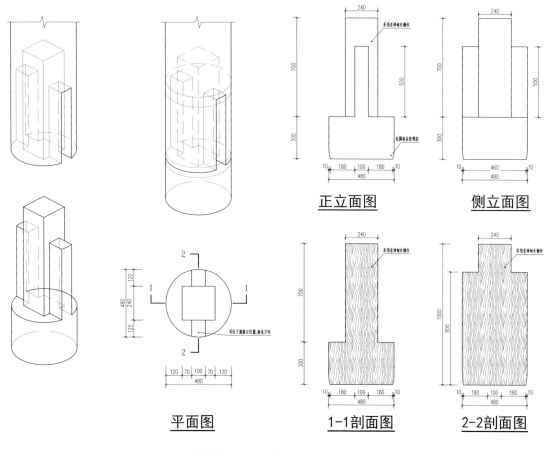

①轴柱脚墩接大样

注明：采用老坤甸木墩接，下部墩接高度不小于300mm，榫头高度不小于500mm。
　　　墩接榫头的形状大小，根据柱内部糟朽的实际情况确定。
　　　柱脚有卷杀，卷杀高度与弧度，按现状制作。
　　　柱脚墩接外露的榫口设置于抱鼓石处。墩接后采用两根钢箍加固，钢箍高度70mm，
　　　厚度5mm，上下钢箍位于榫接缝处。钢箍采用明箍，防止损伤木柱。

柱脚墩接方案图

（2）修补柱顶：将糟朽空洞处，用凿子或扁铲剔成几何形状，以能保证没有糟朽的部分最大限度地保留为好。将洞边铲直，用整块坤甸木块制作成已凿出的修补形状，将木块楔紧实，用环氧树脂胶粘接，待胶干后，用刨子加工，做成符合原柱身的形状。修补后柱顶承托穿枋和脊檩后，顶部采用U型铁件固定，下设铁箍，防止穿枋和脊檩晃动，折断修补处。

二 西起第二根中柱柱础

将柱础断裂位置切割平整，柱础顶部开燕尾榫，制作新的石材补齐柱础，采用燕尾榫连接。新旧石材之间采用钢板在顶面拉结，开槽放置钢板使钢板与柱础顶面平齐，两端均用膨胀螺丝钉入石材。

三 明楼八边形短柱

八边形木柱中段糟朽，部分榫孔断裂缺失；柱内部糟朽空洞；上部存在变形、裂缝现象。西侧八边形底部糟朽严重，截面剩余面积不足1/2。

1. 承载力计算

（1）明楼上重檐口及以上自重

瓦屋面：$5.5 \times 1.7 \times 1.5 \times 2 \approx 28kN$　　陶塑：$1.0 \times 3.4 + 1.5 \times 2.7 \approx 8kN$

明楼上重檐口及以上活荷载　瓦屋面：$5.5 \times 1.7 \times 0.7 \times 2 \approx 13$

（2）9.78m以下梁枋

梁枋：$0.2 \times 6 \times 7 + 0.2 \times 3.5 \times 8 \approx 14kN$

（3）明楼下重檐口及上、下屋面自重

瓦屋面：$4.1 \times 8.8 \times 1.5 + 6.8 \times 4 \times 1.5 \times 2 \approx 136kN$

明楼下重檐口及上、下屋面活荷载

瓦屋面：$4.1 \times 8.8 \times 0.7 + 6.8 \times 4 \times 0.7 \times 2 \approx 64kN$　　陶塑：$8kN$

（4）木立柱自重：$5 \times 2 = 10kN$

共计1.2恒载+1.4活荷载=$1.2 \times 205 + 1.4 \times 77 \approx 354$

现有木立柱共有两个，均分荷载则为177kN/柱。

按现有截面尺寸240mm，扣除榫口的面积后实际截面积为22000mm²。

则木材计算强度=$177000/22000 \approx 8.05N/mm^2$，考虑木材已经使用近100年材料老化严重，按规范强度值需进行折减，木材强度暂时按最低值TC11等级10Mpa考虑，强度按设计值的85%考虑，折合强度值为8.5Mpa。

结论：强度值接近折算强度，所以木柱处于危险状态，应对其进行加固或更换处理。

2. 八边形木柱现状

现状：八边形木柱现状直径上大下小，底部直径为240mm，上部直径260mm。

推测底面直径与上部不同的原因，猜测一：施工误差导致；猜测二：后期修缮过程中处理柱面层导致。

结论：柱径上大下小，受力较为不合理。

3. 结论

综上所述，现状两根八边形柱强度较低，西侧八边形柱糟朽严重，宜更换，东侧八边形柱保留续用，采取加固措施。

4. 修缮措施

（1）西侧八边形柱更换

两根八边形柱，采用坤甸木更换，直径统一为260mm。更换木构件在隐蔽处写明更换时间。

尺寸变更依据：如按现状柱径复原，上部直径260mm，下部直径240mm，受力较不合理。推测直径不同为施工或后期修缮导致。

根据《古建筑木结构维护与加固技术标准》GB50165-2020第41页第7.4.6条：当木柱严重腐朽、虫蛀或开裂，且不能采用修补、加固方法处理时，可更换新柱，更换应符合下列规定：应确定原柱高，当木柱已残损时，应对其结构、时代特征和同类木柱尺寸进行考证和综合分析，应推定柱高、柱径和形状。

因此，采用上部直径，即直径260mm，作为八边形柱的统一尺寸进行更换构件的制作。

（2）东侧八边形柱修复续用

在东侧八边形柱底部和顶部架设铁箍固定，中部采用钢板加固。

四　新确认的更换构件

1. 构件更换依据

《中国文物古迹保护准则》（2015年修订）第27条：修缮，包括现状整修和重点修复。现状整修主要是规整歪闪、坍塌、错乱和修补残损部分，清除经评估为不当的添加物等。修整中被清除和补配部分应有详细的档案记录，补配部分应当可识别。重点修复包括恢复文物古迹结构的稳定状态，修补损坏部分，添补主要的缺失部分等。对传统大结构文物古迹应慎重使用全部解体的修复方法。经解体后修复的文物古迹应全面消除隐患。修复工程应尽量保存各个时期有价值的结构、构件和痕迹。修复要有充分依据。

阐释：

现状整修和重点修复工程的目的是排除结构险情、修补损伤构件、恢复文物原状。应共同遵守以下原则：（1）尽量保留原有构件。残损构件经修补后仍能使用者，不必更换新件。对于年代久远、工艺珍稀、具有特殊价值的构件，只允许加固或做必要的修补，不许更换；（2）对于原结构存在的，或历史上干预造成的不安全因素，允许增添少量构件以改善其受力状态。

重点修复应遵守以下原则：（1）尽量避免使用全部解体的方法，提倡运用其他工程措施达到结构整体安全稳定的效果。当主要结构严重变形，主要构件严重损伤，非解体不能恢复安全稳定时，可以局部或全部解体。解体修复后应排除所有不安全的因素，确保在较长时间内不再修缮；（2）允许增添加固结构，使用补强材料，更换残损构件。新增添的结构应置于隐蔽部位，更换构件应有年代标志。

根据以上内容，对残损构件进行详细勘察评估，确定是否更换的判断标准：

（1）不受力的构件不需更换，受力点残损的构件为保证结构安全进行更换。

（2）权衡文物价值，尽可能保存更多历史信息，如，平板枋共4个，均有不同程度糟朽，至少保留1块，西次楼平板枋保存较为完好，但榫卯处糟朽缺失，则保留此构件，采用其他平板枋的榫头修复；如，有一处栱，后期修缮中采用樟木更换，形状独特，为弧形，反映当次修缮木材缺少，采用边角料制作，记录一定的历史信息，具有价值，应保留续用。

（3）后期修缮中采用不同材质替换的构件，如糟朽严重则采用坤甸木更换，如无明显残损则保留续用。

（4）对残损较为严重、受力点残损、加固不能显著提高强度的构件（如部分较长且悬挑较远的构件，中间断裂或糟朽严重，采用螺栓或钢箍加固不能提高构件的受弯性能；部分构件榫卯连接处糟朽或开裂严重，采取加固措施不能提高构件主要受力节点的抗剪等性能），为全面消除文物古迹安全隐患，应予以更换。

具体更换构件明细详见《灵应牌坊更换构件登记表》。

2. 构件更换要求

《古建筑木结构维护与加固技术标准》GB50165-2020第4页第3.0.5条：当有必要修补或更换原有木构件时，其所使用的木材应符合下列规定：（1）与原有构件属同一树种；当有困难时，也应采用材性相近的树种。（2）新换木材的含水率应接近当地平衡含水率。（3）可见部分的纹理、色泽应与原构件相似。（4）新换木构件上应做标记，满足可识别的要求。第33页第7.1.3条：……（3）对能修补加固的，应设法最大限度地保留原件，使历史信息得以延续；对需更换的木构件，应在隐蔽处注明更换日期。（4）加固中换下的原物、原构、配件不得擅自处理，应统一由文物管理部门处置。

第四节　陶器修复专项方案

一　前言

佛山祖庙灵应牌坊石湾窑陶塑瓦脊一批，共92件（套），材质为釉陶。该批石湾陶塑瓦脊在入库前安装在灵应牌坊上作装饰作用，长年经受风吹日晒，受自然灾害影响，不排除还有外物撞击等物理伤害。器物表面和裂缝处积存有大量污垢，整体出现残缺、裂纹、裂缝、泥土附着物及其他附着物等病害，釉面出现风化、起翘、脱落，胎体的窑裂也在不断延长和加深，亟须进行保护修复。佛山市祖庙博物馆文物保护部承担该批藏品的维护保养方案编写工作，参照《WW/T0022-2010陶质彩绘文物保护修复方案编写规范》标准要求编制本方案，为保护修复实施操作提供参考和指导。通过对该批瓦脊进行保护修复，使藏品最大程度上复原晚清时期石湾陶塑的历史面貌，真实全面地保存并延续文物的信息和价值，达到利于文物长久保存、为研究提供支持的目的。

二　基本信息与文物价值

此批文物的基本信息与文物价值具体如下：

基本信息与文物价值评估表

名称	灵应牌坊石湾窑陶塑瓦脊一批	年代	清
质地	釉陶	来源	祖庙古建筑群附属构件
存放方式	放置于祖庙景区灵应牌坊上	收藏地点	佛山市祖庙博物馆
完残程度	□完整 □基本完整 ■残缺 □严重残损		

现状描述：

器物表面和裂缝处积存有大量污垢，整体出现残缺、裂纹、裂缝、泥土附着物及其他附着物等病害，釉面出现风化、起翘、脱落，胎体的窑裂也在不断延长和加深。

制作工艺：

综合运用捏塑、贴塑、刀塑等工艺技法，用陶泥板分段拼制瓦脊毛坯，在坯体上贴塑卷草纹或安装预制好的陶塑瑞兽等部件，修整后分别施以不同釉色再入炉高温烧制而成。

纹饰：

陶塑瑞兽、卷草纹等。

公开发表的相关资料：无

文物价值描述：

灵应牌坊建于明景泰二年，历经多次重修，是佛山祖庙受到明景泰皇帝敕封的标志，也是祖庙古建筑群中轴线之南端第二道建筑。它的功能除表功德以外，还起到组织空间、点缀景观的作用。

灵应牌坊陶塑瓦脊共分三层，分别由多块卷草纹陶塑构件与数件陶塑草龙、鳌鱼、狮子组成。牌坊瓦面还装饰有大量的绿色琉璃瓦。灵应牌坊遗存的石湾陶塑瓦脊及其修缮史，是研究佛山祖庙发展变化的重要资料。

三 保存现状的调查与评估

1.历次保护修复情况

灵应牌坊自明景泰二年建成后，历经多次重修，其中史志有明正德八年和清康熙二十三年两次重修的记载。牌坊上的多件陶塑瓦脊构件有明显的修复痕迹，常年在室外受高温潮湿天气影响，导致旧时修复用粘接材料老化，黏力下降。从残留的粘接材料看，旧时修复使用的材料有灰砂浆、水泥、环氧树脂等几种。

2. 文物保存环境调查

佛山市属亚热带季风性湿润气候区，气候温和，雨量充足。雨季集中在4~9月，夏季降水不均，旱涝无定，秋冬雨水明显减少。由于地处低纬度，海洋和陆地天气系统均对佛山有明显影响，冬春多偏北风、干燥寒冷，夏季多偏南风、温暖潮湿。

该批藏品常年在户外受气候条件影响大，因配合灵应牌坊修缮工程拆卸后存放于祖庙景区一楼文物库房内，库房温度年均值21.8℃，日均值22℃±2℃；湿度年均值60%，日均值55%±5%，保存环境相对稳定。库房配备有监控器、报警装置、消防喷淋头等安防设备以保障文物安全。

此批藏品的保存环境调查情况具体如下：

保存环境调查表

		年平均温度（℃）		最高温度（℃）		最低温度（℃）	
气候环境	所在地区气候情况	22.5		29.2		13.9	
		平均相对湿度及湿度差（%）		最高相对湿度（%）		最低相对湿度（%）	
		75		84		66	
	地区环境污染状况和主要污染源	2020年佛山市全市环境空气质量综合指数为3.35，空气质量指数（AQI）优良天数占比为91.0%，佛山市五区环境空气污染物中二氧化硫、二氧化氮、可吸入颗粒物、细颗粒物年均浓度和一氧化碳日均浓度第95百分位数，均优于国家空气质量二级标准；禅城区、南海区、顺德区和三水区臭氧日最大8小时，滑动平均浓度第90百分位数，优于国家空气质量二级标准，禅城区环境空气质量综合指数为3.47。					
保存环境具体情况	存放地点	祖庙景区一楼库房					
	建筑类型	框架结构	楼层	一楼		光源种类	日光灯
	展陈、保管条件	露天	室内 ✓	保护棚		墓室	
	陈列展示	□长期 □短期 ■从未					
	湿度控制系统	■有 □无 □连续 ■不连续					
	温度控制系统	■有 □无 □连续 ■不连续					
	库房或陈列环境	年均温度（℃）	21.8	最高温度（℃）	28	最低温度（℃）	19
		年均相对湿度（%）	60	最高相对湿度（%）	83	最低相对湿度（%）	35

四　保护修复的工作目标与技术指标

该批藏品经过保护修复后，现存病害得到处理、遏制或消除，最大限度复原其历史面貌，保存与延续文物信息，达到利于长久保存、为研究提供支持、提高陈列展览效果的目的。

（1）文物病害中存在的泥土附着物、其他附着物经清理去除后，外观整洁可直接观察器物状况。

（2）文物病害中存在的残缺、裂纹、裂缝经粘接、加固、补配等方法修复后，可还原文物器形原状，增加整体强度和稳定性。

（3）经随色处理后，效果与原物釉色、釉光相近。

五　保护修复的技术路线及操作步骤

根据病害分析的结果，此批文物的病害状况虽存在个体差异，但修复的总体思路和操作步骤基本相同，现制定修复技术路线如下。

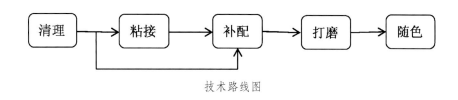

技术路线图

1. 清理

（1）对器物的表面尘垢、泥土等非牢固附着物先用软笔刷、竹签、软布等进行干清洁，再配合去离子水进行清洗。

（2）对较牢固附着物用浸泡法或热敷法进行软化，然后用竹签、针、手术刀等进行清除。

（3）对油漆类污垢，用棉签蘸乙醇擦拭清除，然后用去离子水反复清洗或浸泡以去除化学残留。

（4）对釉面脱落和起翘的器物只进行干清洁，避免水对釉面的损害。

2. 粘接

（1）脱落碎片、补配件在与原件正式粘接前，须进行试拼及编号，以确定相互咬合关系与拼接顺序。

（2）拼接时，在断面涂上黏合剂进行粘接，然后根据不同粘接点的受力情况，用木纹纸、点速溶胶等方法进行定型加固。

（3）粘接后要注意及时清理残余的黏合剂以避免胶体污染。

3. 补配

（1）对残损缺失部分补配时，参考留存完整部位或同类器物塑形；对独立造型完全缺失的部位，要依据文献与相关图片资料进行补配制作。

（2）对微小缺失用直接补配法，以滑石粉混合环氧树脂胶填补。

（3）对缺失面积大的用翻模补配法，用可塑土做模、调制环氧腻子入模压制塑形，待干后脱模，用整形刀、刮刀、砂条等工具进行修整。

4. 打磨

（1）用刮刀、锉刀、砂纸等工具对补配部位进行修整。

（2）打磨前先仔细观察补缺部位周边情况，注意保护和控制打磨面积，用木纹纸沿补配边线做遮挡，避免损伤相邻的完好釉面。

（3）打磨时用不同型号的砂纸、锉刀依次由粗到细进行反复、多次打磨，打磨手法要柔和，避免形成明显磨痕。

（4）对填充不到位的补缺部位需再次补平后继续打磨。

5. 随色

（1）随色时，根据补配部位所需颜色进行调配，先在色板上试色，合适后再正式给文物上色。

（2）随色时薄涂多遍、逐层叠加，在上一色层干透后，观察成色再涂下一遍色，做到颜色过渡均匀。

（3）随色后观察色泽亮度，根据情况对色层进行消光或补光，直至与原釉光相近。

六 风险分析

本方案采用科学合理的陶器修复技术，在实施过程中严格按照文物保护修复的技术要求与标准，对修复期间可能出现的问题、技术难题制订应对措施如下：

1. 在清除积垢或附着物时可能对釉面造成损伤。

解决方法：尽量用非金属工具去除附着病害；使用机械方法处理时，应先在小范围试验，若产生损伤的迹象立即停止。

2. 粘接时，断裂的茬口在外力作用下可能再次受损。

解决方法：拼接时，试拼接准确后再上胶，避免断面之间相互摩擦，施压时缓慢用力。

3. 粘接后的强度可能不够。

解决方法：结合文物本体状况和长期存放在户外环境的实际需要，优先考虑耐久性和耐候性优良的材料。

4. 打磨时可能会对完好的釉面造成损伤。

解决方法：打磨的过程中细心操作，控制打磨面积，必要时用胶带对非打磨面做遮挡，避免打磨越界。

七 保护修复的工作量与进度安排

根据该批藏品的数量和技术难度，拟利用180个工作日完成此次保护修复实施工作，具体的进度安排如下：

1. 第一阶段

前期准备工作，预计用时20个工作日。先做好修复前的拍照、记录工作，包括藏品的年代、形状、质地、尺寸以及病害等原状（或局部）描述。根据病害程度进行分类，确定保护修复的工作顺序。

2. 第二阶段

保护修复实施工作，预计用时150个工作日。修复过程中根据每件藏品的保存现状与病害情况，制定安全的、有针对性的技术方法与步骤实施保护修复，其间做好详细的过程记录和拍照工作。

3. 第三阶段

后期检查、验收工作，预计用时10个工作日。检查已完成保护修复的陶器文物，做好修复资料整理工作，验收后交接确认。

八 保护修复后的保存和使用条件建议

此批陶塑瓦脊作为室外古建筑的构成部分，受自然环境因素影响较大，且修复后陶器的补配部分强度和耐久性不如原件，容易受外界因素影响而材料老化，保存和使用建议如下：

1. 移动时应避免提拉经过拼接的部位。

2. 制定更全面的预防性保护措施，为日后对其进行保护性修复提供充分的信息支持。

3. 加强文物巡查，定期观察修复后陶器的外观变化，及时记录异常情况，发现修复材料变色、脱落、粘接面再次断裂等现象应及时上报，由专业技术人员进行处理。

九 安全措施

1. 文物安全措施

（1）修复工作需在符合《中华人民共和国文物保护法实施条例》和相关法律法规的条件下进行，实施单位具备文物保护修复资质。

（2）采用成熟可靠的技术、工艺和材料，使用的材料须符合文物长期保存要求以及具备可逆性。未经预实验和论证批准，不得直接在文物上施行新技术、新工艺和新材料。

（3）严格挑选藏品运输、修复和保管的工作人员，保障文物的安全。

2. 人员防护

保持修复场所的环境整洁、空气流通，符合环保质量标准。

修复工作需使用有挥发性或有毒的有机溶剂时，操作人员要做好防护措施，根据需要穿戴符合文保要求的防护用具，并在实验通风柜中操作。

3. 环境保护

（1）应尽量避免使用产生有害排放气体、液体的化学、生物材料，保护修复过程中使用的化学试剂经稀释中和后再排放，避免对环境造成危害。

（2）保护修复过程中产生的粉尘和部分化学合成试剂挥发出的少量刺激性气体，须使用装置过滤后排出。

（3）在操作过程中应及时清除粉尘、污水，保持修复室的清洁，以免污染工作环境。

第三章　工程管理

第一节　管理机制

一　建设单位管理机制

灵应牌坊修缮工程建设单位为佛山市祖庙博物馆。为加强灵应牌坊修缮工程的建设管理工作，佛山市祖庙博物馆编制管理工作方案，成立工作小组。

1. 佛山祖庙之灵应牌坊修缮工程领导小组

组　　长：凌建

组　　员：莫彦、利婉薇、刘奇俊（项目负责人）

职　　能：负责统筹协调修缮工程各项工作，对修缮工程实施过程中的重大事项进行决策部署，对重要环节进行监督管理，对重大问题进行协调处理。

2. 佛山祖庙之灵应牌坊修缮工程工作小组

（1）专家顾问组

成　　员：李继光、肖旻、尚杰

职　　能：负责对修缮工程实施提供专家咨询服务。

（2）工程技术组

顾　　问：林炳同

组　　长：任曼宁（技术负责人）

副组长：唐嘉怀（技术负责人）

组　　员：刘礼潜、王雪云、刘穗、许颖乔、唐小盛

职　　能：负责统筹组织修缮方案编制、审核、实施及修缮施工管理工作。

（3）安全保卫组

组　　长：杨文远

副组长：代先翠

组　　员：李伟源、伍家杰、张广华

职　　能：负责修缮工程文物建筑安全、工程施工安全及现场安全保障管理工作。

（4）综合保障组

组　　长：王晶

副组长：韩玉

组　　员：洪剑萍、唐丽婵、李惠霞

职　　能：负责修缮工程资料档案收集、整理、建档，国家专项经费支出管理，绩效考核监督管理，工程竣工财务决算编制、审核，会务、接待及其他后勤保障工作。

（5）摄影摄像组：

组　　长：杨健

组　　员：周云峰、何凯峰

职　　能：负责修缮工程施工过程中的摄影摄像工作。

二　工程设计、施工、监理机构

1. 设计单位

华南理工大学建筑设计研究院有限公司

资质等级：文物保护工程勘察设计甲级资质

项目负责人：王平（文物保护工程责任设计师）

2. 施工单位

广东省六建工程总承包有限公司

资质等级：文物保护工程施工一级资质

项目负责人：黄文铮（文物保护工程责任工程师、一级注册建造师、教授级高级工程师）

3. 监理单位

浙江省古典建筑工程监理有限公司

资质等级：文物保护工程监理甲级资质

项目负责人：周岩林（注册监理工程师）

三　专家咨询机制

为有效解决灵应牌坊的病害问题，制定符合文物保护原则的修缮方案，确定科学合理安全的工程实施措施，佛山市祖庙博物馆特邀广东省文物保护专家委员会相关专家作为咨询顾问，为工程决策提供科学论证和咨询。

2022年5月，专家评审会

2022 年 10 月，专家评审会

第二节　施工组织

一　工程施工条件

1. 场地条件：灵应牌坊位于佛山祖庙核心区域，北侧为锦香池，东西两侧临近祖庙红墙，仅南侧万福台广场可作为施工工地，工地大小十分受限。

2. 交通条件：本项目位于禅城区中心，佛山市禅城区政府对此区域的货车有限行要求，除此之外，灵应牌坊位于佛山祖庙红墙内，红墙各出入口狭窄且有台阶，车辆无法进入，修缮材料必须经过二次中转才可运至工地。

3. 环境条件：灵应牌坊周边是全国重点文物保护单位建筑群，建筑密集。修缮工程开展的同时，佛山祖庙正常对外开放，游客众多。

二　施工场地组织

施工工地狭小，无法满足材料摆放、构件修复、新构件加工等场地要求。本项目采用多区域施工的措施，除灵应牌坊现场工地外，于其他合适位置设置修复专区。

1. 灵应牌坊现场工地：落架后的 4 根木柱、明楼的八边形短柱、明间额枋属于体量较大的大木构件，无法二次转运，摆放于灵应牌坊工地进行修缮。

2. 木构件修复专区：其他拆卸下的木构件转运至木构件修复专区，在此区域对木构件残损情况进行勘察、记录和评估，根据残损情况进行分类整理，对残损的木构件进行修复加固。

3. 木构件更换制作专区：部分需要更换的木构件转运至木构件更换制作专区，采用新木料按原构件尺寸规格制作更换构件。

4. 桐油熬制专区：熬制桐油需要明火，熬制过程存在消防安全隐患。于城市郊区水池旁设置桐油熬制专区，场地开阔，且远离建筑物，将消防风险降至最低。

5. 陶器修复基地：灵应牌坊共拆卸陶塑瓦脊共计92件，均为易碎品。拆卸后的陶塑瓦脊采用定制木箱装置，直接转运至佛山市祖庙博物馆陶器修复基地，由陶器修复专业人员对其进行勘察、修缮方案设计和修复实施。

第三节　材料管理

文物保护工程"四保存"原则之一即保存"原来的建筑材料"，材料对修缮工程质量的影响至关重要。本次修缮工程使用的主要材料包括木料、桐油、陶塑、灰塑、瓦件、颜料等，为保障修缮材料品质，佛山市祖庙博物馆加强对修缮材料的管理，通过原材料鉴定、材料调研、组织看样、专家评议、现场监督、委托非物质文化遗产传人修复等方式对材料进行监督管理，从而确保修缮品质的优良。

一　材料鉴定

经"广东产品质量监督检验研究院"鉴定，灵应牌坊4根木柱木材为格木，属苏木科格木属。格木是我国热带、亚热带地区珍贵的用材和树种，木材结构致密坚实，极耐腐蚀，有"铁木"之称。格木有很高的顺纹抗压强度、抗弯强度和良好的冲击韧性，广泛用于木构件承重构件。目前格木已经被列为国家二级重点保护野生植物，同时市场上也禁止格木木材交易。

二　材料调研

1. 桐油

桐油是将采摘的桐树果实经机械压榨提炼制成的植物油，广泛应用于建筑、木船、家具等领域。我国的桐树生长范围分布广泛，主要分布于湖南、湖北、广西、四川、贵州、云南等地。盛产桐树地区衍生了发达的桐油产业，其中四川盆地、贵州南部、广西、湖南湘西桐油产业历史悠久，品质纯正优良。聚焦这4个地区，调研团队联系了多家桐油生产厂家，最终有7家资料齐全并提供生桐油样品。除此之外，经咨询了解，故宫博物院古建筑修缮工程桐油常用供应商为"北京市集贤血料厂"，该厂也提供了生桐油样品。具体信息如下表：

序号	生产厂家	产地
1	百色市百旺油脂有限公司	广西百色
2	宜宾市叙州区俊峰桐油有限公司	四川宜宾
3	宜宾茂强油脂有限公司	四川宜宾
4	望谟县栖凤山桐油有限公司	贵州望谟
5	慈利县宝兴油脂有限责任公司	湖南慈利
6	靖州友谊植物油厂	湖南怀化
7	常德市寿福天精细油脂有限公司	湖南常德
8	北京市集贤血料厂	北京

2. 木料

因原木料格木已禁止市场交易，采用印茄木（菠萝格）作为墩接或者修复木料。菠萝格与格木同属于苏木科，且根据《古建筑木结构维护和加固技术标准》，菠萝格强度等级为 TB20，为最高等级，可作为替代木材。经咨询佛山市祖庙博物馆木器修复基地，向从业多年储存大量老旧木料的木料厂家购买木料。

3. 颜料

灵应牌坊油漆主要有三种颜色，中间木柱为黑色，平板枋和次间天花为绿色，其余木构件为红色。传统油漆工艺均采用矿物质颜料调色。红色颜料为银朱（硫化汞），黑色颜料为乌烟（氧化铁黑）。矿物质颜料耐久性强不易褪色、色彩鲜艳饱和度高、易于调配、适应性强。

三　组织看样和专家评选

1. 桐油

组织经验丰富的文保专家、工匠师傅，对8种生桐油样品的观感、色泽、气味、实验效果进行了甄选，最终选取了品质最优的百色市百旺油脂有限公司（广西）作为生桐油供应商。

2. 木料

组织经验丰富的文保专家、工匠师傅去木料供应厂家挑选优质印茄木（菠萝格）。经专家甄选，选取的木料开料后木心裂缝范围小，表皮薄，木质呈金黄色，为优质木料。将木料裁去表皮和木心后的品质最优部分用作修缮材料。

| 挑选木料 | 去皮去心 | 用于更换木料 |

四　现场监督

熟桐油熬制后长时间存放易变质，出现乳化变质现象，本次修缮要求施工单位自己熬制熟桐油。为确保熟桐油品质，佛山市祖庙博物馆全程参与监督熬制过程，并组织文保专家对熟桐油进行验收。

查看原材料

查看熬制桐油

第四节 工艺管理

工艺管理主要体现在油漆工艺、陶塑修复工艺和灰塑修复工艺等方面。

一 专家指导油漆工艺实施

特邀中国工艺美术协会漆器专委会委员李致宏老师调配色漆并指导实施。

桐油工艺要点：

1. 过滤

熟桐油中含有少量杂质，影响桐油的观感，在调制涂刷前，必须先将熟桐油过滤。常用的过滤材料为无纺布，用无纺布将熟桐油包裹再挤压。

2. 色漆调配

将熟桐油、清漆、松节油、银朱按10：5：5：2的比例混合，因银朱是粉末状，混合中需一边按压一边磨。量较大时，也可用锤子将色粉敲打入熟桐油中，使其均匀混合。当桐油抹开后表面光滑细腻有光泽则调配完成。

3. 涂刷

用刷子均匀刷在木上，涂刷方向为横向与竖向交替。刷完后桐油能较快干燥，干燥成膜后光滑有光泽。刷完第一遍需等待1~2天，干燥后继续涂刷多次。

特邀中国工艺美术协会漆器专委会委员李致宏老师调配色漆并指导实施

二　样板制作和专家验收

为确保专家指导工艺落到实处，施工单位按照上述工艺在旧木构件上制作油漆样板，油漆样板完成后，建设单位组织佛山市文物保护专家对样板进行验收。第一次、第二次油漆样板验收结论均为不合格，第三次油漆样板光滑亮泽，专家验收通过，以验收通过的油漆样板为标准全面实施油漆工作。

更换的构件、重点构件的修复完成后，建设单位组织佛山市文物保护专家进行验收，验收通过后方可上架归安。

角梁样板制作和专家验收

三　非物质文化遗产传承人或专业修复团队参与修缮

灵应牌坊瓦脊和瓦件均为传统石湾陶塑工艺制品，为保障补配的陶塑材料与原材料一致，补配瓦脊和瓦件委托非物质文化遗产（建筑陶塑）传承人何湛泉团队，运用纯天然植物釉、传统木柴龙窑高温烧制而成。

陶塑瓦脊修复由佛山市祖庙博物馆文物保护部陶器修复团队负责完成。

灰塑修复由国家级非物质文化遗产（灰塑）传承人邵成村团队采用传统材料和工艺修复完成。

第五节 安全管理

本项目位置特殊，工程开展涉及文物安全、游客安全、消防安全、施工安全等多重责任。从制度责任、专项方案、防护措施、监督管理多方面提供安全保障。

一 制度保障

按照《中华人民共和国安全生产法》《建设工程安全生产管理条例》等法律法规，全国重点文物保护单位佛山祖庙之灵应牌坊修缮工程在施工过程中，各参建单位始终贯彻"安全第一，质量第一"的指导思想，落实"安全第一，预防为主"的方针，建立了安全施工管理制度，明确了各级管理人员及有关工程人员的安全生产责任。

二 危险性较大的分部分项工程管理

根据《广东省住房和城乡建设厅关于房屋市政工程危险性较大的分部分项工程安全管理的实施细则》，"采用非常规起重设备、方法，且单件起吊重量在10kN及以上的起重吊装工程"。"文物保护建筑的拆除工程"属于"危险性较大的分部分项工程"。

本工程是全国重点文物保护单位整体落架修缮，且受文物场所及文物安全的限制，现场无法使用常规的吊装设备，只能采取人工手动葫芦的吊装措施，最大起吊构件木柱重2000kg（约20kN）。根据以上规定，属于"危险性较大的分部分项工程"。本工程严格执行法规规定，监督施工单位编制了《大木构件落架安全专项施工方案》《大木构件吊装安全专项施工方案》，按照规定程序审批通过后在各参建单位监督下实施，最终确保了文物安全和施工安全。

现场监督实施吊装专项方案

吊装前确认各节点稳固

除此之外，本工程编制了安全、外脚手架、施工现场临时用电、防高处坠落、防御台风暴雨及应急救援、应急救援预案等多个安全专项施工方案。

三　防护措施

1. 规范合理搭设脚手架。根据现场情况，编制了外脚手架工程全专项施工方案，经各参建单位研究讨论后实施。在脚手架搭设完成后，经过各参建单位的验收后方能投入使用。

2. 配齐配足安全防护用品。凡入场施工人员，都配备合格的安全帽、安全带、防坠器、工具袋、工具防坠链等个人安全防护用具，并要求工人施工时正确佩戴使用安全帽，扣好帽带；高处作业人员要求正确使用安全带，高挂低用；脚手架高处放置多个防坠器，以供作业工人随时使用。加强施工工人安全培训教育。落实工人三级安全教育和技术交底。

3. 合理悬挂安全警示标识。根据工地现场情况，在合适位置悬挂各类安全警示标识，以提高现场所有人员的警惕性。

四　监督管理

为切实加强灵应牌坊修缮工程的施工安全，设立了灵应牌坊修缮工程安全保卫组，负责修缮工程施工现场安全生产监督工作。另外，还组建了一支监督检查队伍，负责在每天工地施工结束后，检查汇报工地火源、电源、人员、物料、工具、环境等情况，确保了工程在施工或停工期间的安全。

监督防坠器、安全帽、安全带、工具带等　　　　工人规范佩戴防坠器、安全帽、安全带、工具带等安全措施
安全措施落实到位

第六节　资料管理

一　规范文件

参照《文物保护工程资料管理规程 DB11/T1828—2021》《文物保护工程文件归档整理规范 WW/T0024—2010》有关规定，进行本工程资料管理。本次修缮工程，建设单位安排专人负责本次修缮工程资料管理。

二　工程资料范围

工程资料是指在文物保护工程全过程中形成的各种形式的信息记录，从准备阶段到竣工验收阶段的整个过程中形成的具有保存价值的文字、图表、声像等各种载体的工程资料，均应收集齐全，整理立卷后归档。工程资料主要包含建设单位文件、设计资料、监理资料、施工资料、竣工图和施工现场安全资料。

三　工程资料管理要求

1. 工程资料员应及时收集、分类整理保存各类修缮工程资料，同时建立电子文档，便于查阅。项目负责人定期或不定期检查资料管理情况，及时发现、处理存在的问题，确保资料完整准确、真实、有效。各单位应分别对各自所形成的资料内容负责。

2. 各专业负责人、安全员应及时填写《修缮日志》《安全日志》，按时接受资料员检查，并在验收后与其他资料一并归档保存。

3. 涉及工程质量、工地安全、工程技术变更、工程洽商、工程检查和验收等重要问题，必须留存详细、完成资料，作为工程管理、责任追究和竣工验收依据。

4. 修缮中，重点工艺、关键工序、传统营造技艺应进行摄影摄像记录。记录时应针对同一个部位，采用同一角度，分别在修缮前、修缮中、修缮后以及隐、预检查前后，进行固定影像采集。

5. 工程资料的内容及深度必须符合国家有关工程勘察、设计、施工、监理等方面的技术规范、标准和规程。工程验收后，资料必须全部装订成册，统一归档保存。

6. 工程资料归档文件应为原件。影印、复制的文件应注明原件存档单位，同时加盖提交单位公章并附证明人签字。

7. 工程文件应采用耐久性强的书写材料，不得使用易褪色的书写材料；工程文件应字迹清楚，图样清晰，图表整洁，签字盖章手续完备；文字材料幅面尺寸规格为A4幅面，图纸采用国家标准图幅；工程文件的纸张采用能够长期保存的韧力大、耐久性强的纸张。

8. 竣工图纸质量要求应符合《文物保护工程文件归档整理规范WW/T0024—2010》有关规定；不同幅面的工程图纸应按GB/T10609.3—2009统一折叠成A4幅面，图标栏露在外面。

四　资料管理

（一）建设单位文件

建设单位文件是指项目从立项申请、申报、审批、开工、竣工及备案全过程所形成的全部资料，包括但不限于工程计划、申请、批复文件，工程勘察、设计、论证文件，招投标文件，合同文件，商务文件，工程竣工验收、备案、报修资料，其他资料。

（二）勘察、设计单位文件

勘察、设计单位文件包括但不限于现状勘察报告、设计方案、施工图、设计方案审定记录、施工图审查记录、施工图修改记录、专家论证意见等。

（三）监理资料

监理资料是监理单位在工程建设监理活动过程中所形成的文字及影像资料，包含监理规划、监理实施细则、监理交底记录、监理旁站资料、监理月报、监理会议纪要、监理日志、监理抽检记录、不合格项处置记录、监理通知单、工程暂停令、工程临时延期审批表、工程最终延期审批表、工作联系单、工程变更单、材料见证记录、工程竣工移交证书、工程资料评估报告、监理工作总结。

（四）施工管理资料

施工资料是指从修缮工程准备阶段到竣工验收阶段全过程文字、图表、声像等工程资料。包含工程管理综合记录、施工过程质量控制技术资料、工程验收及质量验收记录、安全专项施工方案、施工日志、竣工报告。

（1）工程管理综合记录：工程开工令、工程开工报告、开工报审表、复工报审表、质量管理检查记录、现场复核记录、现场布置报验表、上岗培训计划表、施工组织设计（方案）报审表、单位工程施工组织设计、施工进度计划、安全交底记录、技术交底记录、图纸会审记录、设计交底记录、主要材料类别性能与质量要求、主要材料供应数量与计划表。

（2）施工过程质量控制技术资料：材料／构件进场检查记录，材料／构件进场核查表，材料／构件进场报验表，原材料进场验收记录表，工程会议纪要，设计变更文件，设计修改通知单，工程延期申请表，工程延期依据，拆卸构件记录（瓦脊／瓦件／桷板、飞檐、封檐板／木构件），样板报验表／试验记录，大木构架吊直拨正测量记录，旧构件使用记录，构件更换、维修、加固记录，施工检查记录（自检、互检、抽检），施工检查记录（预检），隐蔽检查记录，隐蔽工程质量核查表，倾斜、沉降观测记录。

（3）工程验收及质量验收记录：总体工程质量验收报告、竣工报告、总体工程质量保证资料、总体工程质量报验表，单位工程质量认可书、单体工程质量报验表，分部工程质量认可书、分项工程质量认可书、检验批质量验收记录表。

（4）安全专项施工方案：安全方案、外脚手架方案、应急救援预案、施工现场临时用电方案、防高处坠落方案、防御台风暴雨及应急救援方案、灵应牌坊拆除方案、大木构件落架方案、大木构件吊装方案。

（5）施工日志。

（6）竣工报告。

第四章　工程实施

第一节　工程实施流程

2022 年

3月31日，修缮工程正式开工。

4月8日，施工脚手架验收通过。

4月9日，修缮前勘察、测量、拍照、记录、编号。

4月13日，开始揭瓦。

4月20日，再次勘察、测量。

4月23日，开始挑顶，拆除桷板和檩条。

4月30日，移开抱鼓石，木柱底部开洞，清理柱内残渣。

5月10日，施工单位勘察中发现较多新增病害，签发工作联系单，提出落架修缮建议，修缮工程停工。

10月9日，修缮工程复工，完成上重明楼落架。

10月11日，完成下重明楼落架。

10月12日，完成东次楼落架。

10月13日，完成西次楼落架，组织专家鉴定挑选生桐油样品。

10月14日，危大工程吊装系统搭建、整改及验收。

10月17日，完成4根中柱及额枋落架。

10月19日，对落架后的构件再次勘察，各参建单位现场评估残损程度及修缮方案。

10月21日，台基加固，高压喷水设备清洗试验。

10月23日，高压喷水设备清洗木柱内部，木构件脱漆。

10月26日，另择开阔场地熬制熟桐油。

10月27日，组织设计变更专家评审会。

10月28日，手持式水钻机清理西起第二根木柱内混凝土。

11月1日，选购用于更换构件的木料。

11月2日，邀请专家鉴定木构件油漆样板。

11月3日，木构件脱漆。

11月7日，验收木柱墩接的木料。

11月8日，木构件防虫防腐。

11月9日，木柱墩接，木构件维修。

11月15日，木柱灌浆。

11月16日，木柱钢箍加固。

11月17日，木柱柱头加固。

11月21日，开始上架，西起第二根木柱归安。

11月22日，明间额枋、额匾归安。

11月23日，西起第三根木柱归安。

11月24日，其余木柱归安。

11月26日，各构件上架归安。

12月13日，开始自上而下铺设瓦面。

12月26日，安装陶塑瓦脊。

12月30日，修复灰塑。

2023年

1月2日，木构件清洁打磨上油漆，额匾贴金箔，安装牌匾，安装铜铃，清洗瓦面及石作。

1月9日，修缮工程竣工。

第二节 安全保障设施

一 在抢险加固措施基础上搭建施工脚手架

2021年8月，灵应牌坊实施了抢险加固工程，采用支撑脚手架对牌坊额枋、斗栱等结构构件进行固定支撑。2022年3月，灵应牌坊修缮工程正式开工，为保证整体稳定性，施工脚手架应在原支撑脚手架基础上进行改造，既要保证支撑体系安全稳固，又要增建施工作业层确保施工安全方便实施。

脚手架顶部搭建防雨顶棚，可防止雨水天气对修缮工程品质和进度产生不利影响，并保护木构件，使其免受雨水侵蚀。

二 动态搭建支撑加固措施

灵应牌坊修缮措施为落架修缮，拆除构件的过程中整体或局部构件的受力状态随着拆除构件而改变。所以在拆除构件前必须进行结构受力分析，根据拆除情况动态搭建必要的临时支撑、加固措施，以防止拆除过程中发生倒塌或构件坠落。拆除过程设置技术人员统一指挥，对各构件进行观察、监测，发现问题立刻暂停拆除工作，必要时采取临时加固措施，待各参建单位再次制定拆除方案后方可实施。同时，构件拆除过程中，施工脚手架的临边洞口也相应变化。施工单位监测临边洞口情况，必要时增加脚踏板和围栏，以确保施工人员安全。

第三节　修缮实施内容

一　施工前记录

施工前对灵应牌坊进行全面的测量、拍照、记录，完整保存修缮前的数据和影像资料。利用施工脚手架对前期勘察无法达到的屋顶、斗栱部分进行细部测量和记录，保存影像资料。

二　施工区域文物防护

对暂时无需拆除的构件如翼墙屋顶的陶塑和瓦面、明间额匾等进行防护，防止施工过程中被破坏。上重明楼悬挂的"谕祭"（南）、"圣旨"（北）漆金木雕匾为三级文物，修缮前将其拆卸并移交馆藏研究部，暂存至文物库房，修缮完成后原位安装。灵应牌坊四楼屋角均悬挂铜铃，将12个铜铃拆卸转运至安全位置保存。脚手架与建筑构件避免直接接触，接触面填塞木块或阻燃地毯，避免建筑构件被破坏。

钢管与构件接触面用木块和阻燃布进行防护

对抱鼓石进行防护

圣旨谕祭额匾拆除转运

圣旨谕祭额匾清洁包装

三 施工前勘察

在文物保护工程中，现状勘察的准确和详细是保障修缮工程品质的重要基础。施工前对灵应牌坊进行勘察，可复核安全鉴定和设计勘察的结论，同时，可利用施工脚手架对灵应牌坊每个点进行勘察和检测，补充和完善勘察结论。经施工前勘察，灵应牌坊四层屋顶的屋角均存在不同程度的下沉。为进一步核实屋顶变形情况，计划于揭瓦后再次进行勘察和测量。

四 揭瓦挑顶

1. 记录和编号

揭瓦前记录瓦顶的尺寸，主要包括正脊、垂脊、戗脊的长度、主要节点高度；记录瓦垄的长度和宽度；每垄瓦的筒瓦、板瓦数量；对陶塑瓦脊、滴水、瓦当进行编号。

2. 拆除

拆除瓦面一般顺序是先从檐头开始，拆除瓦脊、滴水、瓦当，然后进行坡面揭瓦。自瓦顶的一端开始，首先拆除陶塑筒瓦，再揭素板瓦。各瓦件之间采用草筋灰进行粘接，由于草筋灰强度硬度适中，拆除工作中利用瓦刀、小铲、小撬棍等轻轻捶打草筋灰，可将灰浆敲碎而保证瓦件完好无损。灵应牌坊揭瓦过程中未损坏一片瓦件，除揭瓦前已经破损的瓦件，拆除后瓦件完好率为100%。

3. 清洁和整理

拆卸的构件分类摆放，并进行清理、记录、核对，分类统计更换、补配、修补的数量。本次修缮拆卸陶塑瓦脊共92件，为避免陶塑瓦脊在工地搬运过程中损坏，特定制木框，每个陶塑瓦脊独立装框，并用海绵和软布进行保护。拆卸完成后将92件陶塑瓦脊移交佛山市祖庙博物馆文物保护部进行修复。

五 再次勘察

揭瓦挑顶后，对屋角再次测量。结果显示，各层屋角相比于揭瓦之前向上回弹20～30mm。由此可见，屋顶木构件在屋面荷载作用下发生较大形变，存在安全隐患。揭瓦后木构件的残损情况更加清晰地

屋顶揭瓦（1）　　　　　　　　　　　　　　　　　屋顶揭瓦（2）

屋顶揭瓦（3）

屋顶揭瓦（4）

屋顶揭瓦（5）

瓦脊保护

呈现，通过勘察发现较多新增病害情况，主要包括中柱南倾超过规范规定的安全限值；4根中柱中空且柱头柱脚残损严重；多处构件榫头糟朽，榫卯内部连接情况无法彻底勘察。

由于本次勘察发现较多新增病害，现状与修缮设计方案出现较大差异，为确保修缮质量和文物安全，施工单位提出：（1）根据本次勘察新增病害情况研判，如执行施工图设计文件"不落架"维修原则，将存在隐藏病害难以发现、施工工艺难以落实、施工质量难以保障等问题。建议将维修原则调整为"落架"维修，对隐藏病害进行全面勘察，确保施工工艺、施工质量和文物安全。（2）请建设、监理、勘察、设计单位进一步复核、确认新增核病害情况，尽快优化完善施工图设计文件，以便顺利推进后续工作。

六　落架修缮

根据设计变更方案，对灵应牌坊进行落架修缮。

落架施工过程中，按结构顺序逐件拆卸，动态进行测量、编号、记录、拍照，勘察各构件相互关系，逐一对木构件残损情况进行评估，分析残损原因，并根据其位置和受力原理初步判定更换或者维修加固方案。将拆卸落地的木构件进行分类摆放，对残损的木构件进行详细测绘、拍照，建立木构件更换登记表、木构件维修加固登记表。

组织各参建单位对需更换、维修的木构件进行确认。组织专家评审会，邀请广东省文物保护专家对灵应牌坊现状进行评估，对木构件更换、维修方案进行评审。经专家组评审，确定残损木构件更换、维修、加固方案。

落架修缮－西次楼落架（1）　　　　　　　　　　落架修缮－西次楼落架（2）

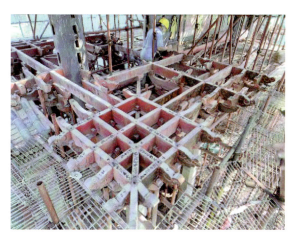 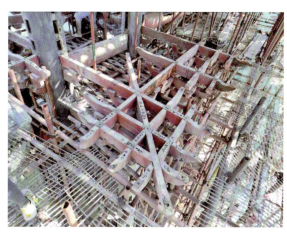

落架修缮－西次楼落架（3）　　　　　　　　　　落架修缮－西次楼落架（4）

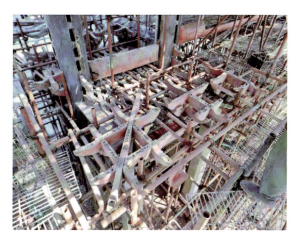 

落架修缮－西次楼落架（5）　　　　　　　　　　落架修缮－西次楼落架（6）

落架后邀请专家对构件进行评估和方案评审（1）　　　　　落架后邀请专家对构件进行评估和方案评审（2）

七　台基修复

根据设计方案，施工中对上翘的花岗岩石盖板进行调平。打开盖板后发现，台基内沙土流失严重，多处空洞。十二根立柱柱础下方为独立石墩，石墩立于地面上。石墩周围覆盖沙土，沙土外砌筑石板，面上盖上石板。由此可见，灵应牌坊台基仅为围蔽构件，并未承受立柱的竖向荷载。因此台基局部变形，未对上部结构造成影响。

在东西两侧台基上各打开一块石板，填入砂浆，将石板归安。调平下沉或上翘的石板，石板缝隙用砂浆填满。

台基修复

八　柱础修复

在前期多次勘察中，柱础未发现任何异常。落架过程中，西起第二根中柱拆卸后，其下方柱础断裂脱落。断裂口平面呈"人"字形，裂口导致2块石块脱落，脱落石块总面积约占柱础表面积的2/5。沿人字形裂口约80mm宽的石材缺失，从剖面看，裂口呈"V"字形。断裂口主要为旧痕，裂口表面有环氧树脂痕迹。

经各参建单位确认柱础残损情况，设计单位编制设计变更方案，对柱础进行修复。因断裂口为不规则形状，裂口表面凹凸不平，无法与新补的石材拼接。首先将剩余的柱础面层不规则部分切割掉，切面为平整的一个面。将嵌补的柱础与原柱础拼接，并用石材专用胶粘接。因嵌补的石柱础下部悬空，仅用胶粘接无法确保牢固。为保障拼接后的柱础安全稳固地支撑上部木柱，在新旧柱础交接处垂直于交界面方向上开凿三个"Ⅰ"字形凹槽，凹槽中嵌入钢钉，再填满环氧树脂。修复加固后的柱础在木柱的竖向压力下可更加稳固。

柱础修复（1）

柱础修复（2）

柱础修复（3）

九　木构件修复、加固、更换

1. 西起第二根中木柱内部混凝土清除

受内部混凝土热胀冷缩影响，西起第二根木柱下半段开裂严重。落架后，临时采用钢丝对木柱下部进行捆扎，防止压力和环境变化加重开裂。混凝土砂浆强度较高，且木柱严重开裂，采用人工打凿无法清除，采用钻机产生较大震动和压力极有可能使木柱进一步爆裂。

为最大化降低对木柱的影响，本次修缮采用手持式水钻机，按打孔的方式，逐步将混凝土砂浆清除。施工过程无振动、无压力，对木柱几乎没有不良影响。最终，内部混凝土全部清除干净。

2. 中木柱内部中空部位清理

根据修缮方案，实施加固前需清理木柱中部内部腐朽残渣。木柱内表面局部腐朽，且表面凹凸不平，残余糟朽物较多，普通的清理工具无法达到木柱内部，也难以清除干净。本次修缮采用高压喷水设备进行清洗。为确保文物安全和清洗效果，清洗前进行清洗试验。经试验，最终采用最大压力270bar、扇形喷头的高压清洗设备清理木柱内部。

3. 中木柱内部勘察

清洗完成后，采用工业级内窥镜对木柱内部进行勘察。第一，为适应6900mm长、中空直径50～300mm不等、中空内部黑暗的条件，内窥镜各项参数如下，配备13mm自动变焦ip68不锈钢防水镜头，镜头可视距离5～20cm，配有6颗小型白光灯，可在木柱内部黑暗的条件下近距离观察木柱内部情况。第二，配置尺寸为9寸、分辨率为1024×600像素的彩色IPS显示屏，内窥镜配置16GB内存卡，可实时观看摄像头拍摄的画面，同时也可以对拍摄的照片和录像保存。第三，内窥镜配置10m长蛇形管硬线，可伸入木柱内部。将内窥镜绑至一根细钢管上，人工将钢管探入木柱内部，可根据需求调整位置和角度。根据内窥镜反馈回来的图像显示，高压水枪清洗后木柱内表面干净，无明显腐木，清理效果较好。

内窥镜勘察–木柱内部清洗前

内窥镜勘察–木柱内部清洗后

4.中木柱柱脚墩接

4根中柱柱脚残损，根据设计方案，均采用墩接方式修缮。因原材料格木已经被列为国家二级重点保护野生植物，同时市场上也禁止格木木材交易。因此修缮中采用菠萝格制作墩接木料。

（1）在原木柱柱头、柱脚定位东西南北四个点，用墨斗墨线和水平尺在木料上画出辅助线，按修缮设计方案的尺寸和形状切割原木柱和墩接木料，加工榫头和卯口。墩接木料尺寸需预留打磨部分，约比设计尺寸多50mm。

（2）原柱与墩接木对接。根据设计方案，榫头和卯口交界面较多，而且木柱直径480mm，质量较重，对缝施工难度较大。将墩接木放置在推车上，调整推车高度，保证墩接木与原木东西南北四个面中心线均重叠。将墩接木推入原木柱，观察各个交界面对缝情况，根据对缝存在问题，抽出墩接木进行针对性打磨，再推进对接。如此反复十余次直到严丝合缝。最后各个交界面涂上环氧树脂，原木柱与墩接木对接完成。

（3）于上下两处墩接接缝处加设钢箍，钢箍高度70mm，厚度5mm。因钢箍较厚，加工存在一定难度。首先将钢箍打磨成圆形，涂刷防锈层。将钢箍定位在接缝处，端头打入三排钢钉将钢箍与木柱固定。再逐渐将钢箍紧贴木柱，每150mm打入两颗钢钉，直到完成闭环。钢箍交接处打磨成棱形。

墩接前反复勘察确认

木柱墩接前

切割的木柱柱脚（1）

切割的木柱柱脚（2）

标注墩接位置

反复拼接

墩接部分打磨

钢箍加固

5. 中木柱柱头加固

（1）采用圆木柱填充柱顶中空部位，长度自木柱最顶端卯口至柱顶。填充部位两端采用木板密封，内部空隙灌注环氧树脂和木糠混合物。

（2）采用2mm厚镀锌钢板按柱头原状制作模板。为加强模板的稳定性，于柱头下方约40处加设一圈钢箍，并将钢箍与模板通过两块钢板焊接成整体。

（3）模板制作完成后，柱头存在较大空缺，采用大小不同的木块进行嵌补。

（4）木柱上架归安后，柱头灌注环氧树脂与木糠混合物，最终将模板内完全填平，加固后木柱外形与残缺前的原状一致。

6. 中木柱柱身加固

（1）采用圆木柱填充柱底中空部位，高度自墩接木料至木柱最下方的卯口，约2200mm。

（2）填充圆木柱的顶部采用木板封堵，立柱下部分形成封闭环境。于填充区域的隐蔽位置开设10mm×10mm洞口，采用高压灌浆机分次灌浆，为确保灌注效果饱满，浆体能有效填满各个缝隙和角落，每次灌注量不超过3kg，两次间隔时间大于30分钟。

（3）木柱局部卯口之间的木块缺失残损，采用硬木块嵌补修复。

（4）木柱中部加设一道钢箍，宽度40mm，厚度2mm。

7. 明楼八边形短柱加固、更换

（1）明楼东侧八边形短柱采用钢箍加固，于柱底、柱中各加设一道钢箍，宽度30mm，厚度2mm。

明楼八边形短柱加固

（2）明楼西侧八边形短柱因残损严重予以更换。

8. 明间额枋修复、更换

（1）剔除明间大额枋后期嵌补木块，清理内部腐朽，采用硬木块对空缺部位进行嵌补修复。

（2）明间小额枋因残损严重予以更换。

9. 其他木构件修复、加固

（1）穿插枋修复

次楼多处穿插枋枋端腐朽，因穿插枋不承受竖向荷载，采用加固措施修复。剔除清理腐朽部分，采用硬木块嵌补，交接面用环氧树脂粘接，最后采用贯穿钢螺栓固定。

（2）次间额枋加固

落架后发现，次间额枋多处榫卯处断裂或残损。次间额枋与石柱在柱端以"箍头榫"相连，通过相互拉结固定石柱，对牌坊的稳定起到较重要的作用。额枋榫卯处断裂以至于石柱顶端的拉结力不足，是导致石柱偏移的重要原因。

清理次间额枋腐朽，采用硬木块对空缺部位进行嵌补。因次间额枋榫卯处主要承受拉力，于榫卯处上下两面各加设一片钢板加固，最后采用贯穿钢螺栓将钢板与额枋固定。

次间额枋榫卯交接处断裂　　　　　　　　　　　　　钢片加固

一〇　陶塑瓦脊和瓦件修复、补配

1. 清理，对瓦脊的表面尘垢、泥土等附着物用软笔刷、竹签、软布清理，用去离子水进行清洗。

2. 粘接，将瓦脊构件脱落碎片、补配件粘接前进行试拼及编号，确定拼接顺序。在断面涂上黏合剂进行粘接后，用木纹纸、速溶胶等定型加固。粘接后及时清理残余黏合剂及污迹。最后用沙袋进行加压试验，检验修复后构件的强度。

3. 补配，瓦脊缺失的部位，参考完整部位或同类器物，用可塑土做模或滑石粉混合环氧树脂胶，对瓦脊构件残损缺失部位填补塑形修整。

4. 打磨，打磨前用木纹纸沿补配边线做遮挡，用刮刀、锉刀、砂纸对补配部位进行细节整形，打磨时用不同型号的砂纸、锉刀依次由粗到细进行反复、多次打磨。

5. 随色，根据补配部位所需颜色用矿物颜料进行调配，全色时薄涂多遍、逐层叠加，做到颜色过渡均匀。随色后观察色泽亮度，根据情况对色层进行消光或补光，直至与原釉光相近。最后用汽车漆罩涂作保护层。

一一　上架

木构件修复加固完成后上架归安。恢复安装顺序：西起第二根木柱、明间下额枋、明间额匾、明间上额枋、西起第三根木柱、其他二根木柱、次间穿插枋、次间石柱顶部额枋、次间平板枋、次间天花、恢复抱鼓石、次楼斗栱、明楼八边形木柱、下重明楼斗栱、上重明楼斗栱、屋面木构件。

立柱上架（1）

立柱上架（2）

补充斗缺失的木钉

每一层栱调平确认

一二　下重明楼悬挑屋顶加固

为防止或减缓下重明楼东西侧屋顶继续下沉，采用钢丝绳对东西侧挑檐枋进行拉结加固。钢丝绳一端绑扎在明间中柱柱头，另一端于屋角两根挑檐枋交界处绑扎十字节。钢丝绳端部绑扎处安装可调节伸缩锁扣，可对钢丝绳紧张程度进行手动调节。后期挑檐枋如有轻微下沉可通过调节伸缩锁扣进行手动矫正调节。

下重明楼悬挑加固（1）

下重明楼悬挑加固（2）

下重明楼悬挑加固（3）　　　　　　　2023年1月修缮后状态

2024年1月修缮后状态

一三　屋面重铺

根据揭瓦前记录的尺寸和编号，将瓦件按原状重铺。

修缮前次楼正脊陶塑瓦脊被压碎，正脊漏水。东次楼脊檩被雨水侵蚀腐朽严重。西次楼脊檩由两块木拼接而成，推测历史修缮中因残损而维修。本次修缮更换了破损的正脊瓦脊，加固了悬挑屋顶，但是下重明楼屋顶紧贴次楼正脊，正脊仍存在被再次压碎的风险。

为解决以上问题，本次修缮采用降低陶塑正脊的方案。铺瓦正常工序为先铺设瓦面，再安装陶塑瓦脊。为降低正脊高度，本次修缮先安装陶塑瓦脊，再铺设瓦面。此工序将带来新的问题，正脊与屋面连接面是垂直方向的，将成为防水的薄弱点，极易发生漏水渗水。此构造形式做好防水难以实现，因此解决思路改为做好排水通道。正脊陶塑下方铺设宽600mm的防水卷材，卷材延伸至3片板瓦的位置，位于第4片板瓦之上、第3片板瓦之下。即使后期雨水沿着陶塑瓦脊渗漏，将沿着卷材排放到屋面上。此方案简单易行，且符合文物保护工程可逆性与可识别性原则。

按以上施工工序，次楼陶塑瓦脊较修缮前降低了20mm。经测量，完成后的次楼正脊顶端距离下重明楼底端最小距离为15mm。降低正脊高度有效降低了明楼压碎次楼正脊的风险。

屋面铺瓦（1）

屋面铺瓦（2）

屋面铺瓦（3）

屋面铺瓦（4）

屋面铺瓦（5）

屋面铺瓦（6）

一四　灰塑修复

灵应牌坊的灰塑主要有两种形式，其一为次楼屋顶山面的灰塑，在三角形平面上用灰塑营造不同的场景，东侧为一幅山水画，西侧为三只独角狮。另一种为次楼靠明间垂脊顶部的吞脊兽。

灰塑修复委托国家级非物质文化遗产（灰塑）传承人邵成村团队采用传统材料和工艺修缮完成。

灰塑修复（1）　　　　　　　　　　　　　　灰塑修复（2）

一五　油漆

油漆采用岭南传统桐油工艺。选购纯正生桐油，油漆施工前将生油熬制成熟桐油。熟桐油过滤后加入松节油、清漆稀释调和，最后加入银朱调色。

选取旧木块制作桐油油刷样品，样品制作完成后组织佛山市文物保护专家及各参建单位验收，样品验收通过后全面实施油漆工程。

油漆工艺技术要点：将木构件打磨光滑，刷第一遍熟桐油，待干燥后用砂纸打磨，再刷第二遍熟桐油，如此反复。第一遍熟桐油中清漆含量极少，随着涂刷层数增加，清漆含量逐渐增多。刷完第三遍熟桐油后，油漆面光滑亮泽。

油漆施工中，对油漆面下方的构件进行表面防护，防止其他构件表面被油漆污染。

一六　白蚁防治

1. 对所有木构件喷淋浓度为1.5%的铜（氨）季铵盐（ACQ）。

2. 灵应牌坊12根立柱均位于台基上，侵蚀牌坊的白蚁必须经过台基才可入侵，本次修缮在台基内砂土中混入防白蚁药物，从源头控制白蚁入侵。具体做法为，台基修复需灌注砂浆，在砂浆中混合40%毒死蜱，剂量为5L/m^2。

3. 修缮中移开抱鼓石后发现，中柱柱础与抱鼓石交界面存在白蚁蚁路，经白蚁防治专家查看，蚁路为旧痕。白蚁从地面到木构件必须经过石柱础，并在柱础表面留下明显蚁路，易被监测发现。但是石柱础与抱鼓石交界面为隐蔽部位，通过此部位入侵的白蚁无法被发现。本次修缮在此交界面及柱础顶面撒入防白蚁药物，阻断白蚁入侵通道。

白蚁蚁路痕迹

柱础涂白蚁药

第五章　竣工验收

2023年1月9日，佛山市文化广电旅游体育局及各参建单位对本修缮工程进行竣工初步验收，验收结论为合格。

现场查验（初步验收）

会议讨论（初步验收）

根据《全国重点文物保护单位文物保护工程竣工验收管理暂行办法》，建设单位于工程竣工满一年后提交工程竣工验收申请。

2024年2月1日，受广东省文物局委托，广东省古迹保护协会按照《广东省文物保护项目评估和验收专家组成人员选取办法（试行）》的要求，组织3名广东省文物保护专家委员会的相关专家对灵应牌坊修缮工程进行竣工验收，经专家检查现场和审阅验收资料后，验收结论为合格。

　　2024年4月12日，本工程取得《广东省文物局关于全国重点文物保护单位佛山祖庙之灵应牌坊修缮工程验收结果的通知》，验收结论为合格。

现场查验（省专家组终验）

会议讨论（省专家组终验）

第六章　大事记

2020年9月30日，签订保养维护工程勘察设计合同，设计单位为华南理工大学建筑设计研究院有限公司，该公司文物保护设计资质为"甲级"。

2020年12月24日，第一次勘察。

2021年2月24日，第二次勘察。

2021年3月15日，设计单位提交保养维护工程勘察设计方案。

2021年3月19日，设计单位提交"关于申请变更项目内容的函"，将灵应牌坊保养维护工程变更为灵应牌坊修缮工程。

2021年4月2日，第三次勘察。

2021年4月22日，第四次勘察，勘察单位：广州市致准房屋鉴定有限公司。

2021年6月21日，广州致准房屋鉴定有限公司提交灵应牌坊安全性鉴定报告。

2021年6月25日，设计单位提交灵应牌坊修缮工程设计方案，佛山市祖庙博物馆将修缮工程设计方案上报佛山市文化广电旅游体育局。

2021年7月1日，根据灵应牌坊安全性鉴定报告，开展灵应牌坊抢险加固工程。签订抢险加固工程设计合同，设计单位为华南理工大学建筑设计研究院有限公司。

2021年7月12日，抢险加固工程方案上报佛山市文化广电旅游体育局。

2021年7月19日，抢险加固工程开工，文物保护工程级别为"二级"。施工单位为广东省六建工程总承包有限公司，该公司文物保护施工资质为"一级"。监理单位为珠海市建设工程监理有限公司，该公司文物保护监理资质为"乙级"。

2021年7月26日，广东省古迹保护协会组织开展灵应牌坊修缮工程和抢险加固工程设计方案专家评审会，专家组评审意见均为可行。

2021年8月29日，广东省文物保护专家勘察现场。

2021年10月27日，广东省文物局批复灵应牌坊修缮工程勘察设计方案。

2022年1月8日，灵应牌坊抢险加固工程竣工验收。

2022年3月23日，修缮工程政府采购程序完成，签订修缮工程施工合同，施工单位为广东省六建工程总承包有限公司。该公司文物保护工程施工资质为"甲级"。

2022年3月24日，修缮工程完成监理采购程序，签订监理合同，监理单位为浙江省古典建筑工程监理有限公司，该公司文物保护工程监理资质为"甲级"。

2022年3月25日，灵应牌坊修缮工程参建单位及项目负责人情况报佛山市文化广电旅游体育局备案。

2022年3月31日，灵应牌坊修缮工程正式开工。

2022年4月22日，因施工单位在复测中发现新增病害，建设单位组织专题例会，邀请佛山市文物保护专家和参建单位勘察现场，研讨施工方案和下一步施工计划。

2022年4月28日，设计单位勘察现场。

2022年5月6日，广州致准房屋鉴定有限公司勘察现场。

2022年5月10日，施工单位勘察中发现较多新增病害，签发工作联系单，提出落架修缮建议，修缮工程停工。

2022年5月21日，建设单位在佛山市祖庙博物馆组织"全国重点文物保护单位佛山祖庙之灵应牌坊修缮工程重大设计变更专家评审会"。

2022年8月4日，灵应牌坊修缮工程设计变更方案上报佛山市文化广电旅游体育局。

2022年8月30日，广东省古迹保护协会组织开展灵应牌坊修缮工程变更设计方案专家评审会，专家组评审结果为可行。

2022年9月30日，广东省文物局批复灵应牌坊修缮工程设计变更方案。

2022年10月9日，灵应牌坊修缮工程复工，开始落架。

2022年10月27日，因落架后再次发现新增病害，设计单位编制完成设计方案变更二，建设单位在佛山市祖庙博物馆组织设计方案变更二专家评审会。

2022年10月28日，灵应牌坊设计方案变更二上报佛山市文化广电旅游体育局备案。

2023年1月9日，建设单位组织灵应牌坊修缮工程竣工初验会议，初验结论为合格。

2023年3月16日，广东省古迹保护协会组织广东省文物保护专家委员会相关专家对灵应牌坊修缮工程进行工程检查，专家组检查结果为合格。

2024年2月1日，广东省古迹保护协会组织广东省文物保护专家委员会相关专家对灵应牌坊修缮工程进行竣工验收，专家组竣工验收结论为合格，工程评分93分。

2024年4月12日，修缮工程取得《广东省文物局关于全国重点文物保护单位佛山祖庙之灵应牌坊修缮工程验收结果的通知》，验收结论为合格。

竣工图

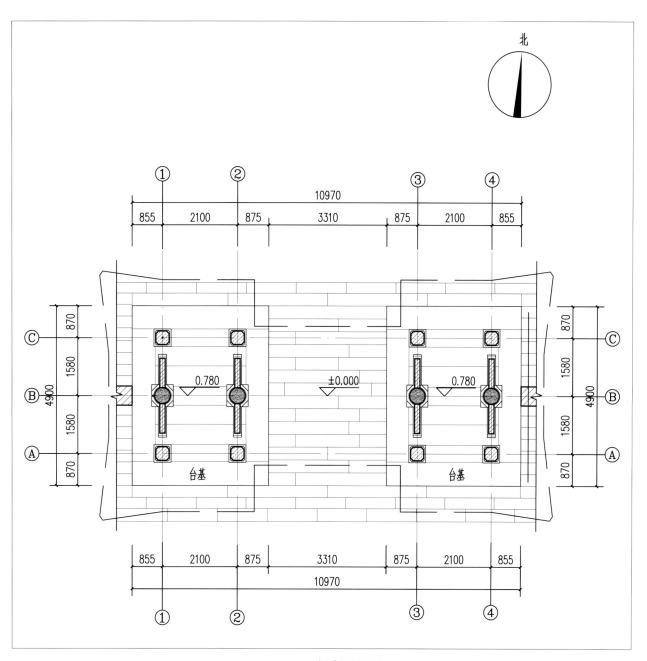

一 1.2m标高平面图

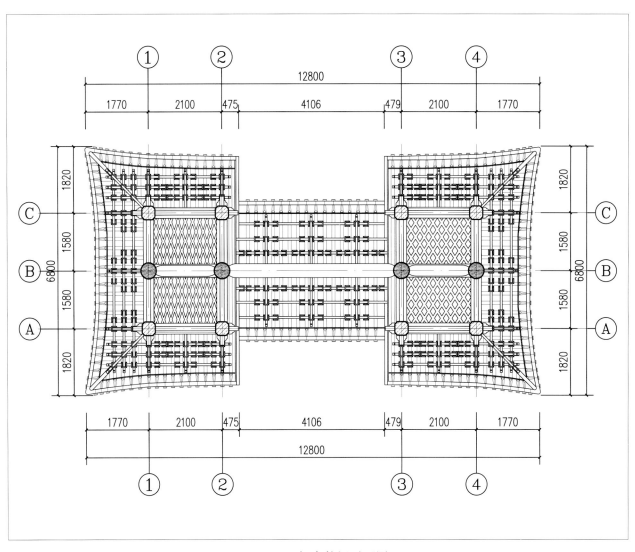

二　1.2m标高仰视平面图

三 6.6m标高仰视平面图

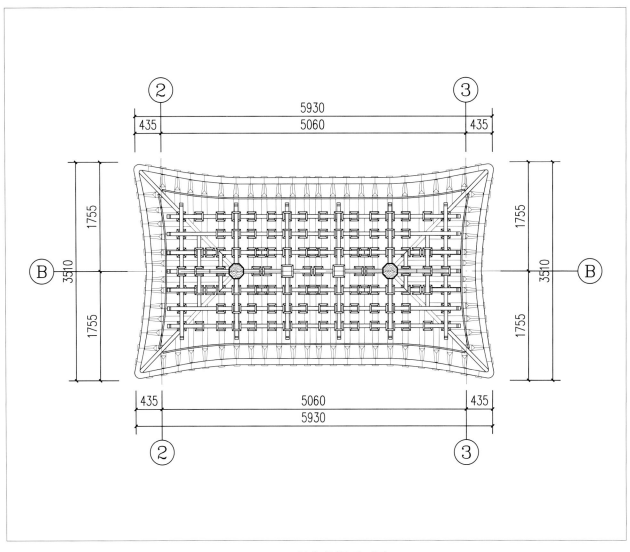

四　8.9m标高仰视平面图

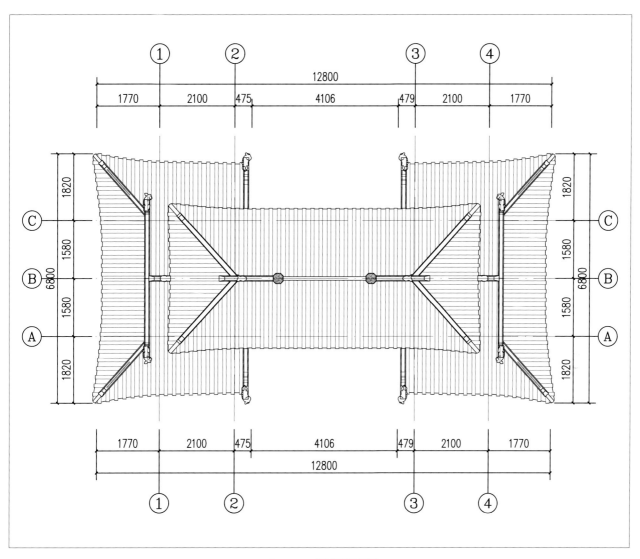

五　8.9m标高平面图

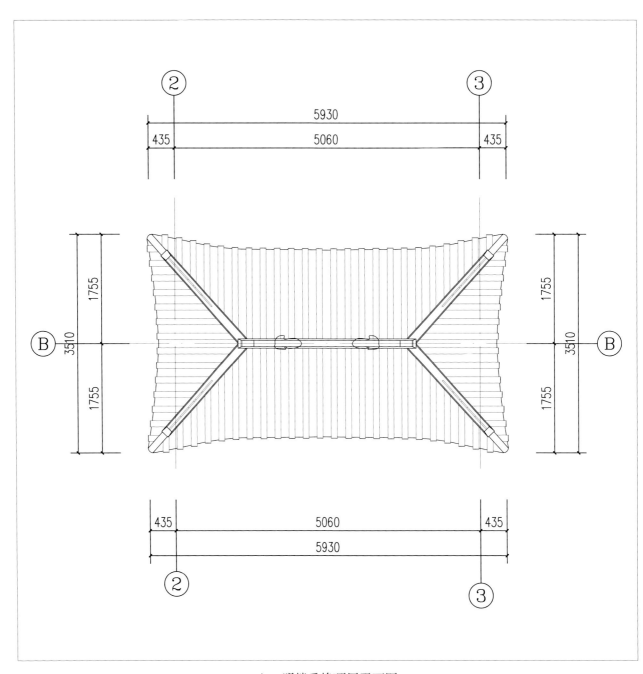

六　明楼重檐顶层平面图

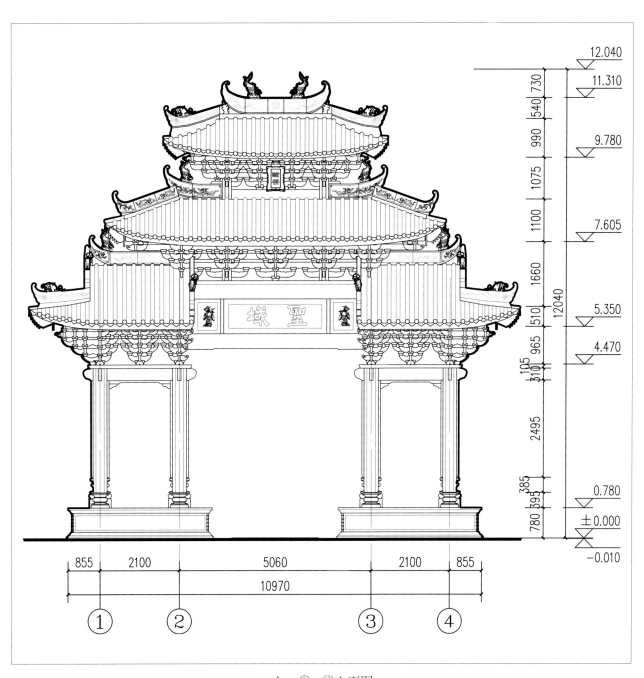

12.040
11.310
730
540
990
9.780
1075
1100
7.605
1660
12040
510
5.350
965
4.470
105
310
2495
385
0.780
395
±0.000
780
-0.010

855 2100 5060 2100 855
10970

① ② ③ ④

七　①-④立面图

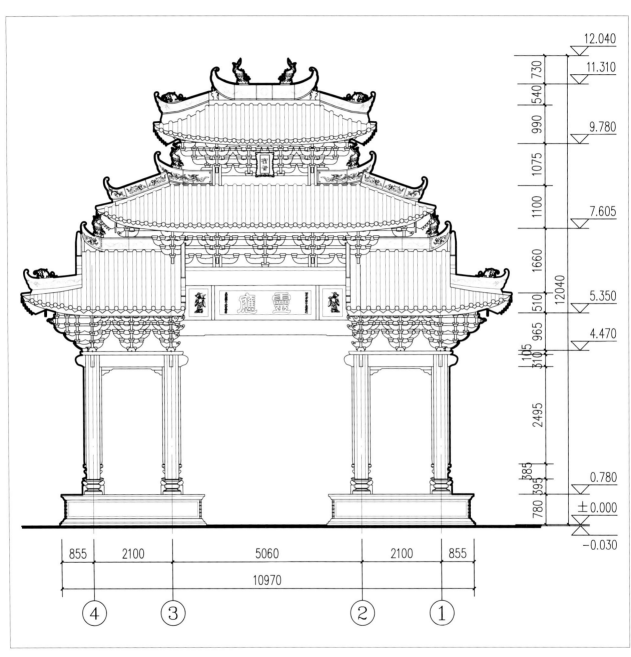

八 ④-①立面图

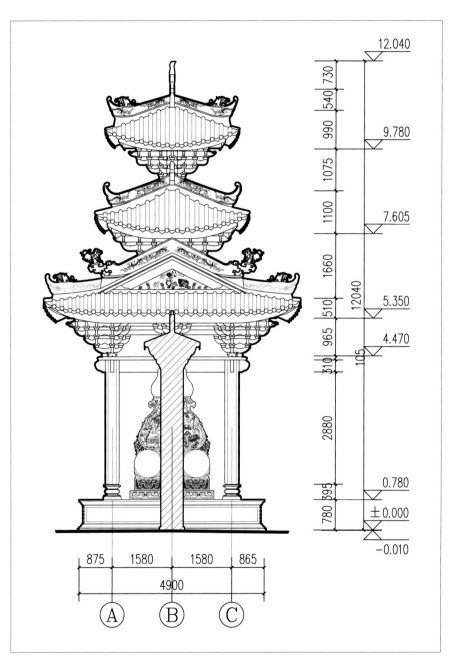

12.040

730
540
990

9.780

1075

1100

7.605

1660

12040

510

5.350

965

4.470

310
105

2880

0.780

395

± 0.000

780

−0.010

875 | 1580 | 1580 | 865

4900

Ⓐ Ⓑ Ⓒ

九 Ⓐ-Ⓒ立面图

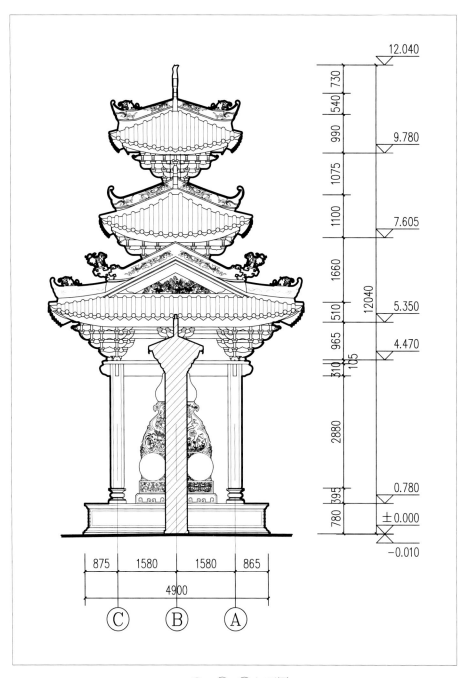

一〇 ⓒ-Ⓐ立面图

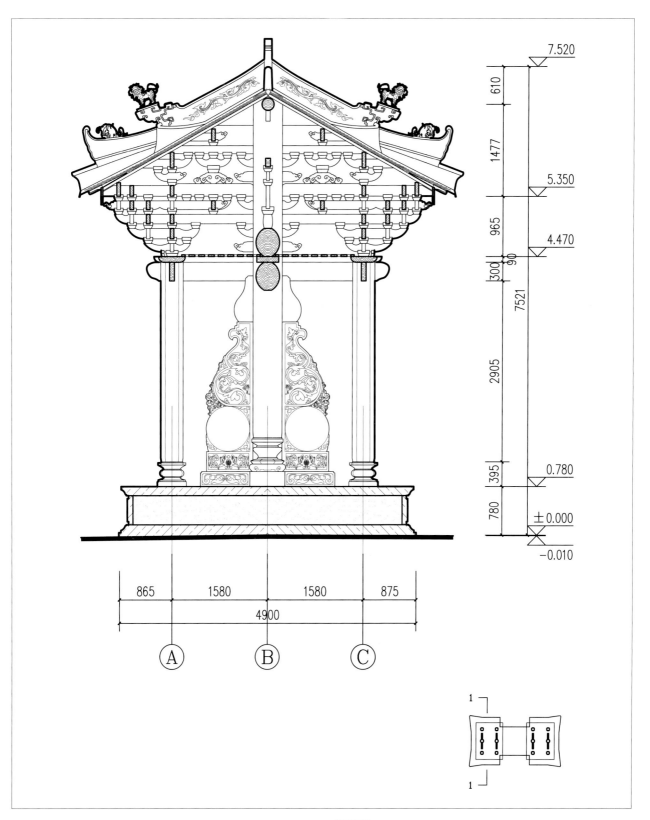

7.520

610

1477

5.350

965

4.470

300

90

7521

2905

0.780

395

780

± 0.000

-0.010

865 · 1580 · 1580 · 875

4900

Ⓐ · Ⓑ · Ⓒ

1
1

— 1-1剖面图

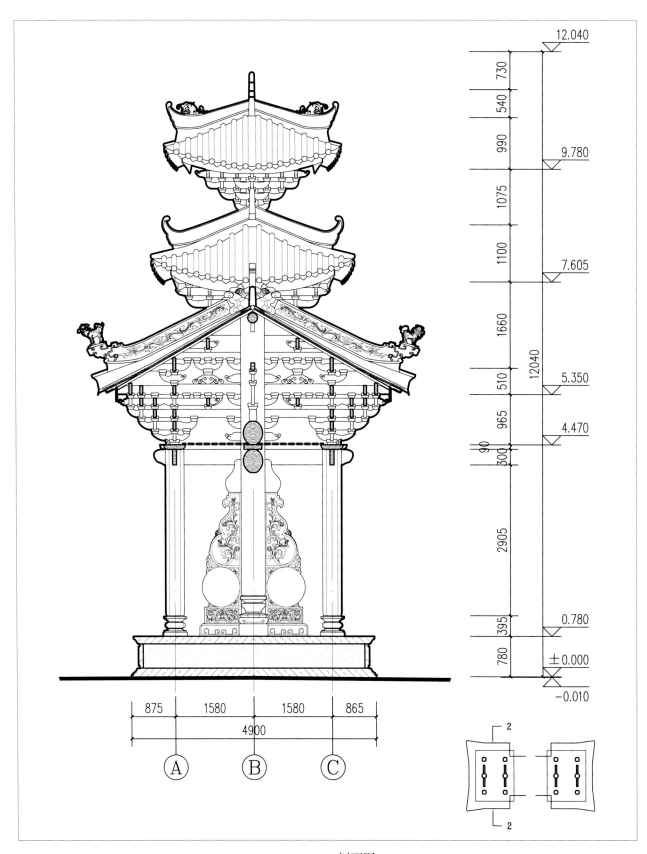

一二　2-2剖面图

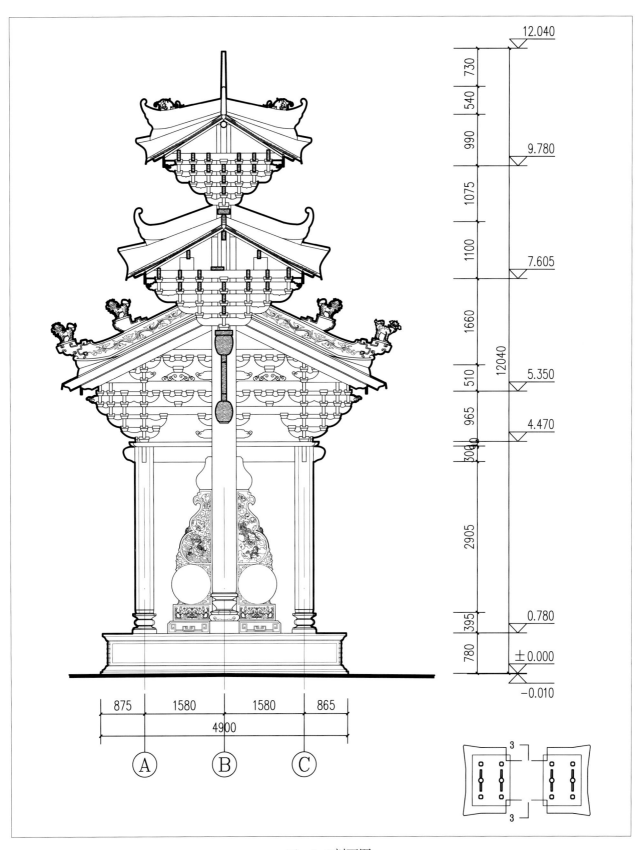

一三　3-3剖面图

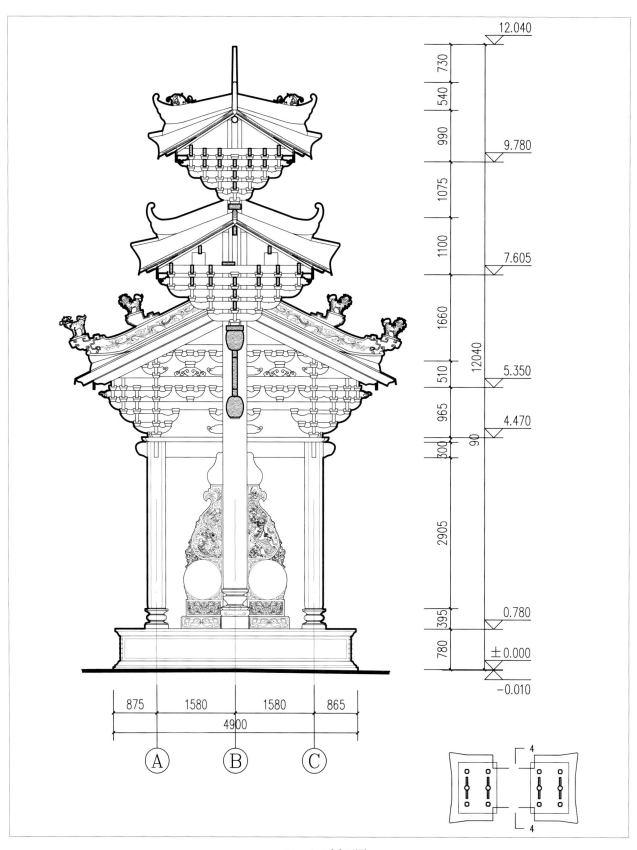

一四　4-4剖面图

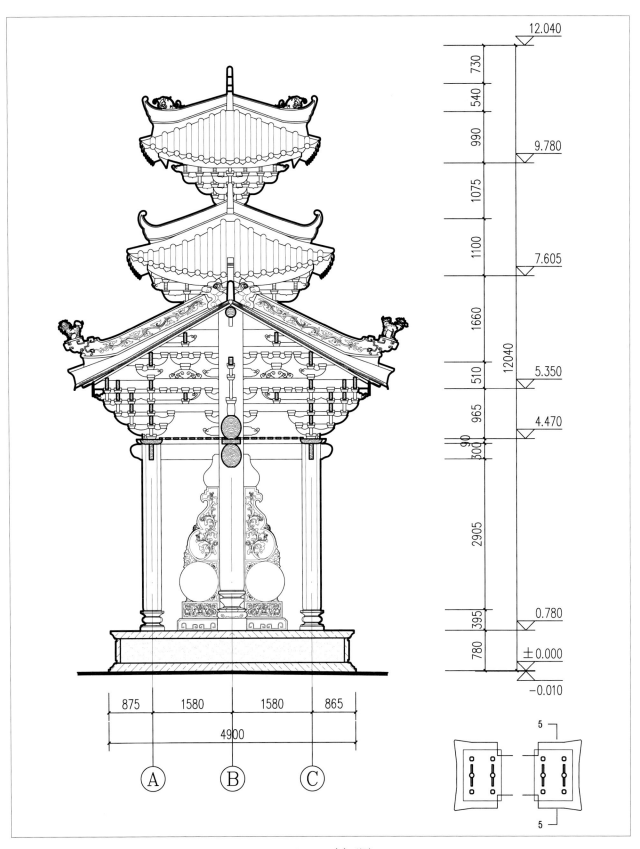

12.040

730
540
990 — 9.780
1075
1100 — 7.605
1660
12040
510 — 5.350
965 — 4.470
90
300
2905

0.780
395
780 — ±0.000
−0.010

875 1580 1580 865
4900

Ⓐ Ⓑ Ⓒ

5
5

一五 5-5剖面图

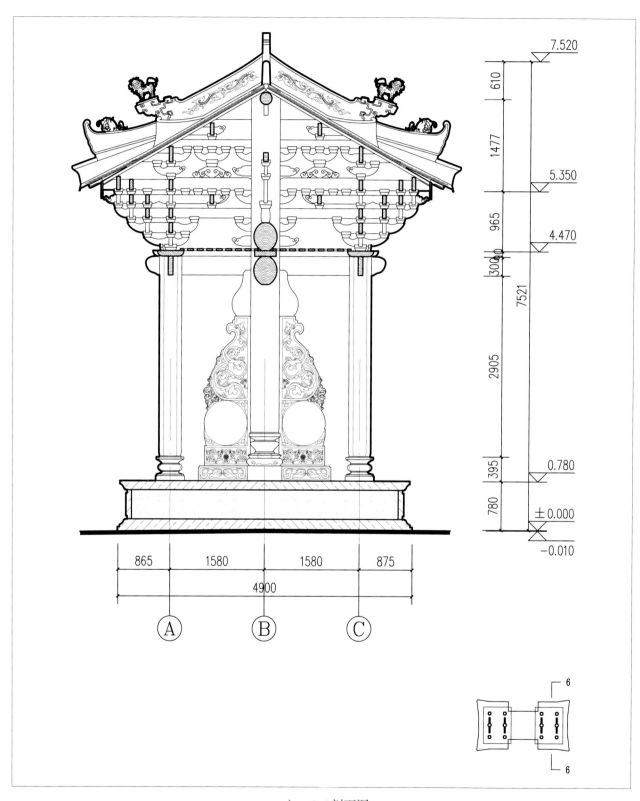

一六　6-6剖面图

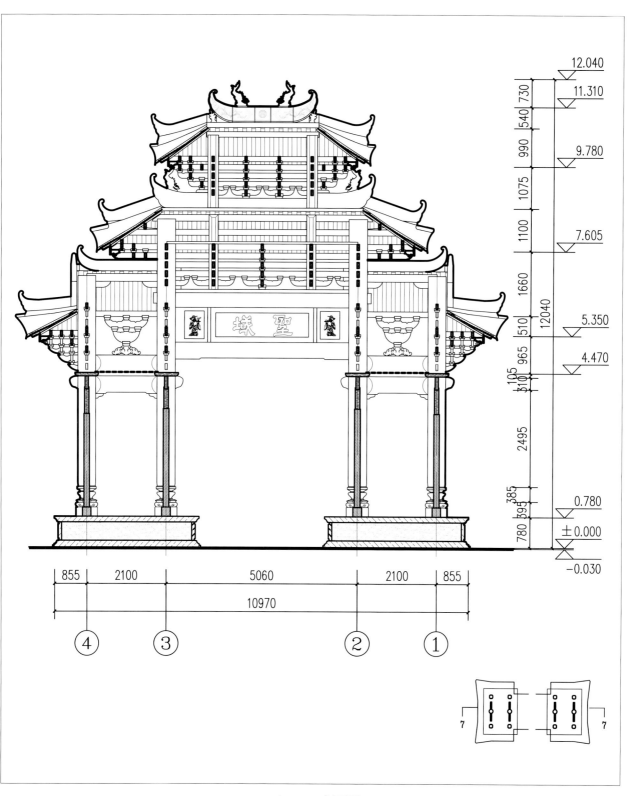

一七 7-7剖面图

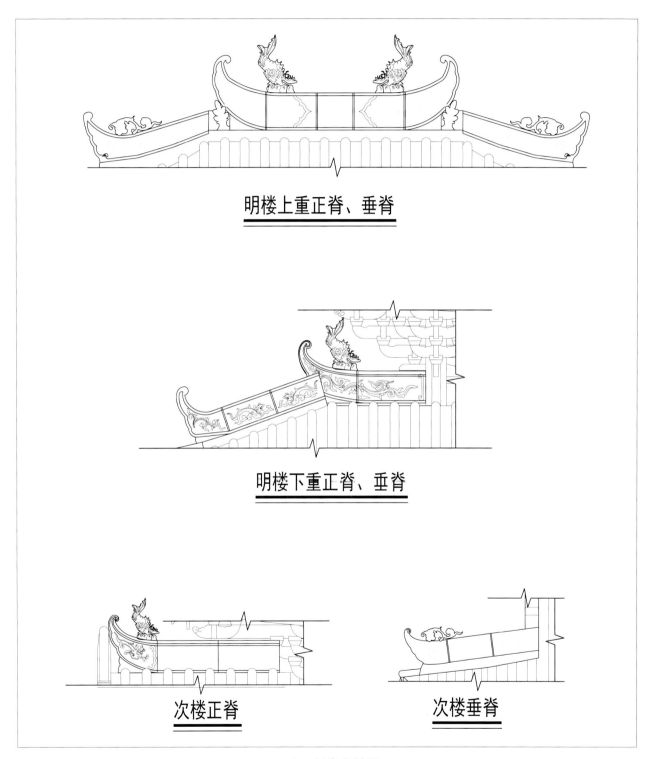

明楼上重正脊、垂脊

明楼下重正脊、垂脊

次楼正脊　　　　　　　　次楼垂脊

一八　屋脊大样图

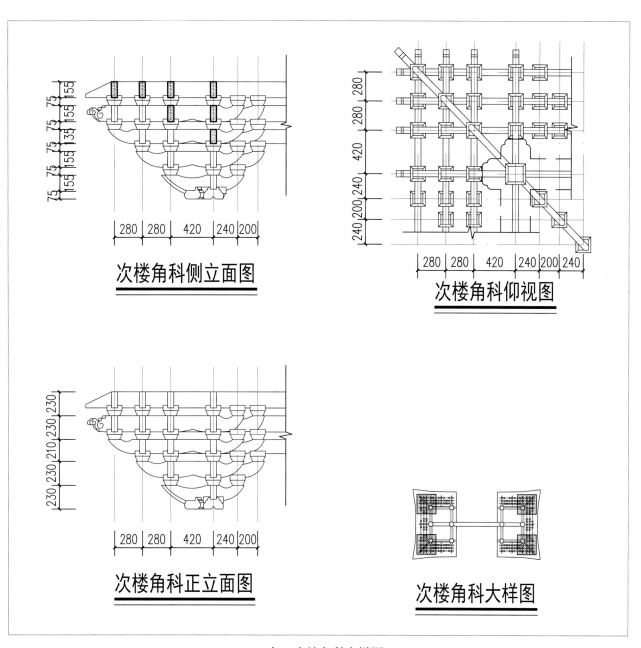

次楼角科侧立面图

次楼角科仰视图

次楼角科正立面图

次楼角科大样图

一九　次楼角科大样图

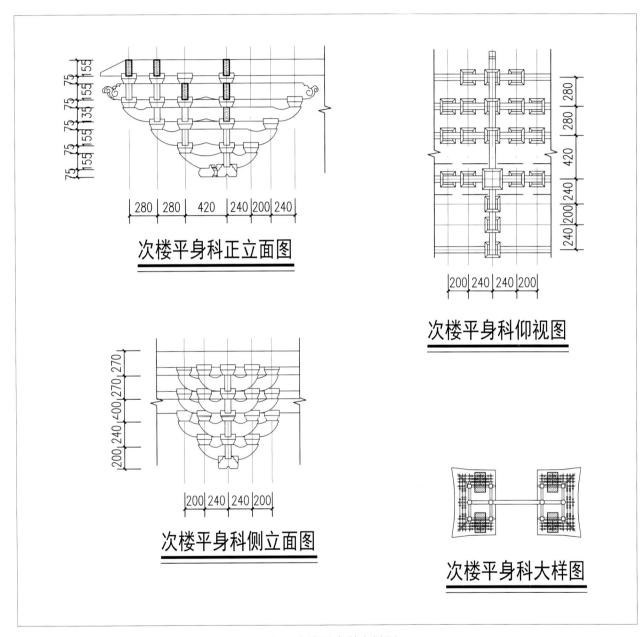

次楼平身科正立面图

次楼平身科仰视图

次楼平身科侧立面图

次楼平身科大样图

二〇　次楼平身科大样图

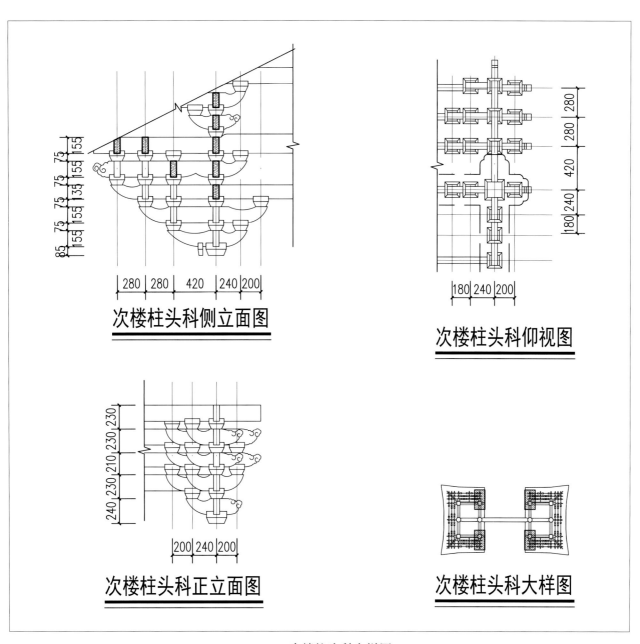

次楼柱头科侧立面图

次楼柱头科仰视图

次楼柱头科正立面图

次楼柱头科大样图

二一　次楼柱头科大样图

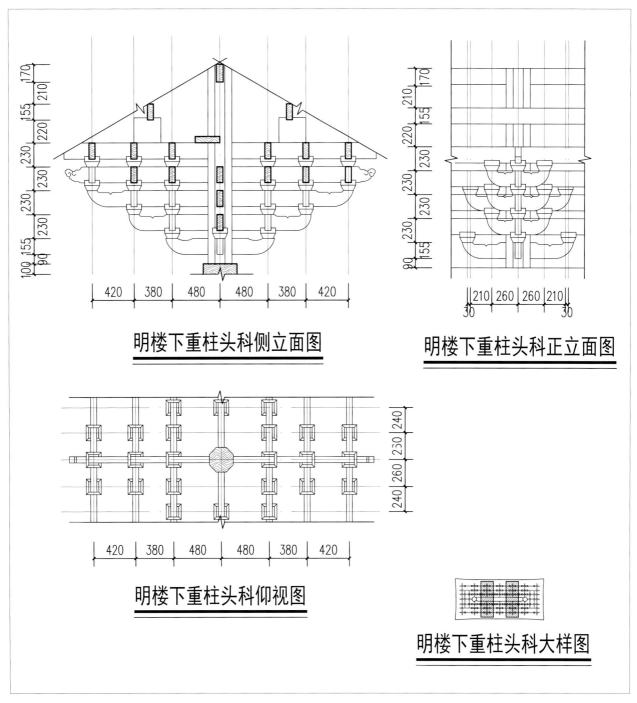

明楼下重柱头科侧立面图

明楼下重柱头科正立面图

明楼下重柱头科仰视图

明楼下重柱头科大样图

二二　明楼下重柱头科大样图

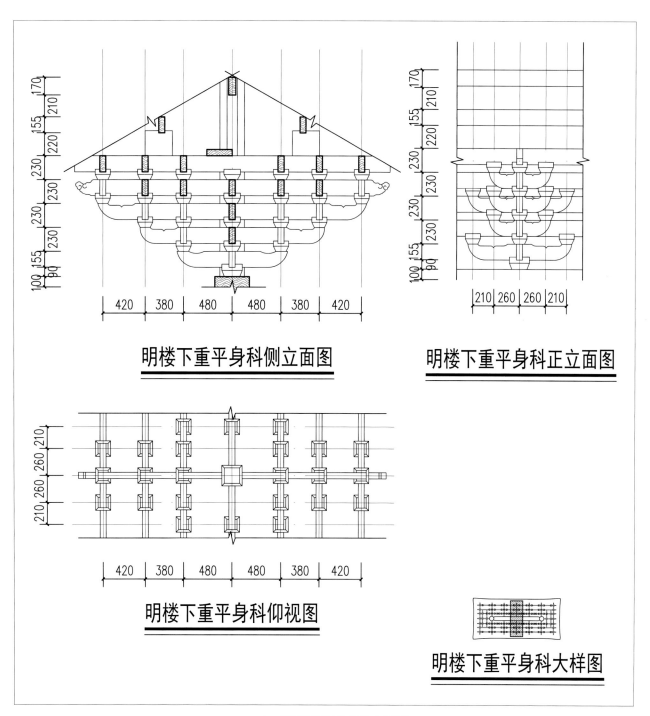

明楼下重平身科侧立面图

明楼下重平身科正立面图

明楼下重平身科仰视图

明楼下重平身科大样图

二三　明楼下重平身科大样图

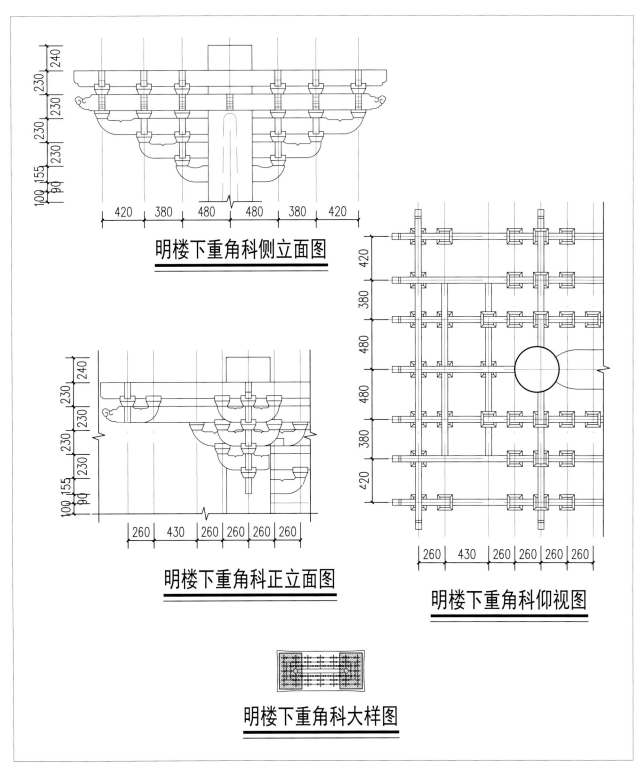

明楼下重角科侧立面图

明楼下重角科正立面图

明楼下重角科仰视图

明楼下重角科大样图

二四 明楼下重角科大样图

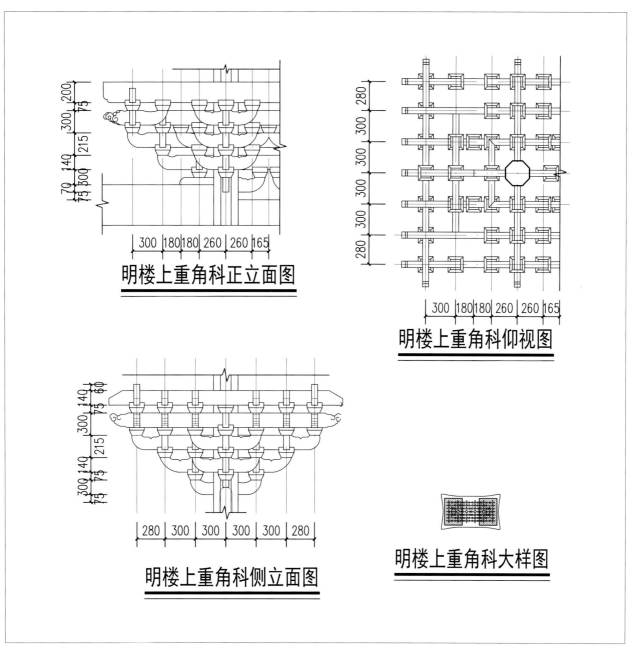

明楼上重角科正立面图

明楼上重角科仰视图

明楼上重角科侧立面图

明楼上重角科大样图

二五　明楼上重角科大样图

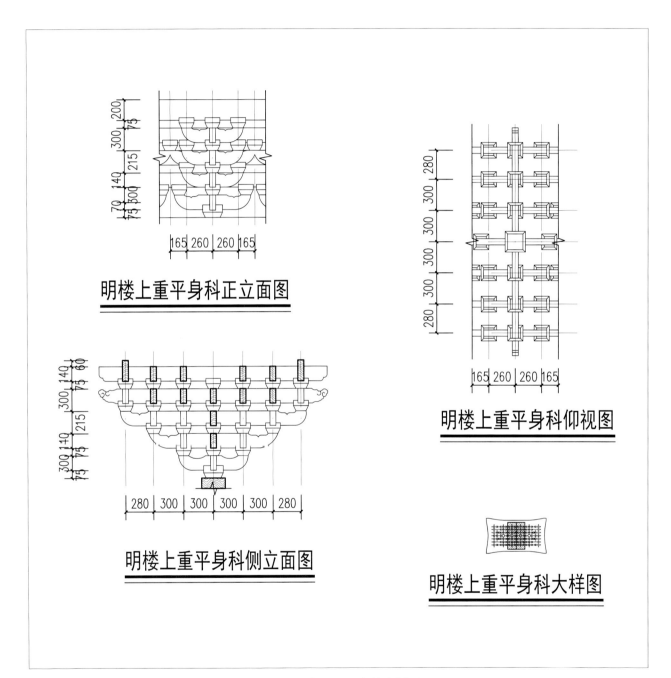

明楼上重平身科正立面图

明楼上重平身科侧立面图

明楼上重平身科仰视图

明楼上重平身科大样图

二六　明楼上重平身科大样图

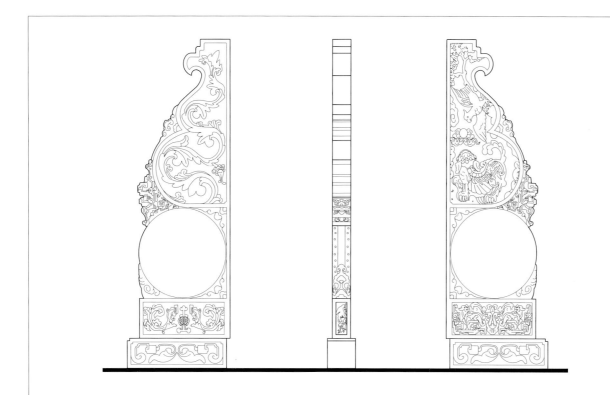

花岗石抱鼓石1西立面　花岗石抱鼓石1北立面　花岗石抱鼓石1东立面

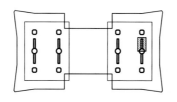

花岗石抱鼓石1大样图

二七　抱鼓石1大样图

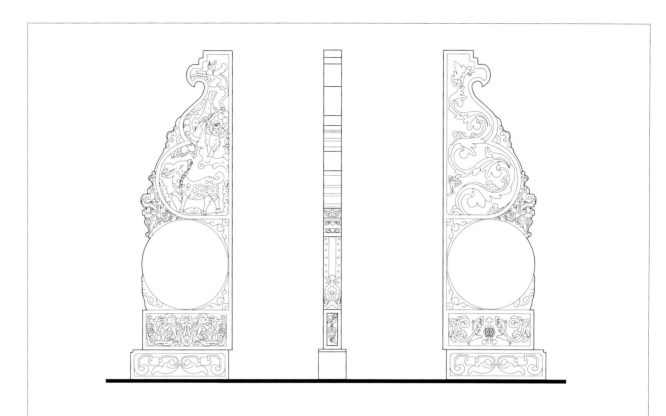

花岗石抱鼓石2东立面　　花岗石抱鼓石2南立面　　花岗石抱鼓石2西立面

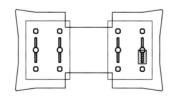

花岗石抱鼓石2大样图

二八　抱鼓石2大样图

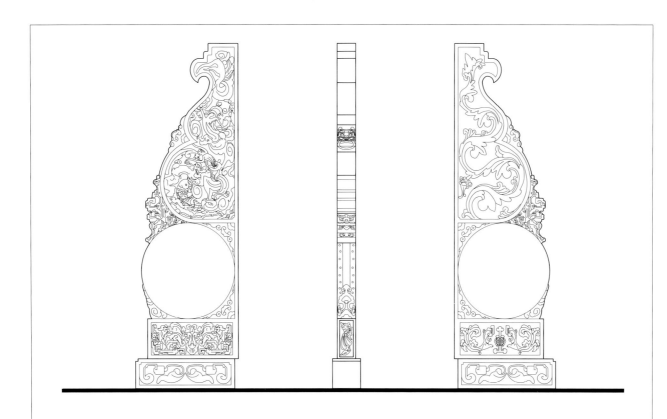

花岗石抱鼓石3西立面　　花岗石抱鼓石3北立面　　花岗石抱鼓石3东立面

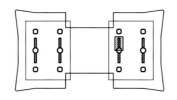

花岗石抱鼓石3大样图

二九　抱鼓石3大样图

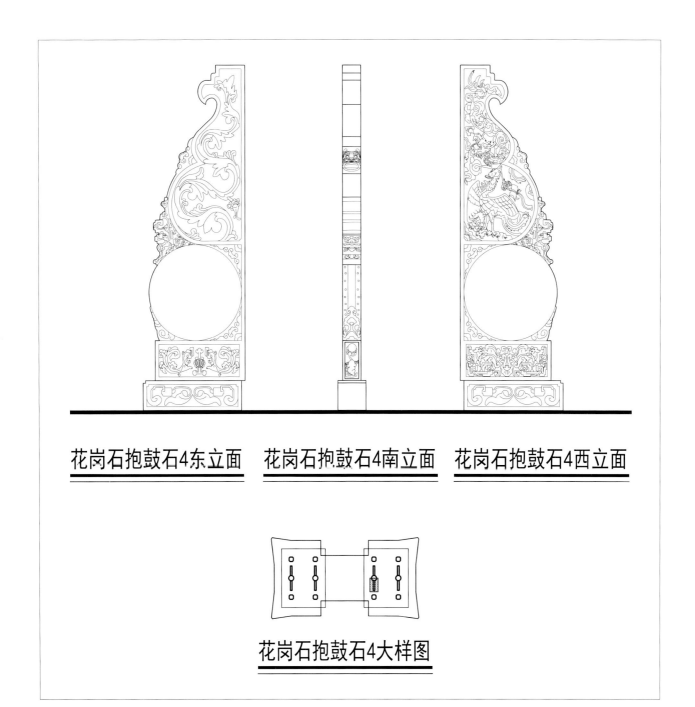

花岗石抱鼓石4东立面　　花岗石抱鼓石4南立面　　花岗石抱鼓石4西立面

花岗石抱鼓石4大样图

三〇　抱鼓石4大样图

花岗石抱鼓石5西立面　　花岗石抱鼓石5北立面　　花岗石抱鼓石5东立面

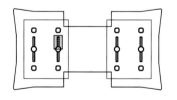

花岗石抱鼓石5大样图

三一　抱鼓石5大样图

花岗石抱鼓石6东立面　　花岗石抱鼓石6南立面　　花岗石抱鼓石6西立面

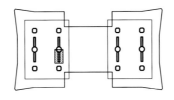

花岗石抱鼓石6大样图

三二　抱鼓石6大样图

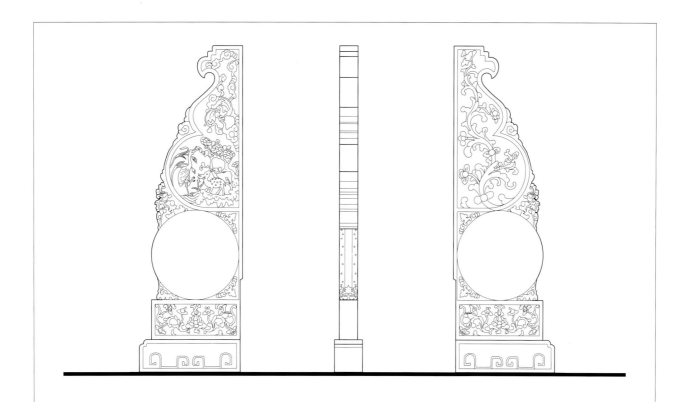

花岗石抱鼓石7西立面　花岗石抱鼓石7北立面　花岗石抱鼓石7东立面

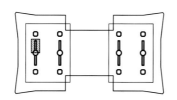

花岗石抱鼓石7大样图

三三　抱鼓石7大样图

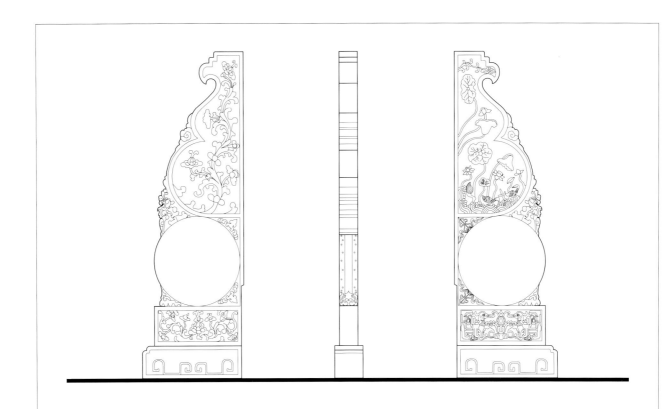

花岗石抱鼓石8东立面　　花岗石抱鼓石8南立面　　花岗石抱鼓石8西立面

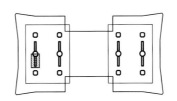

花岗石抱鼓石8大样图

三四　抱鼓石8大样图

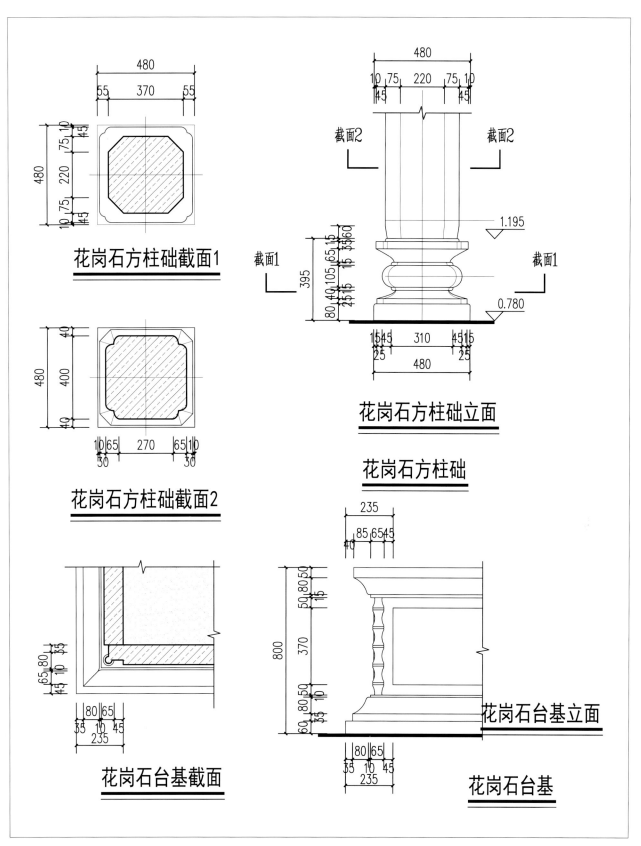

花岗石方柱础截面1

花岗石方柱础截面2

花岗石方柱础立面

花岗石方柱础

花岗石台基截面

花岗石台基立面

花岗石台基

三五　方柱、台基大样图

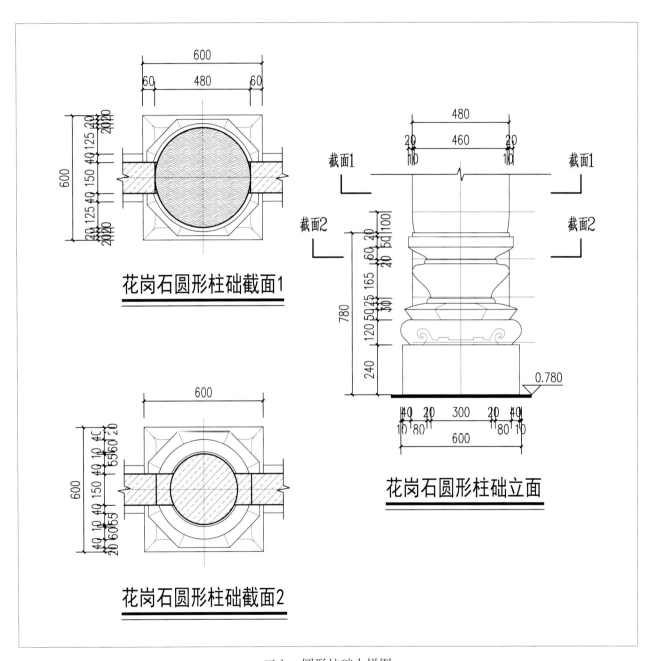

花岗石圆形柱础截面1

花岗石圆形柱础截面2

花岗石圆形柱础立面

三六　圆形柱础大样图

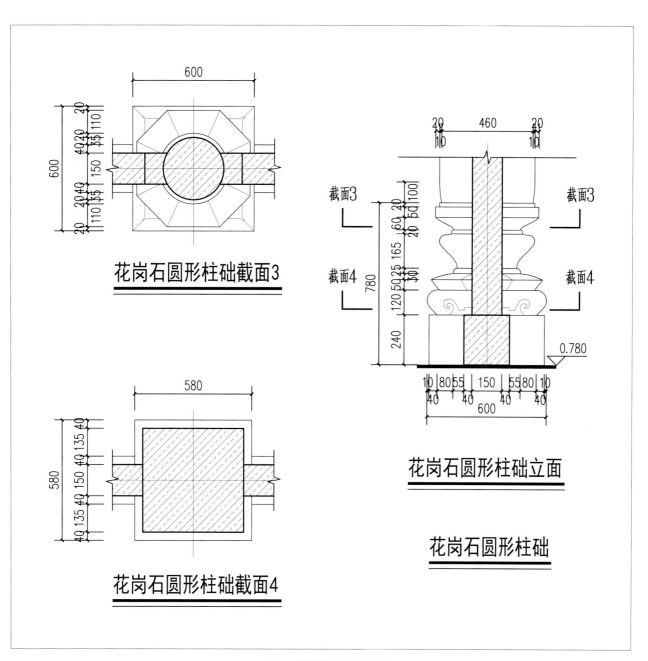

花岗石圆形柱础截面3

花岗石圆形柱础截面4

花岗石圆形柱础立面

花岗石圆形柱础

三七 圆形柱础大样图

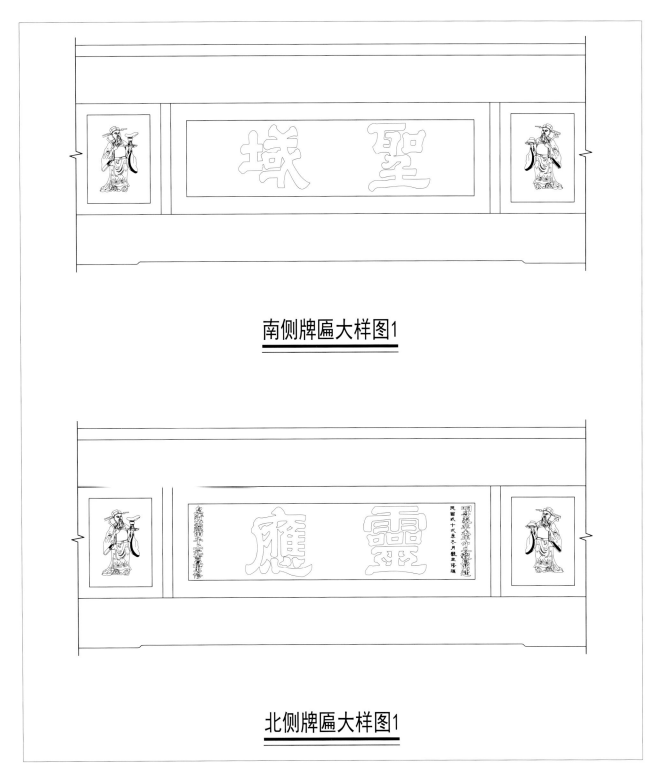

南侧牌匾大样图1

北侧牌匾大样图1

三八　牌匾大样图

脊兽大样图1

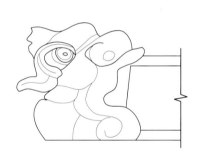

吻兽大样图

鳌鱼大样图

吻兽大样

三九　脊兽大样图

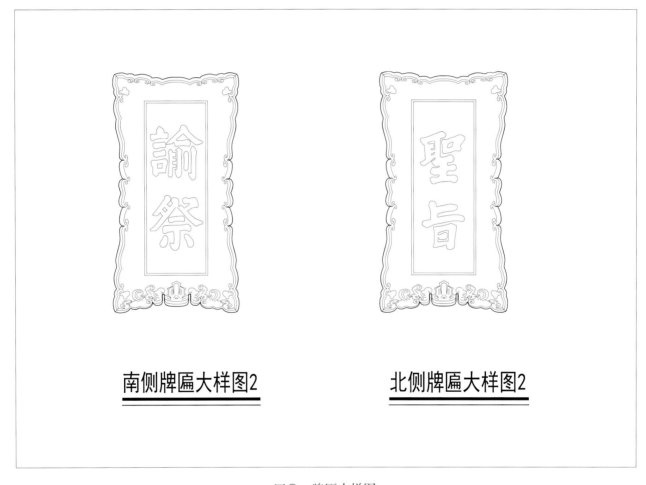

南侧牌匾大样图2　　　　北侧牌匾大样图2

四〇　牌匾大样图

图

版

修缮前

1. 修缮前的灵应牌坊南立面

2. 修缮前的灵应牌坊北立面

3. 修缮前的灵应牌坊西次楼斗栱

4. 修缮前的西次楼斗栱与陶塑瓦脊

5. 修缮前的戗脊陶塑

6. 修缮前的陶塑瓦脊（尾巴缺失）

7. 修缮前的中柱柱础

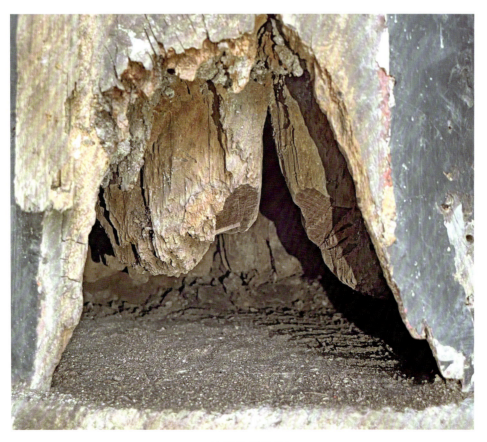

8. 修缮前的柱脚

9. 修缮前的柱身

10. 修缮前的柱头

11. 修缮前的明楼短柱

12. 清理糟朽后的灵应牌坊明间额枋

13. 修缮前的木柱

14. 修缮前的东次楼脊檩

15. 修缮前的西次楼脊檩

16. 修缮前的柱头连接节点

17. 修缮前的角梁

18. 修缮前的角梁

19. 修缮前的东侧灰塑

20. 修缮前的西侧灰塑

修缮中

1. 无损揭瓦

2. 危大工程现场监管

3. 落架前确认吊装系统

4. 落实安全措施

5. 立柱落架

6. 内窥镜勘察木柱中空内部

7. 清理木柱内部混凝土

8. 清理木柱中空糟朽

9. 木柱墩接

10. 墩接口钢箍加固

11. 木构架脱漆

12. 立柱上架

13. 额枋上架

14. 柱头加固

15.悬挑屋顶加固

16.斗栱调平

17.灰塑修复

18.查看熬制桐油

19. 查看样板

20. 木材专家看样与评选

修缮后

1. 修缮后的南立面

2. 修缮后的北立面

3. 修缮后的上重明楼屋顶

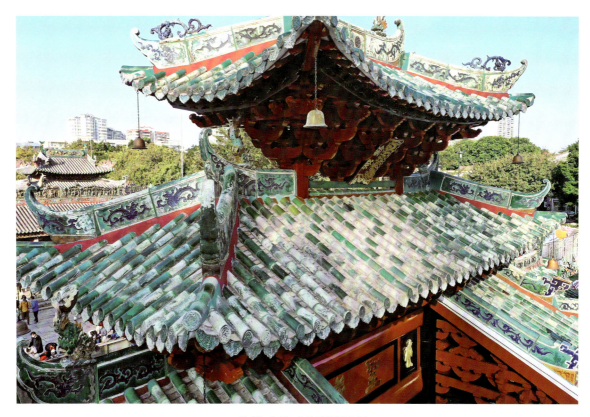

4. 修缮后的下重明楼屋顶

5.修缮后的屋顶

6.修缮后的正脊

7. 修缮后的陶塑鳌鱼

8. 修缮后的陶塑瓦脊

9. 修缮后的"灵应"额匾

10. 修缮后的"圣域"额匾

11. 修缮后的"圣旨"牌匾

12. 修缮后的"谕祭"牌匾

13. 修缮后的上重明楼斗栱

14. 修缮后的次楼斗栱

15. 修缮后的次楼斗栱

16. 修缮后的次楼斗栱

17. 修缮后的次间

18. 修缮后的中柱

19. 修缮后的东山面灰塑

20. 修缮后的西山面灰塑

21. 修缮后的灵应牌坊

22. 修缮后的灵应牌坊

23. 修缮后的灵应牌坊

24. 修缮后的灵应牌坊

25. 修缮后的灵应牌坊

26. 修缮后的灵应牌坊

上级检查与专家指导

1. 2022年4月11日专题例会

2. 2022年4月29日主管部门领导现场检查和指导

3. 2022年5月21日专家评审会讨论落架必要性

4. 2022年10月14日危大工程专项会议

5. 2022年10月27日专家评审会讨论木柱修缮方案

6. 2022年10月27日专家评审会讨论构件更换方案

7. 2023年1月9日初步验收现场查验

8. 2023年1月9日初步验收会议讨论

9. 2024年2月1日专家组验收会现场查验

10. 2024年2月1日专家组验收会会议讨论

后　记

　　明景泰二年（1451），明代宗朱祁钰敕封赐建了佛山祖庙"灵应牌坊"。自此以后，有了"灵应祠""忠义乡""忠义官""春秋谕祭"等皇家封号和官祀地位。由此以降，佛山祖庙500余年尊荣延续至今。梁思成先生曾在《古建序论》中提及："从建筑上可以反映建造它的时代和地方的多方面的生活状况、政治和经济制度，在文化方面，建筑也有最高度的代表性。"这段文字在佛山祖庙"灵应牌坊"上得到了充分体现，一根根梁柱、一攒攒斗栱、一件件陶塑，都在无声讲述着佛山祖庙的古建华章和岭南文脉的历史赓续。

　　在国家文物局资金的扶持下，全国重点文物保护单位佛山祖庙之灵应牌坊修缮工程自2020年9月筹备启动，2024年2月竣工验收。在此过程中，广东省文化和旅游厅、广东省文物局、佛山市文化广电旅游体育局等上级主管部门领导及负责同志多次到工程一线视察修缮情况、指导修缮工作、协调疑难问题。参与灵应牌坊修缮工程的全体工作人员始终以高度的责任感和使命感面对修缮过程中的各种挑战，沉着应对各种严峻考验。最终修缮工程得以圆满竣工，获得了广东省文物保护工程竣工验收专家组综合评分93分的优异成绩。在此，我们向参与和支持灵应牌坊修缮工程的各级领导、专家、学者和工作人员致以衷心的感谢。

　　灵应牌坊修缮工程作为广东省内较为罕见的明代大型牌坊全面落架修缮工程，具有病害勘察难、消除隐患多、施工难度大、工艺标准高等突出问题。为此，在勘察设计阶段，广州市致准房屋鉴定有限公司、华南理工大学建筑设计研究院创新采用了三维激光扫描、工业级内窥镜、超声波无损检测等多种勘察手段，对灵应牌坊保存现状进行了多次细致勘察，认真听取文保专家和传统工匠的意见建议，不断优化调整修缮设计方案，最终勘察设计方案获得了省文物保护工程专家组一致认可。工程施工阶段，佛山市祖庙博物馆组建了修缮工程领导小组，下设专家顾问组、工程技术组、安全保卫组、综合保障组、学术研究组、摄影摄像组，对修缮工程进行全方位、科学化和规范化管理。施工单位广东省六建工程总承包有限公司严格按照修缮原则和设计方案进行施工，监理单位浙江省古典建筑工程监理有限公司严格按照法规规范履行监理职责。针对施工过程中不断出现的新增疑难问题，佛山市祖庙博物馆修缮工程领导小组及时组织省文保专家和参建单位召开专题会议深入研究和广泛调研，创新研发了多项古建筑修缮专利技术，成功解决了各类修缮疑难问题，确保了修缮工程安全、规范、优质、高效完成。

　　古建筑修缮工程不仅需要重视修缮和保护，更需要加强对修缮成果的研究和传承。在修缮工程启动前夕，佛山市祖庙博物馆就专门成立学术研究组，对相关课题研究进行了专题部署，灵应牌坊修缮工程竣工后，立即组织开展了修缮工程报告的编著工作，通过对灵应牌坊修缮全过程进行系统全面的理论研究和经验总结，出版了《佛山祖庙之灵应牌坊修缮工程报告》一书，期望借此能进一步提高岭南古建筑修缮工程科学化和规范化水平，为岭南古建筑保护、利用、研究和传承贡献佛山力量。本书的编辑出版也得到了吴庆洲、程建军、郑力鹏教授的关心、支持和帮助，在此表示衷心的感谢。

此外，书稿未尽之处，祈请各方专家学者、文博同行和读者朋友们批评指正。

佛山市祖庙博物馆馆长、研究馆员

2024年11月18日